まえがき

「走る」「跳ぶ」「投げる」ことは、人間の基礎的な運動能力であり、その構造も比較的単調なものです。しかし、これが陸上競技となり、「速く走る」「高く遠くへ跳ぶ」「遠くへ投げる」ことを求めると、洗練された技術や専門的な体力が要求されるようになります。

中学校や高校で本格的に陸上競技をはじめた初級者にとっては、まさに競技としての「走・跳・投」のスタートを切るわけです。ここで個々の発育・発達段階に応じて、適切な技術練習や体力トレーニングを行うことが、その後の記録の伸びを左右します。しかも、自主的自発的に陸上競技に取り組み、競技会では記録にチャレンジすることやライバルと競うことに喜びを感じることで陸上競技の楽しさを享受することが大切になってきます。このような陸上競技への導きは、学校の陸上競技部や地域の陸上競技クラブにおける素晴らしい指導者との出会いによってもたらされることが多いようです。そして、素晴らしい指導者の元には、志を同じくする仲間が集い、健全で楽しい社会が築かれます。この社会のなかで、人間として、競技者としての成長を遂げることができます。

指導者は、上述のように重要な役割をもち、それだけにさまざまな資質や能力が求められます。例をあげると、発育・発達段階に応じた技術の習得や体力の強化を指導できること、個々に合った種目を見つけるためのヒントを与えたり、食事、コンディショニング、スポーツ障害の予防などに関するアドバイスができることが求められます。また、競技会に出場する場合には、ルールや競技会でのマナーを教えることも必須です。そして、いかにアスリートをやる気にさせるか、運動部やクラブを健全な集団にするか、といったマネジメント的な手腕も必要となってきます。

本書は、アンダー16（中学生）およびアンダー19（高校生）を指導するうえで必要となる基礎的な知識を満載しています。執筆陣は、中学生や高校生を指導されてきたわが国のトップコーチや、医事、科学の分野で活躍されている第一人者ばかりであり、最新で正確な知識やノウハウを提供しています。しかも、指導者だけではなく、指導者を目指している大学生、指導者不在で競技を続けているアスリートにも十分に理解できるような丁寧な書きぶりとなっています。また、同時に発刊された『陸上競技指導教本アンダー16・19［上級編］レベルアップの陸上競技』は、個別種目ごとの技術解説やトレーニング指導が充実しており、より専門的な内容から構成されています。これは、一歩進んだトレーニング、コーチングに役立てることができますので、参考にしていただければ幸いです。

最後になりましたが、企画から発刊までの労をとっていただきました大修館書店の久保友人氏、編集に際しまして多大なるご協力をいただきました児玉育美氏に心から御礼申し上げます。

公益財団法人 日本陸上競技連盟
専務理事　尾縣　貢

もくじ

- まえがき ……………… iii

❖ 理論編 ❖

第1章　発育・発達を踏まえた競技者の育成

1── 発育・発達段階を踏まえるということ……………………………………………… 2
　❶アンダー13（小学校期）　2　　　❷アンダー16（中学校期）　3
　❸アンダー19（高校期）　3

2── 指導におけるコーチ哲学……………………………………………………………… 4
　❶重要なジュニア時代の指導　4　　❷チームをよくする取り組み　4

3── 一貫指導……………………………………………………………………………… 6
　❶指導者の役割　6　　　　　　　　❷陸上競技の各年齢段階と基本的な考え方　6
　❸アスリート・ファースト、ウイニング・セカンド　8

4── タレント発掘…………………………………………………………………………… 9
　❶タレント発掘と10年1万時間の法則　9　❷タレント発掘システムのリスクと問題点　10
　❸タレント育成システムの方向性　11

第2章　指導における各種理論

1── トレーニング理論……………………………………………………………………… 14
　❶トレーニングの原理　14　　　　　❷トレーニング効果　16
　❸トレーニングの原則　17　　　　　❹トレーニング負荷の考え方　18

2── トレーニング計画の立て方…………………………………………………………… 20
　❶トレーニング計画の必要性　20　　❷トレーニング計画立案のための基礎知識　20
　❸トレーニング計画立案の手順　20　❹トレーニング計画の見直し　23

3── 選手をやる気にさせる：理論編……………………………………………………… 24
　❶選手のやる気を正確に理解する　24　❷選手のやる気を育てるための指導実践　26

4── 選手をやる気にさせる：実践編……………………………………………………… 30
　❶選手がやる気になるとき　30　　　❷選手をやる気にさせる具体的方法5カ条　30
　❸ティーチングとコーチングの実際　34　❹やる気を育てる意識のポイント　36

5── ジュニア期のスポーツ障害…………………………………………………………… 38
　❶ジュニア期の身体　38　　　　　　❷ジュニア期に多いスポーツ障害　40
　❸ジュニア期のスポーツ障害の治療と予防　42

6 ── スポーツ栄養学のエッセンス ………………………………………………………… 43
　1 ジュニア期の食生活の現状と問題点　43
　2 栄養摂取の基本的な考え方　43
　3 「食事の基本形」を理解させる　45
　4 補食の意義と活用　46
　5 水分補給　47

第3章　部活動の運営と地域クラブの運営

1 ── 学校部活動の運営にあたり ……………………………………………………………… 48
　1 部活動の教育的意義と効果　48
　2 部活動が果たしてきた役割と課題　48
　3 保護者・地域との連携　49
　4 チームづくり　50
　5 限られた資金での環境整備　50
　6 学業との両立　52
　7 指導者としての資質　53

2 ── 競技者を伸ばすよい指導者と理解ある親 …………………………………………… 55
　1 アンダー16・19指導で大切なことは？　55
　2 競技者を伸ばす「よい指導者」とは？　55
　3 競技者を伸ばせない「ダメな指導者」とは？　56
　4 「理解のある親」とは？　56
　5 「理解のない親」とは？　57

3 ── 地域クラブの運営について …………………………………………………………… 58
　1 地域クラブの役割　58
　2 地域クラブ運営の実際のポイント　59
　3 地域クラブ運営にあたり心がけること　62

4 ── 地域イベントの運営の進め方 ………………………………………………………… 64
　1 地域イベントの意義　64
　2 地域イベント運営の実際　64
　3 魅力的なイベントを考える　66

❖ 実 技 編 ❖

第1章　ウォーミングアップとクーリングダウン

　1 ウォーミングアップ　68
　2 クーリングダウン　73

第2章　走種目

1 ── 走の基本 …………………………………………………………………………………… 76
　1 走るとは？　76
　2 正しい姿勢をつくる　76
　3 正しく歩く　78
　4 ジョギング　78
　5 走る　79
　6 タイミングのよい接地と動きづくり　80

2 ── 短距離 ……………………………………………………………………………………… 82
　1 短距離の技術ポイント　82
　2 短距離の技術トレーニング　83

3 ── 中長距離··85
　❶中長距離の技術ポイント　85　　❷中長距離の技術トレーニング　85
　❸中長距離の走トレーニング　87

4 ── ハードル··88
　❶ハードルの技術ポイント　88　　❷ハードルの技術トレーニング　88

5 ── リレー··90
　❶バトンパスの技術　90　　❷リレーのトレーニング　91

6 ── 走種目の練習計画··92
　❶トレーニング期分けに応じた計画を　92　　❷短距離、リレー種目の練習計画　93
　❸中長距離種目の練習計画　94　　❹ハードル種目の練習計画　95

第3章　跳躍種目

1 ── 跳の基本··96
　❶跳躍種目とは　96　　❷跳躍種目のルール　96
　❸跳躍種目の構造局面　97　　❹跳躍種目に共通するトレーニング　98

2 ── 走高跳··100
　❶走高跳の技術　100　　❷走高跳の練習方法　101

3 ── 棒高跳··103
　❶棒高跳の技術　103　　❷棒高跳の練習方法　103
　❸棒高跳の初心者に対する安全指導　105

4 ── 走幅跳··106
　❶走幅跳の技術　106　　❷走幅跳の練習方法　106

5 ── 三段跳··109
　❶三段跳の技術　109　　❷三段跳の練習方法　110

6 ── 跳躍種目の練習計画··112
　❶走高跳の練習計画　112　　❷棒高跳の練習計画　113
　❸走幅跳の練習計画　114　　❹三段跳の練習計画　115

第4章　投てき種目

1 ── 投の基本··116
　❶投てき種目の種類　116　　❷投てき種目に共通するポイント　116
　❸投てき種目の動作局面　117　　❹投てき種目の基本練習　118

2 ── 砲丸投··120
　❶砲丸投の技術局面　120　　❷砲丸の持ち方・構え方　120
　❸砲丸投の技術練習　120

3 ── 円盤投··122
　❶円盤投の技術局面　122　　❷円盤の持ち方　122

❸円盤投の技術練習　122
4──ハンマー投……………………………………………………………………………124
　　　❶ハンマー投の技術局面　124　　　❷ハンマーの持ち方　124
　　　❸ハンマー投の技術練習　124
5──やり投………………………………………………………………………………126
　　　❶やり投の技術局面　126　　　　❷やりの持ち方　126
　　　❸やり投の技術練習　126
6──投てき種目の練習計画……………………………………………………………128
　　　❶シーズン中のトレーニング　128　❷試合に向けての調整トレーニング　129
　　　❸鍛錬期のトレーニング　130

第5章　混成競技

1──混成競技の基本……………………………………………………………………132
　　　❶混成競技とは？　132　　　　　❷混成競技は楽しい　132
　　　❸混成競技のねらい　132　　　　❹初心者がトレーニングするときは　132
　　　❺大会で成功するために　133
2──苦手種目の練習ポイント…………………………………………………………134
　　　❶初心者のための練習例1（ハードル）134　❷初心者のための練習例2（砲丸投）134
　　　❸初心者のための練習例3（走高跳）135
3──混成競技の練習計画………………………………………………………………136
　　　❶シーズン中のトレーニング　136　❷試合に向けての調整トレーニング　137
　　　❸鍛錬期のトレーニング　137

第6章　各種トレーニング

　　　❶スピードトレーニング　138　　❷クロストレーニング　139
　　　❸サーキットトレーニング　140　❹ウエイトトレーニング　141
　　　❺体力テスト　144

第7章　簡単なルール

　　　■ルールの意義　146
　　　❶招集　146　　　　　　　　　　❷服装・持ち物・靴・ナンバーカード　146
　　　❸トラック競技　146
　　　❹フィールド競技　147

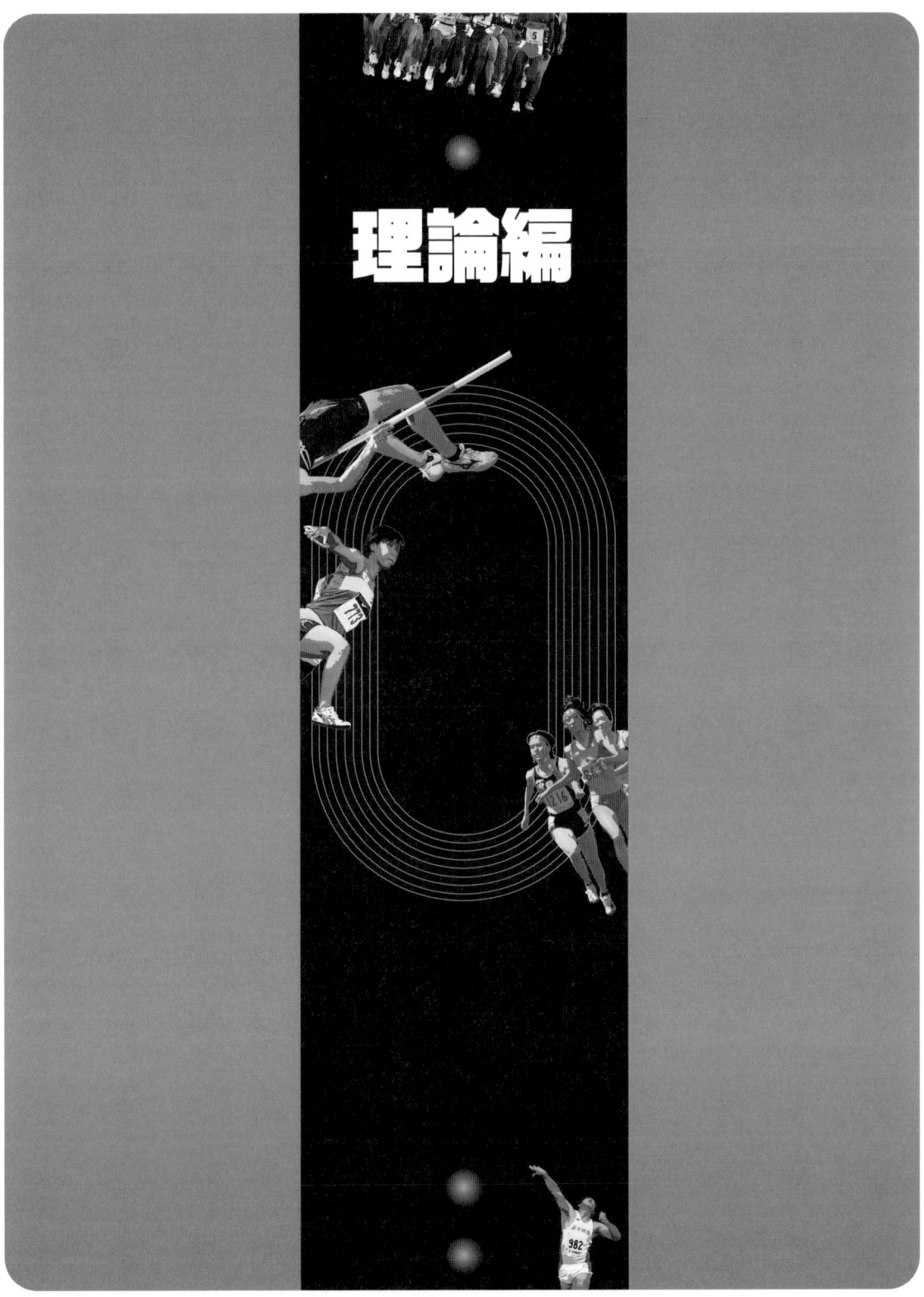

理論編

第1章
発育・発達を踏まえた競技者の育成

1 ── 発育・発達段階を踏まえるということ

　子どもから大人へと成長するにつれて、人の形態やその機能は著しく変化していきます。そこで、アンダー16およびアンダー19の競技者を指導するに際しては、発育・発達段階を踏まえることが必須となってきます。

　まず、図1の「体力はいつ頃高まるか」（宮下，1980）を見て、どの時期に体力が高まるかを把握しましょう。もちろん個人差がありますので、身長が最も伸びる時期を基準にして、調整力、持久力、筋力の発達の様相を確認していきます。そうすると、最も早い時期に身体をうまく動かす能力である調整力が発達し、長く運動を続ける能力である持久力は身長が最も伸びる時期の1〜2年前、大きな力を出す能力である筋力は1〜2年後に発達のピークを迎えることがわかります。

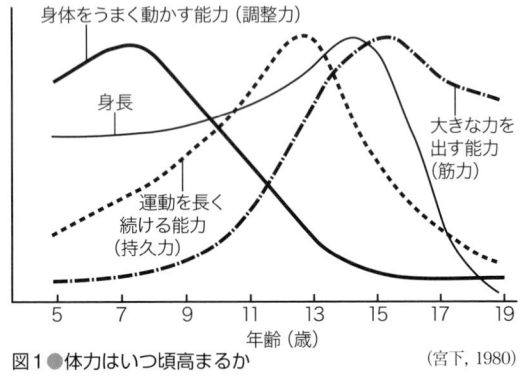

図1●体力はいつ頃高まるか　　　　（宮下，1980）

❶ アンダー13（小学校期）

　アンダー13で正しい動きを習得していることが、アンダー16、アンダー19で大きく伸びるためには重要になってきます。アンダー13の時期は、神経系が顕著な発育を示すため、動作の習得が一生のうちで最も進みます。この時期は、いろいろな遊びや多くのスポーツに親しむことによって、神経系の関与が大きい、リズム、バランス、タイミングといった運動をうまく遂行する要素（調整力）を高めていくことが最重要課題となってきます。この時期に調整力を高めておくと、その後、陸上競技に専門的に取り組むようになったときに、力みのないフォームで走ったり、リズミカルな助走から踏み切りに移ったり、タイミングよく物を投げだしたりすることができやすくなります。

　この段階の子どもには、神経系の成熟に加え、バランスのとれた身体の発育がみられるため、初体験の運動でも何度か見て模倣してみることで、それを即座に習得することが可能なのです。しかしながら、この即座の習得は、それ以前にいろいろな基本的運動を経験し、準備ができていることが前提となります。これらのことから、小学校から走・跳・投のいろいろな運動の正しい動作を習得するとともに、野球、サッカー、バスケットボール、水泳、スキー、器械運動などといったさまざまなスポーツにチャレンジすることも大切になってきます。

　こうした多様な運動経験によって、いろいろな運動のセンスが磨けるだけではなく、筋肉、そして肺や心臓などの呼吸循環器に適度な刺激を与えることができます。これは、身体に過度の負担をかけるこ

となく、筋力や持久力などの体力を高めることにつながります。アンダー13では、運動を行った結果として体力が高まった、というスタンスをとるべきで、体力を高めるために、大きな筋力やパワーの発揮が求められたり呼吸循環器に強い負荷がかかったりするような専門性の高いトレーニングを取り入れるべきではありません。

❷ アンダー16（中学校期）

アンダー16の段階では専門種目への傾斜をはじめ、陸上競技の基本的な動作を正確に習得させていくことが課題になります。ここで誤った動作を身につけてしまうと、悪いクセになって、その後のパフォーマンスの伸びを妨害したり、身体に無理な負担をかけてスポーツ障害の原因になったりします。

また、急激な身体の発育のために、動きのバランスやリズムなどが悪くなることもあります。このような状況に直面したときには、待つ気持ちを忘れてはなりません。もう一度、動きづくりを繰り返して、再びよい動きを取り戻すことを待つのです。

アンダー16では、アンダー13に引き続き、動作の習得を図るとともに、ねばり強さ（持久力）を高めていきます。この時期は身長の伸びが著しく、それにともなって体重も増加すると同時に、呼吸循環器も徐々にトレーニングに耐えることのできる状態になってきます。そこで、持久力を高めるトレーニングを身長が最も伸びる時期の少し前あたりから開始するとよいでしょう。ただし、いきなり高強度のトレーニングをするのではなく、軽い強度から徐々に高めていくことが大切です。新しい運動やトレーニングを開始した直後では、初期効果で一気にパフォーマンスが高まるために、どうしても過度なトレーニングを行いがちです。ここでやらせすぎると、スポーツ障害やバーンアウト（燃え尽き）を招くことがありますので、十分に注意をしましょう。

アンダー16でのトレーニングの導入は、発育・発達に大きな個人差があるため、細心の注意を払いましょう。発育段階の違う対象に対して、同じトレーニングを課した場合、成長の早い者にとって適切な負荷であっても、そうでない者にとっては過度の負荷となり、骨や関節などの障害を招くこともあります。現実に、腰椎分離症や野球肘（やり投肘）の発症頻度は、この時期に多いと報告されています。また、スポーツ障害を未然に防ぐためには、個々の発育を考慮しながら可能な限りトレーニングを精選し、その量を少なくする努力をすることが求められます。

❸ アンダー19（高校期）

高校期になると身長の伸びが止まる者が多く、身体はかなり強いトレーニング負荷に耐えることのできる状態になってきます。この頃から、専門種目への集中をはじめていくとよいでしょう。計画的に徐々に専門的な体力トレーニングを導入していきますが、まだ正しい技術を習得するための動きづくりを重視していきます。あくまで効率的な動作を確実に習得することが、この時期の優先課題であって、筋力やパワーなどの体力はより高度な技術を獲得するうえでの土台であると考えるべきです。決して、専門的体力を高めることのみによりパフォーマンスの向上をねらうべきではありません。

この頃に習得すべきは、身体の中心部、例えば体幹や股関節といった大きな力が発揮できる部分の合理的・合目的的な動作といえます。これに加えて、身体の軸を意識した動作も重要となってきます。身体の中心部分の大きな動作や身体の軸が安定した動作を身につけることは、パワフルかつ効率の高い技術や大きな競技力の向上につながっていくでしょう。

高校期も中学校期と同様にスポーツ障害が発生しやすい時期です。同一部位に高強度の負荷を与えない、トレーニング時間を短縮する、定期的に休養日を設ける、といったことに留意しましょう。これらに留意することが、障害の予防だけではなく、バーンアウトを減らすことにつながります。

（尾縣貢）

■参考文献
宮下充正（1980）子どものからだ．東京大学出版会．

2 ── 指導におけるコーチ哲学

❶ 重要なジュニア時代の指導

　誰のために指導をするのでしょうか？　何のために指導をするのでしょうか？　今一度、自身に問うてみてください。答えは、いうまでもありません。子どもたちのためです。決して、自分の名誉を高めたり自己満足を得たりするために指導をしているわけではありません。子どもたちが陸上競技を好きになり、陸上競技を通して心身の健やかな成長を遂げることを目的としたいものです。

　しかしながら、現実には、「指導者の、指導者による、指導者のための陸上競技」が展開されていることもあります。その結果、子どもたちは「やらされている」という気持ちが強くなり、陸上競技を愛することができません。あくまで主役は選手であることを忘れないようにしましょう。

　特にアンダー16、アンダー19という時期は、成長期の真っただなかにあり、今後の競技に強い影響をおよぼす時期だといえます。アンダー13からの流れを受け継ぎながら、的確な指導を行い、オーバー19につなげていくことを考えなければなりません。これを頭では理解していても、成長を無視し、早期に専門的トレーニングを課してしまう傾向があります。この早期専門化は、陸上競技のみならず我が国のスポーツ界に共通する問題の1つとなっています。そして、早期専門化を促す要因の1つとして、日本では、多くのスポーツが学校を中心に展開されていることをあげることができます。小学校、中学、高校、大学と指導者が替わっていくために、「自分の指導している間に勝たせたい」という指導者の心理が働き、早期専門化を招くことになります。

❷ チームをよくする取り組み

　この早期専門化をはじめとして、学校の運動部や地域クラブといったスポーツ集団には、多くの問題が内在し、ときにはこれらが子どもたちをスポーツから遠ざけることになります。

　ジュニアの集団に内在する問題点としては、①勝利至上主義の横行、②発育を無視した過度のトレーニング、③ゆとりのない活動、④閉鎖的社会の形成、⑤指導者主体の活動などがあげられます。あなたの指導しているチームに該当しそうなものがあれば、ただちに正していくように取り組まねばなりません。では、どのような取り組みをしていけばよいのでしょうか。それは、指導をする際に、次のようなことを念頭におくことからはじめるとよいでしょう。

1）健全な社会をつくる

　皆さんが指導をしているスポーツの集団のなかに健全な社会をつくってみましょう。指導者や子どもたちとの縦や横のつながりがあり、相談、協力、議論さえも気兼ねなくできる社会であれば、子どもは大人への階段を上っていくことができます。

　この社会のなかでは、競技が強い弱いにかかわらず子どもたち一人ひとりに何か1つの役割をもたせることが大切です。これが、集団への帰属意識を芽生えさせ、「僕は必要とされている」「私は頼りにされている」と思うようになり、「自分のチームをよくしていこう」というエネルギーを生み出すようになるでしょう。

　帰属意識とともに大切なのが自主性です。自ら考えたことや工夫したことを実際に行ってみて、それを評価できるのがスポーツの場です。高校生くらいになると、授業で得た知識、自ら書籍やインターネットから得た知識をもとに、トレーニングなどを考えることができます。また、指導者主導の中学校の部活動であっても、子どもたちの意見や提案を活動の端々に盛り込むことで、自分たちの部であるという意識も芽生えてきます。

　すべてを指導者が決め、一言も口をはさめないよ

うな専制的社会に身を置いてきた子どもは不幸だといえます。その指導者のもとから離れた途端に何をすればよいのかもわからなくなり、途方に暮れることになります。そして、自分のやることに自信がもてずに、積極性を失ってしまうのです。

2) 発達段階に合ったゆとりのあるスポーツ活動

ジュニアのスポーツ活動においてはゆとりを持たせましょう。その1つの取り組みは、休養日を定期的に設け、子どもたちの心身を解放してやり、フレッシュな状態にしてやることです。これが心のエネルギーを充電し、やる気を湧き出させます。また、適切な休養（回復）は、トレーニングにより疲労した身体を回復させ、次のトレーニングの準備を進めてくれるでしょう。回復した状態で次のトレーニングを行えば、トレーニング効果は大きくなります。逆に、十分な回復をとらずに激しいトレーングを続けていると、オーバートレーニング状態に陥り、効果が得られないばかりか、病的な状態へと移行していくでしょう（図1）。

練習時間を減らすことは、指導者にとって勇気のいることです。練習を短くすれば、強くならないのではないか、といった不安がよぎります。しかし、指導者自身の努力によっては、短時間で大きな効果をあげることが可能です。

短い時間のなかでより大きな成果をあげようとすれば、その練習が効率的なものでないとなりません。効率的なものにするには、技術の重要なポイントを見きわめ、それを上達させる合目的・合理的練習手段を選ぶ必要があります。また、そのスポーツに必要な体力要因を明確にしたうえでトレーニング方法を考え、その強度や量を決めていかなければなりません。すなわち、トレーニングの効率化は、指導者次第なのです。

3) 活動をオープンにする

チームが閉鎖的になっていませんか？　封建的な運動部体質が残っていませんか？　閉鎖的なチームには、いじめや体罰などの問題が発生しがちです。子どもたちはネガティブな雰囲気のチームを敬遠し

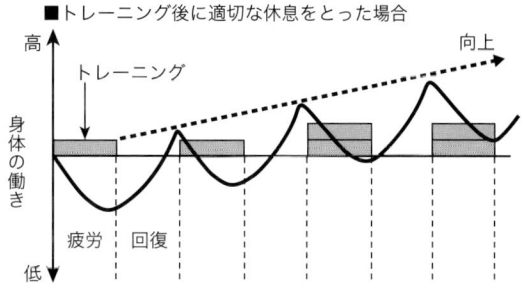

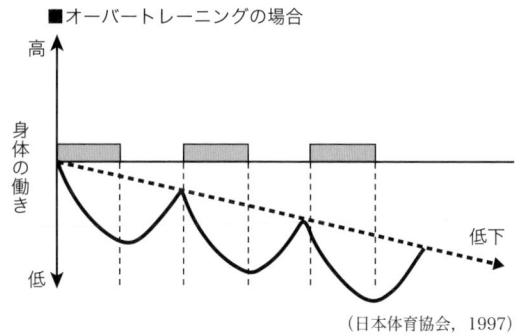

(日本体育協会, 1997)

図1●トレーニング後に適切な休養をとれば身体の動きは高まる

ますので、チームを離れる子どもが増えてしまいます。特に、絶対的立場にある指導者の体罰はいかなる場合も許されません。体罰は単なる暴力であり、指導にはならないことを強く認識しなければなりません。

このような事態に陥る前に、活動をオープンにしませんか。学校の運動部であれば、学校内だけではなく、社会に広く開いていきましょう。卒業生や地域のスポーツ指導員への指導の要請、近隣の学校や地域スポーツクラブとの合同練習などを通しての交流、地域のイベントへの積極的な参加などがそれに該当します。こういった活動は、競技力を高めることにとどまらず、コミュニケーション能力や社会性を高め、人間力を育成することにもつながってくるでしょう。

(尾縣貢)

■引用・参考文献
日本体育協会編（1997）ジュニア期のスポーツライフマネジメント.

3 ── 一貫指導

1 指導者の役割

　指導者の役割で重視されるのは、各学校段階の指導者が「一貫性」の考え方を重視し、それぞれの段階において、やるべきことを確実に実践していくことで長期計画を遂行することです。子どもから大人へと成長するにつれて、人間の形態やその機能は著しく変化していきます。

　そこで、小学生や中学生の段階から競技者として育成するにあたっては、発育・発達に基づいた「長期計画」が必要となってきます（図1）。

　特に、ジュニア期を担当する指導者は、常に競技者一人ひとりの心身の成長に気を配りながらトレーニングを課す必要性が生じてきます。

　図2に示すように成長のピークは、人により4歳くらいの差がみられることがあるので、それぞれの成長度合いによりグループ化するなど、競技者個々に応じたトレーニングを処方することが大切です。

　発育・発達に則したトレーニングを課さなければ、パフォーマンスが向上しなかったりバーンアウトに陥ったりするほか、早期専門化の影響からスポーツ障害で競技を断念せざるを得ない状況になるなどの弊害が考えられます。そうならないためにも、競技者一人ひとりの発育・発達段階に応じた適切なトレーニング計画を課すことが指導者の役割として重要になります（図3、図4）。

2 陸上競技の各年齢段階と基本的な考え方

1) アンダー13

　この時期は、専門的に陸上競技をはじめる前に、多くのスポーツを幅広く経験することによって陸上競技へ導き、専門的な練習への移行を図る時期です。

　陸上競技の「走・跳・投」の動きは、すべてのス

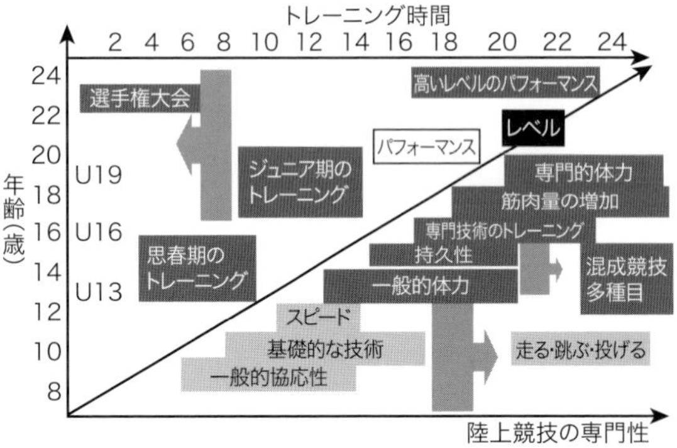

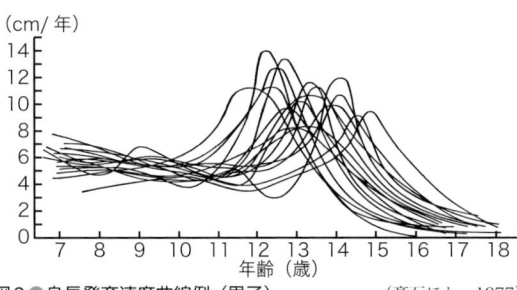

図1 ● 年齢とトレーニング　　　　　　　　（IAAF, 1991）

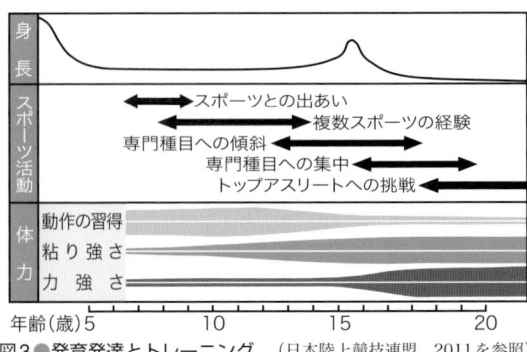

図3 ● 発育発達とトレーニング　（日本陸上競技連盟, 2011を参照）

図2 ● 身長発育速度曲線例（男子）　　　　（髙石ほか, 1977）

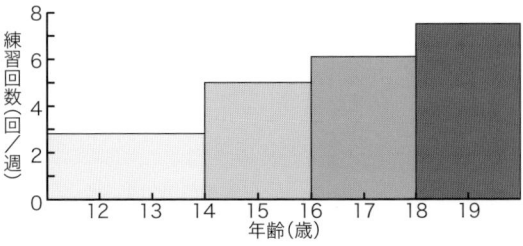

図4 ● ジュニア期における年齢ごとの1週間の練習日数　（岡野, 1998）

ポーツの基本になる運動です。特に、神経系の発達の著しい小学校期には、さまざまな運動の実践を通して、バランスのとれた身体をつくることが必要です。そのため、小学校低学年では遊びを通じていろいろな種類の運動を楽しむことが大切です。そして、高学年になって陸上競技のトレーニングを行うときには、正しい動きを身につけるようにします。

また、余力を残したトレーニングの実践と十分な栄養摂取と休養を心がけ、勝利至上主義に走ることなく、ゆとりをもつことが重要です。図5は、小学生の1週間あたりのトレーニング時間と、ケガをしている人との関係を示したものです。このグラフからはトレーニング時間が長い人ほど、ケガをしている割合が高いことがわかります。特に、週14時間をこえると急激に増えています。トレーニングはやりすぎてもマイナスの効果をもたらすのです。

この時期の子どもに対しては達成可能な目標を設定し、どんどんチャレンジさせ、達成感を得られるような工夫をすることが大切です。そして、それを達成できたときはほめてあげます。また、音楽などを利用し、ゲーム性を高めるなど楽しみながら、常に興味をもって活動できるように工夫します。

2) アンダー16

思春期に入るこの時期は、子どもから大人へと急速な変化を遂げていく重要な時期です。発育に大きな個人差がみられ、平均的なトレーニングプログラムでは個人差に対応することができないため、発育状態を十分に把握した指導計画やトレーニングプログラムが要求されます。

図6に示すように陸上競技の基礎的技能を多面的に習得する時期であり、走る・跳ぶ・投げるトレーニングをバランスよく行い、全面的な基礎体力を向上させることがねらいとなります。なかでも、心肺機能の働きが高まる時期ですので、ここで適切なトレーニングを実施すれば、持久力が高まり、筋力も強くなります。例えば、筋持久力をつけるために、自分の体重を負荷にした懸垂・腕立て伏せ・腹筋・背筋・片脚スクワットなどの補強トレーニングも効

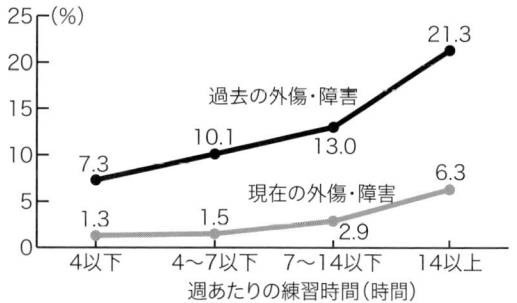

図5●トレーニング時間とケガとの関係　　（武藤, 1989）

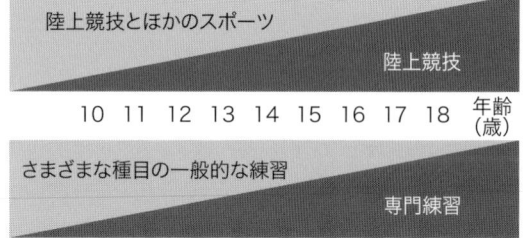

図6●年齢とトレーニング　　（IAAF, 1991）

果的です。この時期は、骨や軟骨がまだ成長途上の競技者が多く、いろいろな障害のリスクが出てくる時期なので、上半身・下半身・体幹をバランスよく鍛える補強トレーニングはその予防としても非常に有効です。種目間のインターバルをジョギングなどでつなぐサーキット形式にするなど工夫すれば、持久力も合わせてつけられ一石二鳥です。

また、この時期は身体の発育と同じように精神の発育も考慮しなければなりません。それは、急激な身体的発達に対して精神面の発達がついていけずに、情緒的にきわめて不安定な状態に陥るからです。

指導者は、一律にトレーニングを課すのではなく、それぞれの成長度合いによりグループ化するなど、各個人に合ったトレーニング処方をする必要があります。この時期は、それぞれの成長度合いを把握するためにも、身長測定くらいは毎月行いたいものです。

3) アンダー19

専門種目を決め、専門的技術や専門的体力トレーニングを開始する時期です。この時期は、発育の著しい成熟期であり、目先の技術だけにとらわれることなく、年齢に応じた体力向上（筋力、持久力、柔

軟性、敏捷性など）を図り、中長期的視野に立った技術的な向上へとつなげていくことが重要です。

　身のこなしが上手になりスタミナがついたならば、いよいよ力強い動きをするために筋力トレーニングを行います。本格的に筋力トレーニングを開始するのは、一般的に年間の身長の伸びが1～3cm未満になる時期がベストタイミングといわれています。

　高校期には、一般的な筋力トレーニングを重視し、その後大学や社会人へと進むにつれて、専門的なトレーニングへと移行していくことが望ましいと考えられています。この時期には身体の成長がほぼ完了するので、筋力トレーニングを規則的に実施して、パワーの開発に努めるのがポイントです。また、心理的にも成長しますので、トレーニング計画の立案やコンディショニング管理など、一人前のスポーツ選手として自立できるようにしむけ、最終的には自分で競技生活をコントロールできるようにします。

4) 女性とスポーツ

　月経いわゆる生理は、女性の生殖生理機能の1つの現象です。8～9歳頃から生殖生理機能が徐々に発現してきて、初潮を迎えます。初潮から17～18歳頃までが女子の思春期とされています。

　女子競技者は、早期に開始されるスポーツトレーニングによって初潮の到来が遅れたり、毎日のハードなトレーニングによってさまざまな月経異常が発現したりするといわれています。月経異常の原因としては、ハードなトレーニングや人間関係などからくる身体的・精神的ストレス、節食や減食などによる体重・体脂肪の減少（図7）、偏食などの食事・栄養の問題、激しいトレーニングなどによる女性ホルモンの分泌状態の変化、などがあげられます。これらの原因は単独に作動するのではなく、相互に関連して各種月経異常を起こすと考えられています。

　この時期のスポーツ活動は、過度な身体的・精神的ストレスを与えることなく、余裕をもったトレーニングを実施するとともに、常に体重や体脂肪のチェックを行い、無理のある減少がみられたら適切に対応するなど、生殖生理機能を十分に理解し、配慮

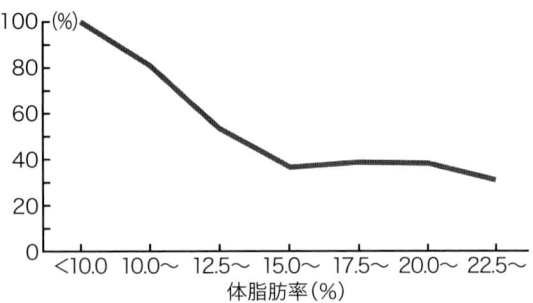

図7●月経異常と体脂肪率　　　　　　　（目崎, 1997）

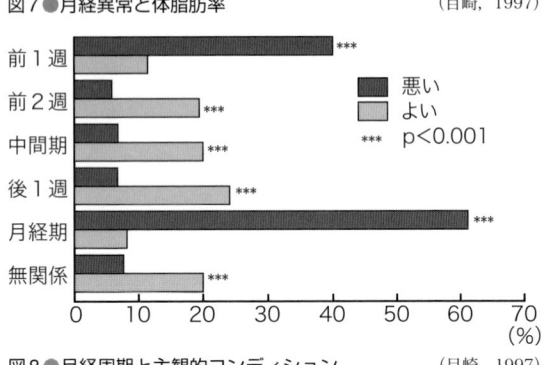

図8●月経周期と主観的コンディション　　（目崎, 1997）

したうえでスポーツを行う必要があります（図8）。

3 アスリート・ファースト、ウイニング・セカンド

　各年齢段階を通して、指導者は常に「アスリート・ファースト」の精神で競技者を指導することが大切です。いかなるときも主役は競技者であることを忘れてはなりません。競技者一人ひとりに個々の目標を設け、それに全力で邁進させることが、勝つことよりも深い意味をもつのです（ウイニング・セカンド）。そして、競技者の成長とともに指導者も常に研鑽を積み、生涯にわたり成長していきたいものです。

（繁田進）

■参考文献

IAAF (2009) Introduction to Coaching Theory. IAAF CECS Text. Warners Midlands plc.
岡野進（1998）小学生のための陸上競技指導教本．創文企画．
髙石昌弘ほか（1977）スポーツと年齢．大修館書店．
日本陸上競技連盟（2011）競技者育成プログラム．
武藤芳照（1989）子どものスポーツ（UP選）．東京大学出版会．
目崎登（1997）女性スポーツの医学．文光堂．

4 ── タレント発掘

❶ タレント発掘と10年1万時間の法則

スポーツに限らず、科学技術、芸術、ビジネス、芸能などの分野で世界一流に到達した人たちの育成経歴を調べた結果によると、優れた才能はもとより、たゆまぬ努力の積み重ねが必須であることがわかってきました。心理学者のアンダーズ・エリクソン（Ericsson KA, 1993）は多分野にわたる天才たちを対象にした調査を積み重ね、彼らが世界一流のレベルに達するためには10年、1万時間以上の練習継続が必要であったことを明らかにしました。

さらにエリクソンは、できるだけ早く専門的に取り組んだほうが有利であり、逆に専門的取り組みが遅くなるほど先行した人に追いつくのが困難になると結論づけています（図1）。よい人材を早く見つけ、長く育てるというタレント発掘・育成システムは、かつての東欧諸国が取り組み、今日では多くの国が試みています。エリクソンの見解は、これに科学的裏づけを与えるものとなりました。

しかしエリクソンの結論は、あくまでも成功事例の後追い調査に基づくものです。タレント発掘・育成がどれほどの成果を生み出すものか、近年ようやくその科学的検証が行われるようになってきました（表1）。これらの検証を見る限り、シニアに至るまでにかなりの競技者が脱落し、国際級のレベルに到達できるのはほんの一部にすぎません。日本の例は、日本オリンピック委員会（以下、JOC）が全国中学体育大会入賞者などジュニア優秀選手890人を対象に調査したものです（回答数439人、回答率49.3％、日本オリンピック委員会選手強化本部、1996）。このうち、中学校期にトップレベルにあった選手256人のなかでシニアレベルまで競技水準を維持できたのは16.8％でした。陸上競技の選手でも、中学校トップ選手94人のうちシニアまで維持できたのは17.1％にすぎません。しかしこの存続率は、諸外国の数字と比較すればむしろ高いくらいです。

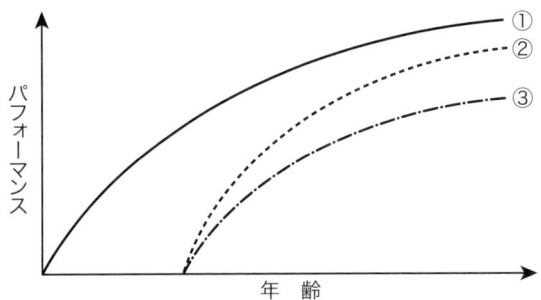

図1●年齢とパフォーマンス向上の推移　　（Ericsson KA, 1993）
①早期に高水準の専門的練習を開始した例、②高水準の専門的練習を遅れて開始した例、③低水準の専門的練習を遅れて開始した例。①～③により、早期に専門的な練習を開始することが重要である

表1●ジュニア選手のタレント発掘後の経緯あるいは競技水準の推移

国	調査対象	追跡結果	報告者
東ドイツ	発掘テスト合格者（10-13歳）：20100人	1年間で25％が脱落（残存率75％）	Riecken（1993）
東ドイツ	ソウルオリンピック選手：48人	上記発掘テスト合格者：20人	Riecken（1993）
東ドイツ	レスリング選手（13歳）：120人	9年後、国内選手権に出場できた者：5人	Kupper（1978）
西ドイツ	10歳児：131人	2年間で32名に減少（残存率24％）	Rost（1989）
西ドイツ	6歳児：483人	7年間で153人に減少（残存率32％）	Joch（1992）
西ドイツ	オリンピック強化指定選手：4972人	7年後、シニア国際トップ10に達した者：0.3％	Gullich（2001）
西ドイツ	エリートスポーツ学校生徒：11287人	3年後、シニア世界選手権でのメダル獲得者：1.7％	Gullich（2005）
ロシア	ユース・スポーツ学校生徒：35000人	シニアレベルで大成したのは0.14％	Ljach（1997）
日本	中学生期トップレベルの選手：256人（陸上：94人）	シニアレベルまでトップを維持：16.8％（陸上：17.1％）	JOC（1996）

（Vaeyens R, 2009より著者加筆改変）

チャンピオンとは、長期間の育成過程を経て勝ち抜いた一握りの競技者であり、このような低い存続率は驚くにあたりません。重要なのは、こうした実践例から育成システムに内在するリスクや問題点を検証し、そこからよりよい競技者育成プログラムの構築を目指すことです。

❷ タレント発掘システムのリスクと問題点

1) 子どもの将来性予測には無理がある！

思春期前後の子どもにテストを課して、はたしてどの程度その将来性を予測できるでしょうか？　結論からいえば、予測精度はかなり低いというのが多くの研究報告の指摘するところです。またその理由として、(1)成人期に発揮される能力が思春期前にはあらわれてこない、(2)思春期前後の諸能力は発育速度に影響を受けることから将来性を予測することが困難、(3)横断的手法によって限られたテスト（ほとんどの場合1回の測定）で将来を予測することが困難、(4)タレントを識別する心理的、社会的尺度がほとんど開発されていない、などがあがっています。したがって、小学校段階で1回のタレント発掘テストによってその子どもの将来性を予測することにはかなり無理がある、といわなければなりません。

2) 陸上競技は専門化の遅い競技

スポーツを専門に取り組む年齢は、競技特性に大きく依存します。図2は、2004年アテネオリンピック参加選手4455人の競技開始年齢を示したものです。比較的早くから専門化する競技もありますが、陸上競技はオリンピック種目のなかにあって典型的に専門化の遅い競技です。タレント発掘は早期に行われることも多いのですが、図2からも明らかなように、少なくとも陸上競技では小学校段階でタレント発掘を導入する積極的な意味はありません。

その他、オリンピック選手など国際舞台で活躍する選手たちの経歴を調べた結果によると、競技水準の高い選手ほど、(1)世界的水準に達するまで必ずしも10年を要しない、(2)専門化する年齢が遅い、(3)単一種目だけを専心するのではなく思春期前後に複数の種目を経験している、などの特徴がみられます。経験的にも学術的見解からも、陸上競技では早期に専門化するメリットはないと断言してよいでしょう。

3) 相対年齢効果（生まれ月問題）とは？

同じ学年で選抜された子どもやスポーツ成績のよい子どもを集めてみると、明らかに早く生まれた子どもの数が多いことに気づきます。生まれた月が早かった、ただそれだけの理由でスポーツに秀でるチャンスが多くなるのです。この現象を「相対的年齢効果」と呼んでいます。

現在、さまざまなスポーツ種目、また多くの国においてほぼ例外なく相対的年齢効果があらわれることが確かめられています。図3はオランダの陸上競技選手の例ですが、ジュニア期で顕著な傾向がみら

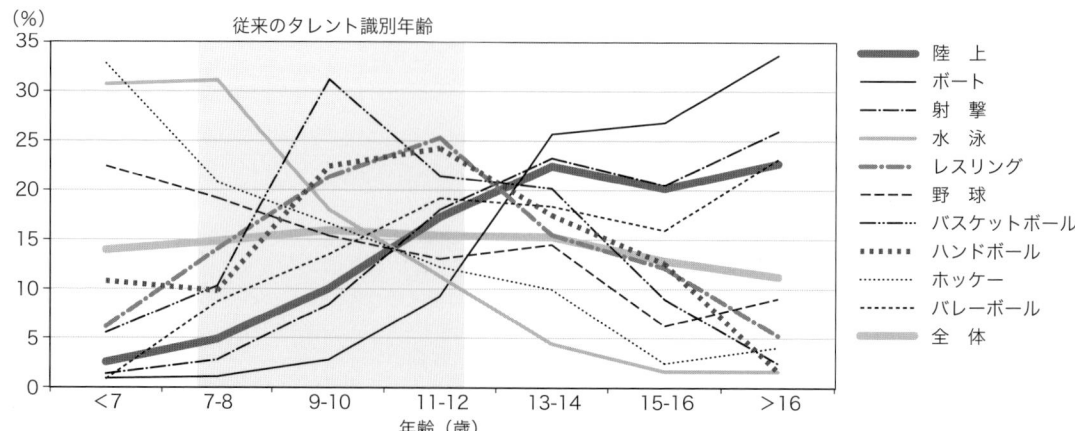

図2 ● 2004年オリンピック大会参加競技者の専門種目を開始した年齢　　(n=4455, Vaeyens R, 2009)

れ、さらにシニアになってもそれが残存しています。

この年齢効果は、子どもの本来の能力に関係なく育成環境の影響がいかに大きいかを如実に物語るものです。生まれ月の違いによる発育の遅速は、タレント発掘・育成・選抜に影響し、晩熟で将来伸びる素質を秘めた子どもをタレントプールから除外してしまう危険性をはらむことになります。さらに、生まれ月の遅い子どもは心理的な負担も大きくなり、スポーツからドロップアウトしやすいという調査結果もあります。

このように相対的年齢効果は、単に発育の遅速が招く一過性の現象だけでなく、競技者育成全般にかかわってきます。優れた人材を求めて行ったタレント発掘が、一方で、かえって優れた人材を排除してしまうという皮肉な結果を招くのです。よりよいタレント発掘・育成システムを構築するうえで解決すべき課題ですが、今のところはっきりした解決の糸口は見つかっていません。少なくとも、コーチ、教師、親など子どもを支える大人たちは、生まれ月の問題を十分理解し、その育成にあたる必要があります。

3 タレント育成システムの方向性

1) 集中練習（deliberate practice）とは？

エリクソンは、10年1万時間の法則を提唱したとき、同時に練習内容こそが重要であると主張しました。天才たちはただ漫然と練習したのではなく、高度に構造化された意図的、計画的練習を継続していたといいます。エリクソンはこれを「集中練習（deliberate practice）」と名づけました。競技者育成の観点からは、10年1万時間という時間的要因より、集中練習をどのように構築するかという問題がより重要だと思われます。

すなわち、育成段階において集中練習をどのように配分するかが次の課題になります。心理学者ベンジャミン・ブルームは、やはり卓越した天才たちの経歴を追跡調査した結果から、育成のつながりを重視し、才能発達を3つの段階で捉えました（図4）。はじめは「導入期」で、子どもたちが楽しく遊びの要素を多く含んだ活動に夢中になる時期です。続いて「専門期」になって集中練習が活動の中核になっていきます。さらに「発展期」になると、ここではごく限られた才能の持ち主がいわばプロとして生活のすべてを集中練習に注ぎ込んでいきます。

ブルームのシークエンスは、その後の競技者育成モデルに大きな影響を与えました。イギリスおよびカナダで考案された「長期競技者育成計画」（Long Term Athlete Development; LTAD）は、これをより具体的な形にしたもので、現在、世界的に最も知られた競技者育成モデルの1つになっています。また日本陸連でも同じ発想から、すでに1990年代初頭に具体的な長期育成計画を提示しています。

2) タレント発掘・育成はダイナミックなシステム！

そもそも、タレントとは複雑で漠然とした概念といわなければなりません。しかし今日、才能育成の

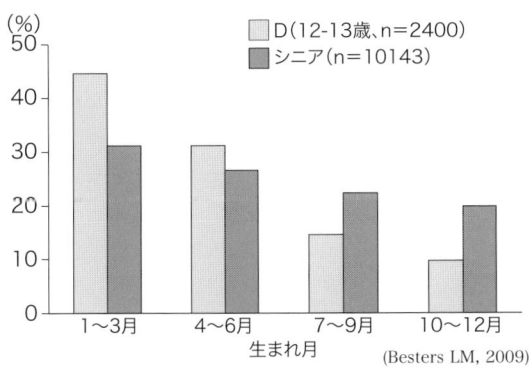

図3●オランダ男子陸上競技選手（2000～2010年）の生まれ月分布
オランダの陸上競技で年齢区分をD（12-13歳）、C（14-15歳）、B（16-17歳）、A（18-19歳）、シニア（19歳以上）に区分し、1月1日を誕生日の区切り日としている

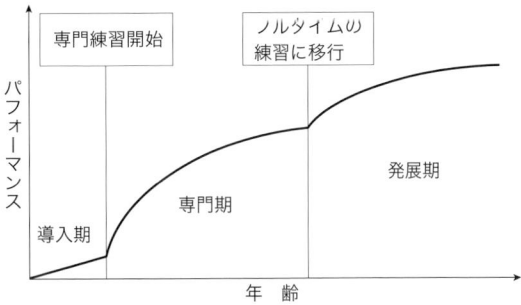

図4●才能発達過程における3つの段階　(Bloom BS, 1985)

研究領域ではタレントをより動的、多元的に捉え、そこから育成モデルを構築する考え方が主流になっています。図5は、この分野の第一人者であるフランシス・ギャグニーが提唱するタレント育成モデルです。まず、天賦の高い能力を「才能（giftedness）」と定義し、ある分野で系統的に育成された高い能力を「タレント」と定義して区別します。本図は、そのタレントが動的、多元的に育成される様相をあらわしています。

例えば、タレント発掘で子どもの将来を予測するために行われたテスト結果は、情報としてただちに固定されます。しかし、子どものタレントは日々ダイナミックに変化していきます。将来予測は常に過去のものでしかないというパラドックスがあり、ここにタレント発掘の限界があります。我々は、こうしたタレント性のダイナミズムをよく理解し、また注視を怠らず育成計画を進めていくことが肝要でしょう。

3）遺伝子からみたタレント発掘

リチャード・ドーキンス（1991）は著書『利己的な遺伝子』のなかで、すべての生物は自己複製を目的とする遺伝子の乗り物にすぎないと語っています。生物進化における遺伝子の重要性を表現するための比喩でした。スポーツにこの比喩をあてはめれば、才能がなければいくら努力をしても一流になれないとの解釈に至り、そこからタレント発掘がクローズアップされました。

しかし、遺伝子は親から子への遺伝の役割を担うだけではありません。遺伝子は、身体をつくり生命活動を担うたんぱく質の設計図です。ホルモンをつくるのも、代謝に欠かせない酵素をつくるのも、免疫システムをつくるのもすべて遺伝子の情報に基づきます。日々のトレーニングを継続することによって筋が肥大したり持久力が高まったりするのも遺伝子情報に基づきます。19世紀のドイツの病理学者ルドルフ・ウィルヒョウは「すべての細胞は細胞から」と表現しました。進化の過程で生き延びてきたのは遺伝子だけではありません。遺伝子—細胞という「複合」システムも生命の誕生以来脈々と継続されてきたのです。

優れたタレント（遺伝子）への憧れは、しばしばそれを固定的に捉えます。「あの選手はもともとモノが違う」などといいます。しかし、実際の生体内で起こっている遺伝子—細胞システムはよりダイナミックなものです。つまり、「やってみなければわからない」のです。

タレントが動的であり多元的であると述べましたが、まさにそれは遺伝子—細胞システムが具体化されていく過程と理解できます。我々は、タレント発掘・育成システムがこのような生体の動的平衡を基盤にして成り立っていることを改めて認識しておく必要があるでしょう。

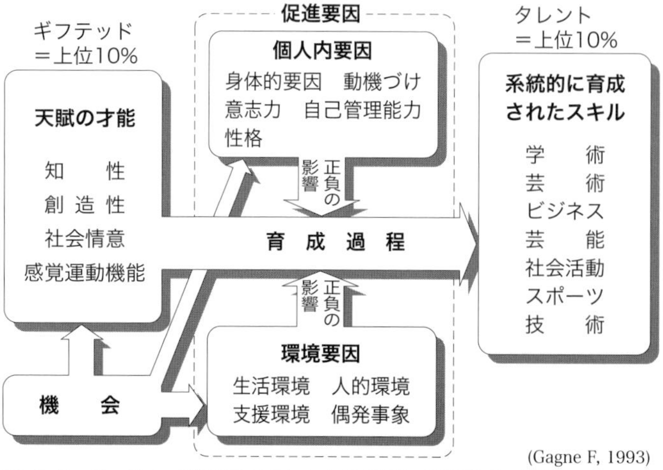

4）タレント・トランスファーの試み

優れた人材を早く発掘し、よい環境で長く育てる、これがチャンピオンを生み出す要諦と考えられてきました。しかし、これは成功事例の一側面にすぎないのかもしれません。

2012年ロンドンオリンピックに向け、イギリスUKスポーツは上記のような従来型のモデルとは異なる新たな育成システムを導入しました。その代表例が「スポーツ・ジャイアンツ」とよばれる育成

図5●F・ギャグニーが提唱するタレントの多元的・動的育成モデル (Gagne F, 1993)

表2 ● UKスポーツのタレント・トランスファー・プログラム＝スポーツ・ジャイアンツ

ステージ	応募者	選別結果	選別方法
(1) 2007年2月	全国 4000人	3010人 平均年齢＝19.6歳	最低身長：男子＝1.9m，女子＝1.8m 年　齢：16-25歳
(2) 2007年5-8月	候補選手 1245人	ハンドボール15人，ボート69人，バレーボール7人，カヌー10人，合計101人	選抜試験（一般スキルおよび種目別スキル，戦術〈ポジション別〉，形態および機能，運動能力，心理・社会的分析）
(3) 2007年夏-秋	候補選手 101人	48人	フルタイムのトレーニングプログラム実施中にコーチ，スポーツ科学者が評価

(Vaeyens R, 2009 より著者加筆改変)

プログラムです（表2）。4競技団体が連携し、シニア期にある高身長の競技者を募集し、適性を審査してそれぞれの競技に振り分けます。その競技経験は問いません。以前の競技経験やスキルが次の競技に短期間で転移できるという仮説のもとに行われた「タレント・トランスファー（転移）」です。実際のロンドンオリンピックにおいて女子ボート選手が金メダルを獲得するなど、一定の成果がみられました。10年といわず、わずか4年の育成期間でした。

ロンドンオリンピックの成果は、偶然の産物かもしれません。トランスファーのメカニズムや競技間の相性など、今後明らかにすべき課題は多いでしょう。しかし、「スポーツ・ジャイアンツ」のトランスファーは単にタレント発掘をジュニアからシニアにずらしただけのものではないはずです。その背景に、タレントの動的多元性が想定できます。タレントのダイナミズムには、まだまだ我々の考えがおよばない可能性が秘められていると考えられます。

陸上競技は早期タレント発掘、早期専門化の最もなじみにくい競技の1つと理解できます。とりわけ早期専門化の風潮は、競技者自身のドロップアウトを招きやすくするとともに、晩熟型で将来にタレント性を秘めた子どもを除外する傾向（相対的年齢効果）を助長するでしょう。

◆

陸上競技では、旧来のタレント発掘・育成モデルとは異なる、タレントの動的多元性に基づく競技者育成プログラムを率先して志向すべき、と考えます。その具体例として、シニア期でのタレント・トランスファーがあげられます。幸い陸上競技では、種目間でトランスファーが行われやすく、豊富な経験知もあります。

その成功へのカギは、何といってもコーチの力量によるところが大きいでしょう。本来、タレント発掘やタレント・トランスファーは、あくまでも競技者育成プログラムの1つのツールとして機能するものです。そして、トランスファーの要となる競技者のタレント性と種目適性を見抜く目は、コーチをおいてほかにありません。個別のコーチングとの連携が最も重要な課題になるのは至極当然のことです。

（伊藤静夫）

■参考文献

Besters LM. (2012) The Relative Age Effect in Elite Dutch Track & Field; The Role of Performance Based Selection Systems. http://arno.uvt.nl/show.cgi?fid=121783 (accessed 2013-01-29)

Bloom BS. (1985) Developing Talent in Young People. New York: Ballantine.

Ericsson KA. (1993) The Role of Deliberate Practice in the Acquisition of Expert Performance. Psychological Review, 100: 363-406.

Gagne F. (1993) Constructs and models pertaining to exceptional human abilities. In: Heller KA, Monks FJ, Passow AH, editors. International handbook of research and development of giftedness and talent Oxford: Pergamon Press, 63-85.

Vaeyens R. (2009) Talent identification and promotion programmes of Olympic athletes. J Sports Sci, 27: 1367-80.

リチャード・ドーキンス（1991）利己的な遺伝子．紀伊國屋書店．

日本オリンピック委員会選手強化本部（1996）発育期におけるトップアスリートの軌跡調査報告書；21世紀における日本の選手強化のトータルシステムのあり方についての調査研究事業―プロジェクト21―．

第2章
指導における各種理論

1──トレーニング理論

　トレーニングの効果を高めるためには、トレーニングによる変化とはどのような変化か、なぜそのような変化が起こるのか、どうすればより望ましい変化を起こせるのか、といったことを考える必要があります。トレーニングによって起こる変化はまさにパフォーマンスが高まることですが、どのようにパフォーマンスが変化しているのかは意外と見落とされがちです。トレーニングの効果を確認し、なぜそのような変化が起こるのか、すなわちトレーニングの原理を理解しましょう。ここでは、まずトレーニングの原理を説明し、その後トレーニング効果がどのようにあらわれるかについて2つのモデルを用いて説明します。そして、どのようにすればより望ましい変化を起こせるのか、すなわちトレーニングの原則を学びます。トレーニング計画については次章で詳しく述べますが、トレーニングは中長期的に考えることが必要不可欠です。つまり、トレーニング負荷のコントロールはその日のトレーニングばかりでなく、数日、数週間、数カ月のなかでコントロールできなければなりません。ただ単に、その日のトレーニングを追い込むだけでは、効果的なトレーニングにはなりませんし、傷害の危険性も増します。そのため、ここではトレーニング負荷の考え方についても学びます。

❶トレーニングの原理

1）適応

　トレーニングによってパフォーマンスが向上するのは、身体がトレーニングの刺激に適応（adaptation）することによって起こります。例えば、多くの酸素摂取を必要とする運動を続けていれば酸素摂取能力が向上します。強い筋力を必要とする運動を続けていれば筋力が向上します。また、人ははじめて行う運動はぎこちないですが、繰り返し行うことで無駄なく、効率よく、力強く行うことができるようになります。人はトレーニングによって、短期的にも中長期的にも望ましいパフォーマンスを発揮するために適応していくのです。

　トレーニングは、同じ負荷であってもトレーニングを開始するときの能力（準備状態）によって異なる変化が起こります。トレーニング負荷が十分に強ければパフォーマンスは向上し、ほどほどであれば維持し、弱ければ低下します。競技をはじめたばかりであれば、パフォーマンスはすぐに向上しますが、

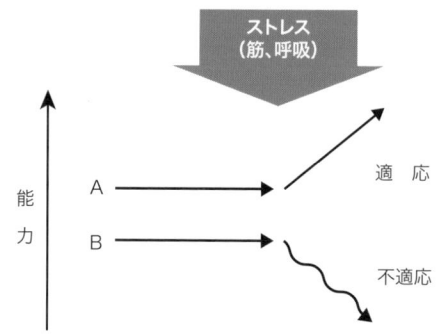

同じ負荷（ストレス）でも能力によって適応できる場合とできない場合がある

図1●トレーニングと適応

競技レベルが上がるにつれてパフォーマンスは簡単には向上しなくなります。ここで注意しなければならないのは、トレーニング負荷が強すぎれば、パフォーマンスが向上しないばかりか、オーバートレーニングと呼ばれる、パフォーマンスが極度に低下し、向上しない状態になる場合があることです（図1）。

2) 可逆性

トレーニングによって一度身につけたパフォーマンスは、トレーニングをやめると低下してしまいます（図2、休養後①）。これを可逆性といいます。例えば、腕を骨折したときにギプスで固定すると腕が極度に細くなります。これは日常生活で受けていた負荷も腕の筋にとってはある一定の筋力の維持に貢献しており、ギプス固定で筋への負荷が極端に小さくなると筋力が大きく減退してしまうことを示しています。一方で、この後に述べる特異性ともかかわりますが、意外と、ある種類のトレーニングをやめてもパフォーマンスが低下しない場合もあります（図2、休養後②）。ほかのトレーニングがその要素を補っていたり、そもそもトレーニングがねらい通りに効果を上げていなかったりする場合があるのです。トレーニングの可逆性はトレーニングができないときのマイナスの意味ばかりでなく、トレーニングの効果を評価し、トレーニング課題や方法を見直すためにも常に考慮すべき原理といえます。特にジュニア期は、トレーニングをしなくても身体の発育によって強くなっています。発育・発達による変化とトレーニングによる変化とを考慮して、トレーニングを考えなければならないのです。

3) 特異性

トレーニングでは、基本的にトレーニング負荷がかかった要素にトレーニング効果があらわれます。例えば、筋力トレーニングを行えば、持久力ではなく、筋力が向上します。同じ筋力でも脚の伸展筋力をトレーニングすれば、伸展筋群が強くなり、さらにそのトレーニングを行った姿勢（筋の長さ）やスピードでの筋力が向上します。また、同じ持久力でも水泳で身につけた持久力では長距離走を速く走ることには直接貢献しません。これをトレーニングの特異性といいます。しかし、トレーニング効果は特異的にあらわれると同時に、付随して得られる効果もあります。ある姿勢で筋力を高めても、さまざまな姿勢における筋力が高まる場合もあれば、ある姿勢以外はあまり筋力が向上しない場合もあります。また、持久力でも同様に、ある時間にわたって運動を続けるような持続的な持久力が向上した場合に、ダッシュとジョギングを繰り返すような間欠的な持久力が身につく場合とつかない場合があります。さらに、筋力をトレーニングしていても持久力が向上する場合もあります。これをトレーニング効果の転移といい、理論だけではトレーニング計画や負荷を考えられない所以です。トレーニングには経験則や直感が必要となるのです。

4) 適時性

トレーニングは、同じトレーニングでも発育・発達や1年間の時期、体力要素間の関係などでトレーニング効果を得るのに適した時期があります。これをトレーニングの適時性といいます。発育・発達期では、身長が大きく伸びる時期が身体の運動パフォーマンスにおいても大きな変化を

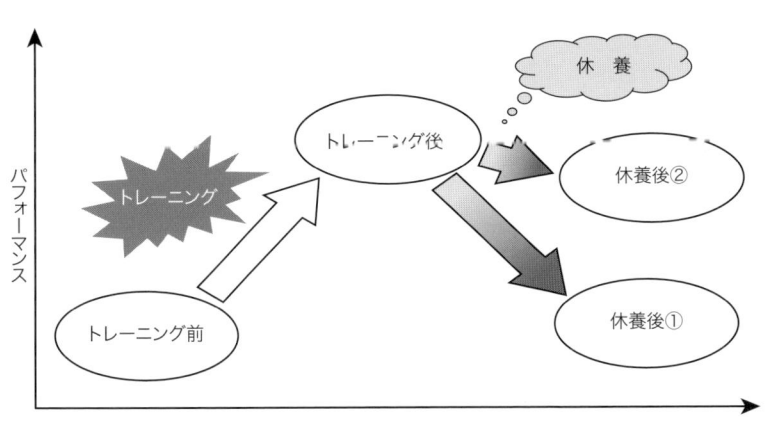

図2●トレーニングと可逆性

もたらすため、この時期を基準にトレーニングする要素を変化させることが一般的です。身長が大きく伸びはじめる前に神経系、すなわち身体を操作する能力を、身長が大きく伸びはじめる頃で体重がまだ大きくなる前に持久力を、身長の伸びが緩やかになる頃から筋力を、それぞれトレーニングすることがよいとされています。しかし、身長がいつ大きく伸びるかは事前にわかるはずがなく、さらに細かく見ると個々に1年間で大きく身長が伸びる時期や、体重が増加する時期などもあり、必ずしも一般則にしたがわなければならないと考えないほうがよいでしょう。しかし、適時性を考慮し、将来性を大切にして計画性を持ってトレーニング要素を考えておくことはきわめて重要といえます。

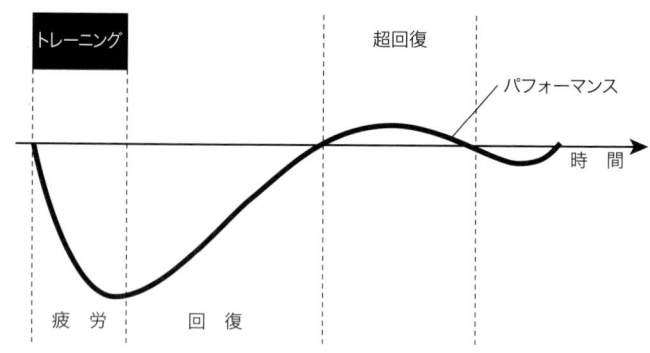

図3●トレーニング効果——1要因モデル

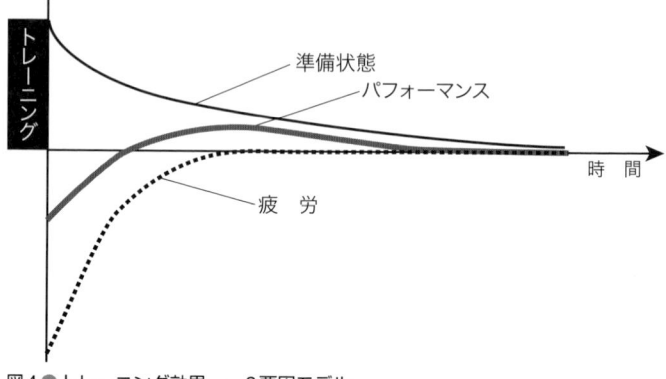

図4●トレーニング効果——2要因モデル

❷トレーニング効果

トレーニング効果については、1要因モデルと2要因モデルから説明することができます（ザチオルスキー・クレーマー、2009）。ここで、それらのモデルを概説してみましょう。

1)1要因モデル

図3は、1要因モデルにおけるトレーニング負荷とパフォーマンスの変化を示したものです。トレーニングの後、パフォーマンスが一度低下し、その後回復して以前のパフォーマンスレベルを超えるようになります。これが超回復といわれる現象で、これによりトレーニング効果が得られると説明できます。グリコーゲン（糖）に代表されるエネルギー源がこのような変化をすることから説明されるようになったと考えられます。

中期的にハードなトレーニングを行って、パフォーマンスの劇的な向上を期待するときは、このモデルがよくあてはまるでしょう。例えば、新入生が夏場を乗り切ると秋に大きく自己記録を更新するときなどです。しかしながら、パフォーマンスの向上はこのような単純な変化だけでは説明できないため、明らかにエネルギー源の増大やエネルギー出力の向上がパフォーマンスの向上と結びつくときにあてはまるモデルといえます。

2)2要因モデル

トレーニングを行うと、トレーニングによる負荷によって即時に準備状態が向上し、同時に疲労が生じます。このとき、その2つの差し引きによりパフォーマンスが変化すると考えるのが2要因モデルです（図4）。これは、筋力トレーニングにおいて1セット目を終えた直後にあてはめて考えることができます。例えば、1セット目よりも2セット目に力を出しやすい状態になることがよくありますが、これは1セット目のトレーニング負荷が準備状態を向上したため起こるのです。しかし、トレーニングをよく行っていない者では、大きく疲労が生じるため、

2セット目ですでに力が出なくなることもあります。

1日のトレーニングの結果、どのようなパフォーマンスの状態になるかも、同じようにトレーニング負荷に対する準備状態の向上と疲労の差し引きで説明することができます。このモデルではトレーニングと休息のバランスを考えるときにも役立つため、トレーニング計画や試合前の調整において役立つモデルと考えられます。

3 トレーニングの原則

一般的に、以下に示す5つの原則にしたがってトレーニングを進めるべきであると考えられています。それらについて概説しましょう。

1) 全面性の原則

トレーニングは、ある偏った能力や要素のみをトレーニングすべきではなく、身体のさまざまな能力をバランスよくトレーニングすべきです。長距離走を専門種目にしているからといって持久的トレーニングばかり行うのではなく、筋力やパワーや調整力などもトレーニングすべきだということです。これは、幅広く、バランスよくトレーニングすることで、専門的な能力も効果的、継続的にトレーニングできるからです。特にジュニア期は将来のさまざまな可能性を広げるために、いろいろな能力をトレーニングするよう配慮すべきでしょう。

2) 反復性の原則

トレーニング効果は、1回のトレーニングで得られるものではなく、繰り返し行ってこそ得られるものです。また、仮に1回のトレーニングでそれなりの効果があったとしても、ねらった試合でその成果を発揮するために、いつでも発揮できる状態にすることが求められます。ただし、身につけようとしている能力と今の状態から、どれくらいの繰り返し回数と頻度で行えばよいかは慎重に考える必要があります。1日のトレーニングのなかで何回行うのか、週に何回、月に何回行うかを考え、さらに短期に効果が得られるのか中長期的に効果が期待できるのかといったことも考慮し、試合までのスケジュールなどから計画的に反復することが望ましいでしょう。

3) 漸進性の原則

同じ負荷でトレーニングを行っていてもその時々の身体の能力や準備状態が異なると、同じようにト

レーニング効果が期待できるわけではありません。基本的には、能力が向上していれば、トレーニング負荷も向上させなければなりません。そのときに、いきなり負荷を大きく増大させるのではなく、徐々に増大することが望ましく、トレーニングは漸進的に行うべきであると考えられています。しかしながら、ある決まった負荷は、漸進していくことでそれ以上の適応を引き起こすには非効率的になることもしばしばあります。ほかの原則と合わせて考えると、負荷のかけ方を変えたり、異なる能力が向上してから元のトレーニングに戻ったりするなど、狭い範囲やある1つの体力要素などに対してのみ漸進性を考えるのではなく、さまざまな能力に統合的にあてはめて検討すべきなのです。

4) 個別性の原則

選手は一人ひとり異なった特徴の能力を有しているため、すべての選手が同じようにトレーニングしても同じ効果が得られるわけではありません。同じ記録を有する2人の選手が、全く異なる身体能力をもつこともよくあります。そのような選手が毎日すべて同じトレーニングを行っていたのでは長所を伸ばせなかったり、短所を克服できなかったりということになってしまいます。ジュニア期では個々の選手が考えて自分に合ったトレーニングを行うことは難しいため、全体のトレーニングの中でさまざまな可能性をもつバラエティ豊かなトレーニングを工夫し、個別メニューも与え、選手に得手不得手があることを理解させつつ、徐々に自分の特徴に応じた個別のメニューが必要であることを体得させていくことが重要になります。

5) 意識性の原則

同じトレーニングでもそのトレーニングが何のために行われているのかを理解しているのと理解していないのとでは効果に違いが出てきます。例えば、漢字の練習でもその漢字の特徴や意味などを考えながら書くのとただの作業として書くのとでは、学習効果に大きな差があらわれることは理解できると思います。トレーニングは作業として行うものではな

く、身体の何らかの適応を企図しているものであり、そこから人の総体としてのパフォーマンスの改善を期待しているので、それをその人が意識的に行うことが重要なのです。

◆

以上、トレーニングの5つの原則について説明しましたが、あくまでも一般的な原則です。これ以外にも種目の特性や選手の年齢に合わせて原則として守るべきことを考えることが大切です。一方で、トレーニングは実施するさまざまな環境や条件で多くの工夫を必要とします。原則に縛られすぎても自由な発想が妨げられてしまうかもしれないので、原則はあくまでも原則として捉え、そのうえで多くの工夫やアイデアによって効果的で、安全なトレーニングが行われることを期待します。

4 トレーニング負荷の考え方

1) 量と強度

トレーニング負荷は、強度(intensity)と量(volume)で評価されます。強度は、ウエイトトレーニングでは重さですが、スプリントトレーニングではスピードがそれにあたります。量は、ウエイトトレーニングでは繰り返し回数やセット数で、スプリントトレーニングでは走る距離や繰り返し回数がそれにあたります。このとき、強度と量のかけ合わせはトレーニング負荷と考えることになりますが、同じトレー

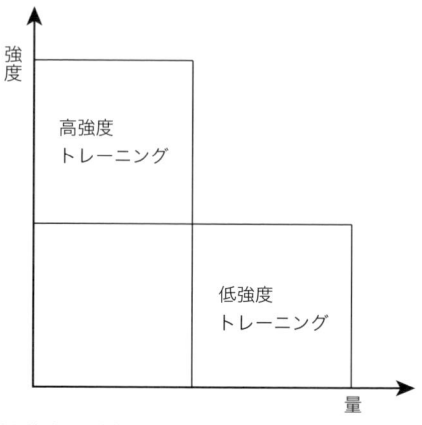

図5●量と強度の関係

ニング負荷でも、強度が高いと高強度トレーニング、低いと低強度トレーニングと分類でき（図5）、異なる目的のトレーニングになることを承知しておかなければなりません。基本的には選手の専門性が明確になるにつれて、トレーニングの強度と量は増える傾向にありますが、競技レベルが上がると強度の高いトレーニングができるようになっていき、その反面、単純に量を増やすことは難しくなります。

2）トレーニングの密度

ある強度のトレーニングを1日あるいは1週間単位でどの程度繰り返すことができるかを考える必要があります。これをトレーニング頻度、または密度といいます。トレーニングによるパフォーマンスの向上は、ある期間を通してトレーニングされなければならず、そのためトレーニング負荷は単一のトレーニングだけではなく、トレーニングの頻度を考えなければなりません。

3）トレーニングの質

もう1つ考慮しなければならないことは、トレーニングの質です。力があっても試合で結果が出せない、練習ではよいタイムで走れるのに試合につながらないという話をよく耳にしますが、これはトレーニングの質が低いと考えられます。試合ではライバルが存在したり、レース展開が変化したり、激しい順位争いやプレッシャーがあったりするなどいろいろな環境で行われます。このような状況でパフォーマンスを発揮できてこそ真のトレーニングの成果となります。

それらの状況を想定しつつ、さまざまな準備をすることがトレーニングですので、選手自身がその実感を持ってトレーニングをしなければなりません。そうすることでトレーニングの質は向上し、トレーニングの成果が試合であらわれることになります。競技レベルが上がるほどトレーニングの質が重要になりますが、一方でトレーニングの量的側面（負荷と頻度で考える）をおろそかにしがちです。質（quality）と量（quantity）のバランスを適切に保つことがトレーニング処方の神髄といえるでしょう。

（榎本靖士）

■参考文献
ザチオルスキー・クレーマー：高松薫監訳（2009）筋力トレーニングの理論と実践．大修館書店．
日本体育協会（2005）公認スポーツ指導者養成テキスト共通科目Ⅲ．
ボンパ，T：尾縣貢・青山清英監訳（2006）競技力向上のトレーニング戦略．大修館書店．
村木征人（1994）スポーツトレーニング理論．ブックハウスHD．

2 ── トレーニング計画の立て方

❶ トレーニング計画の必要性

　トレーニング計画は、さまざまな観点から考えなければなりません。1つは、発育・発達です。中学生、高校生では、身体が発育中であり、トレーニングをしなくてもいろいろな運動能力が高まっています。このような段階では、専門的なトレーニングによって何を身につけようとしているのかを慎重に考えなければなりません。さらに、選手が将来、身体が成熟して本格的なトレーニングを行うようになったときのことを想定しておくことも必要でしょう。もし傷害が発生した場合には細心の注意を払わなければなりません。

　もう1つは、競技期間の問題です。中学、高校では3年間、大学では4年間と、ある決まった期間において本人が望む目標に向かって計画を立てることが求められます。いくらよいトレーニングを行っていても成果が出る前に競技を続ける環境がなくなる場合もあります。それぞれの時期に（指導者ではなく）本人が満足できる成果を残せるよう計画を立てることが重要といえるでしょう。

❷ トレーニング計画立案のための基礎知識

1）目標からの逆算

　トレーニング計画で最も重要で、意外と見落としがちなことは、現状から伸ばしていく計画性はもっていても、目標となる試合から逆算するという視点です。中学、高校では試合のたびにベスト記録を更新したり、思いもよらない成長を遂げたりすることもよくあるので、試合に合わせた計画を立てにくいのかもしれませんが、計画とは目標から逆算して立てるものであり、指導者は成長を予測して計画を立てられるようになるべきでしょう。そうでなければ、トレーニングによってさまざまな体力・運動能力が向上していても肝心の試合でパフォーマンスを発揮できないということが起こり得るのです。

2）期分け

　トレーニング計画は、時期によってトレーニングの課題や方法などを変える、期分けという考え方を必要とします。すでにトレーニングの適時性で述べましたが、中学、高校と競技を続けていくなかで、いつ、どのような能力を改善すべきかを考え、計画に反映することが必要です。そして、1年間でもパフォーマンスの構成要素によってトレーニングに適した時期があります。冬期に基礎的な筋力や持久力を向上させたほうがよいというのはその一例です。試合から遠ざかっている時期は、パフォーマンスに直接反映されにくいものの重要なものや試合前に必ず必要となるものなどを見きわめて計画を考えることが大切です。

3）トレーニング計画の種類

　トレーニング計画は、1年から2～3年の長期計画から1～3カ月単位の中期計画、1～2週間の短期計画まで期間に応じて立てる必要があります。長期計画では、月単位でどのようなトレーニングをする時期なのかを考えることが重要であり、中期計画では週単位に、短期計画では日々の練習時間のなかで何をするべきかを考えます。

　トレーニングの専門書では、競技種目や競技レベル、年齢などに応じてトレーニングを行うサイクルを考えることが多く、そのなかで7～10日間くらいのサイクルをミクロサイクルと呼んでいます。そのミクロサイクルを2～6回ほど繰り返すことでマクロサイクルを構成し、さらにそのサイクルを繰り返すことで年間の期分けに応じたマクロサイクルができることになります。

❸ トレーニング計画立案の手順

　トレーニング計画は以下に示すステップで立案、

作成するとよいでしょう。

1）目標とトレーニング課題の明確化

　計画を立てるためには、目標が定まっていなければなりません。目標は記録であったり、順位であったりしますが、いずれにしてもより具体的になっているほうがよく、かつ選手が達成できると思えるレベルにしなければなりません。ただの憧れや達成できたらいいなあという目標では選手は目標と捉えられないでしょう。また、目標を達成する期限も同時に確認しておかなければなりません。いつまでに、どこまで向上するのかが確認できてはじめて計画といえるのです。

　目標が定まったら、目標達成のためには、何がどれくらいできるようにならなければならないのかを考え、トレーニング課題を数多くあげておきましょう。トレーニング課題は、選手の現状に合わせて考えるのではなく、目標から逆算することが大切です。

2）選手の現状把握

　実際にトレーニングを行うときは選手のさまざまな能力、性格も含めてよく知っておく必要があります。過去に同じくらいの選手を指導したことがあっても、人は一人ひとり違うので、同じようにいかないのが当然です。指導者の印象による評価だけではなく、試合の結果はもちろんのこと、コントロールテスト、トレーニングの結果などから選手の状態を把握しておく必要があります。

3）トレーニング課題の優先度とトレーナビリティ

　目標からトレーニング課題をあげていくと、多くの課題があることに気づきます。しかし、限られた時間では、すべての課題に取り組むことは簡単ではありません。そこで、課題の優先度をつける必要があります。選手の発育・発達段階を考慮することはもちろん、克服すべき課題と克服しやすい課題の両面から考えて優先順位をつけるとよいでしょう。

4）期分けと時期によるトレーニング課題と方法の選択

　試合に向けてのトレーニング課題に優先度をつけるうえで、その課題がその時期に適しているかを考える必要があります。一般的に長期的なトレーニングは冬期トレーニングからスタートしますが、冬には冬に適したトレーニング方法があります。そして、徐々に暖かくなれば暖かい時期に応じたトレーニングが必要になります。また、同じトレーニング課題でも時期に適した方法を工夫しなければなりません。例えば、同じ持久力を鍛えるための方法でも、寒いときは、徐々に身体を温めながら行うため、自然と時間や距離は長くできますが、スピードが少し低めのトレーニングになりがちです。一方、暖かくなってくると、量を落としつつスピードを重視したトレーニングへと移行しやすくなります。このように時期によって適したトレーニング方法があることを加味しておかなければなりません。

　図1は、年間計画の作成用紙、図2は、1年間の期分けの例です。ここでは、鍛練期、準備期、試合期としていますが、一般的準備期、専門的準備期、試合期としてもよいでしょう。この計画用紙に、試合や合宿の予定とともに、時期によるトレーニング課題などを書いておくとよいでしょう。

5）マクロサイクルの構成

　準備期から試合期に向けて、2～6回のマクロサイクルを計画することが一般的です。マクロサイクルは、2～6カ月である成果を出すことを期待して計画を立てることになります。6カ月の場合、最初の2カ月を準備期、次の2カ月を移行期、もしくは専門的準備期、最後の2カ月を試合期などとして、その月（メゾサイクル）でのねらいを明確にします。パフォーマンスを徐々に上げていくと考えがちですが、いろいろな体力や技術の要素はそれぞれが波のようになります。つまり、よくなったり、悪くなったりを繰り返しながら、ねらいとするパフォーマンスに到達すると考えられるので、あらかじめパフォーマンスの波を想定して計画するとよいでしょう。

6）メゾサイクルの構成

　図3は、メゾサイクルのパフォーマンスの波をイメージしたものです。通常は1～2カ月をメゾサイクルとして計画します。図4は、1カ月のトレーニ

月	1月	2月	3月	4月	5月	6月
期						
主要予定						
トレーニング課題						
月	7月	8月	9月	10月	11月	12月
期						
主要予定						
トレーニング課題						

今期の目標：　　　　　　　　　　　　来期以降の目標：

図1●年間計画の作成用紙

	12月	1月	2月	3月	4月	5月
	鍛錬期	鍛錬期	鍛錬期	準備期	試合期Ⅰ	試合期Ⅰ
	身体つくり・動きつくり 冬期トレーニングの準備 サーキットトレーニング	一般的体力つくり 量的トレーニング 筋力トレーニング	専門的体力つくり 量から強度への転換 パワートレーニング	技術と体力の融合 体力測定 高強度トレーニング スプリントトレーニング	記録会 質的トレーニング 専門種目のトレーニング	県大会 パフォーマンス分析と評価 課題解決トレーニング
	6月	7月	8月	9月	10月	11月
	試合期Ⅰ	準備期	試合期Ⅱ	試合期Ⅱ	試合期Ⅱ	過渡期
	地区大会 コンディショニングトレーニング	体力測定 技術と体力の見直し 量的トレーニング	全国大会 新人大会 量と強度のバランストレーニング	新人大会 新たな技術への挑戦 質的トレーニング	国体 日本ジュニア コンディショニングトレーニング	体力測定 他種目への挑戦 回復トレーニング

今期の目標：　　　　　　　　　　　　来期以降の目標：

図2●1年間の期分けの例

ングサイクルの例です。1カ月のメゾサイクルを考える場合、強化と休養の組み合わせとともに試合に向けた調整の部分も強調されます。そして、週単位で繰り返す場合も多いと考えられますが、強化と休養のバランスを見きわめて、週にとらわれない期分けも必要となります。

7）ミクロサイクル（強化と休養）

1週間から2週間程度の長さでミクロサイクルを考えます。いわゆる、強化トレーニングと疲労抜きのトレーニング期間を交互に繰り返していくことになります。種目によってサイクルのつくり方は変わりますが、トレーニングの原則（漸進性、全面性、反復性など）に留意して、トレーニングの密度を高く、安全に、効率よく、トレーニングが進むようミクロサイクルを工夫しましょう。トレーニング効果の2要因モデル（p16）で説明したように、パフォ

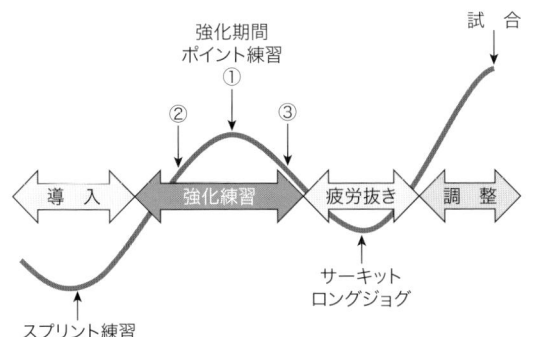

※①、②、③は図5の①、②、③と同じ内容を行う
図3●メゾサイクル（試合に向けたパフォーマンスの波のコントロール）

日	月	火	水	木	金	土
	1	2	3	4	5	6	7
	導　入						
8	9	10	11	12	13	14
	強　化						
15	16	17	18	19	20	21
		回　復				
22	23	24	25	26	27	28
	調　整						
29	30	31				
試　合						

図4●1カ月（メゾサイクル）の期分けの例

ーマンスの波と疲労の波にはずれが生じると考えることが、ミクロサイクルを上手に組む秘訣になります。

図5は、1カ月の中長距離選手のトレーニング計画の例です。パフォーマンスの波をコントロールして、まずはよい状態で強化練習ができること、また、よい状態は長く続かないので、休養を入れて、一度パフォーマンスをやや下げてでもしっかりと疲労を取り除き、試合に向けてパフォーマンスを上げていくことを重視した流れになっています。

また、トレーニング課題の組み合わせにも配慮して、重要なトレーニング課題を優先的に埋めていくようにしましょう。その日に思いついた練習を場あたり的に行うようではいけません。

4 トレーニング計画の見直し

重要な試合が終われば、それまでのトレーニング計画、方法について見直しを行います。いわゆる、Plan、Do、SeeのSeeです。見直しをするうえでは、何を見直すかが重要となります。トレーニング計画だけではなく、トレーニング課題、方法、トレーニングの環境など、見直すものも多岐にわたります。そして、それが成果とどのように関連したかを見抜けるかどうかが、シーズンごとに発展していけるかに大きくかかわるでしょう。当然、指導者自身の活動や選手とのかかわりも見直すべきです。そして、選手を個別に評価することも必要になります。個別の面談など時間の許す限り行うことをお勧めします。

（榎本靖士）

■参考文献
日本体育協会（2005）公認スポーツ指導者養成テキスト共通科目Ⅲ．
ボンパ，T：尾縣貢・青山清英監訳（2006）競技力向上のトレーニング戦略．大修館書店．
村木征人（1994）スポーツトレーニング理論．ブックハウスHD．

	月	火	水	木	金	土	日
	ジョグ40分	ウエイトトレーニング	クロスカントリー	レスト	スプリント練習	300m×5×3セット	レスト
	SP40分	スプリント練習	ポイント練習②	フリージョグ	ペース走	ポイント練習①	レスト
	ショートインターバル		ポイント練習③	レスト	サーキット	ロングジョグ	レスト
	ビルドアップ	サーキット	ジョグ＋流し	インターバル	フリー	レペティション	試　合
	導　入		SP：スピードプレイ（速いペースと遅いペースを組み合わせて走る）				
	強化練習		ポイント練習①：1000m×3（レスト5分）				
	疲労抜き		ポイント練習②：400m×5本×2セット（レスト：200mジョグ、セット間10分）				
	調　整		ポイント練習③：1200m＋300m×3セット（レスト：100mジョグ、セット間15分）				

図5●試合に向けたトレーニング計画例

3 ── 選手をやる気にさせる：理論編

　ジュニア期は、自分に合った種目を見つけ、より専門的な練習によって記録向上の楽しみを味わうことができるなど、陸上競技の魅力を享受できる年代です。その一方で、心理発達的には「努力」と「能力」の違いを十分に理解できる段階にあって、努力が時に報われないことや、素質や能力には個人差があるといった現実的な認識ももちはじめます。特に陸上競技は、身体の成熟度や能力差が競技成績に影響しやすいだけに、この年代での無力感の形成やドロップアウトを防ぐ配慮が必要です。

　選手のやる気や意欲を高める指導のあり方、すなわち選手が主体的に練習に取り組み、将来の競技活動の継続に結びつくような指導者の働きかけとはどのようなものなのでしょうか。ここでは動機づけにかかわる心理学的な知見に基づきながら、実践に応用可能な理論的枠組みのいくつかを紹介します。

❶ 選手のやる気を正確に理解する

1）やる気の程度を把握するには

　厳密な意味では、選手のやる気や意欲といった心理的態度を直接測定することはできません。したがって、主に選手の行動を観察することが、やる気の有無や程度を推測するのに役立ちます。その観点は以下の3つです。

①選手がどのくらい熱心に活動に取り組んでいるか（行動の強さ）

　例：時間内に何回チャレンジするか、集中して行っているかなど

②活動に取り組む時間もしくは期間の長さ（行動の持続性）
　例：5分で終えるか30分続けるか、三日坊主か1カ月継続しているかなど
③どのような行動・活動を選択するか（行動の方向性）
　例：簡単で安易な課題を選ぶか適切な難易度の課題を選ぶか、オフの日に何をするかなど

　指導者が全選手に画一的な練習メニューを提供すると、選手たちの練習行動は一様になりがちで、そこからやる気を推察することができなくなってしまいます。したがって、練習行動の観察を通じてやる気を理解するには、毎日あるいは週のわずかな時間であっても、選手に自主練習や自己決定の機会を与えるようにします。熱心でない日や継続しない場合は、体調や疲労、心理状態、自分の課題を理解しているかなどについて選手と話し合うとよいでしょう。

2）やる気にはいくつかの種類がある

　選手の練習行動を観察すると、やる気や意欲をある程度推測できますが、それだけでは十分とはいえません。練習熱心だが表情がさえない、波があるなど、どこかに矛盾や不自然さを感じることもあるでしょう。そのため、行動を含む動機づけのプロセス全体についても理解しておく必要があります。

　心理学における動機づけという概念は、行動の生起や行動の強さ（熱心さ）、行動の継続などを説明するもので、興味・関心、努力、意欲などを広く含む概念です。スポーツに限らず、飲食や勉強、仕事、犯罪など我々の「行動」には何らかの理由や原因、つまり「動機」が存在しています（図1）。そして、これらの動機を満たしてくれる「目標」に到達するために行動が生じるのです。

　動機づけのプロセスに着目すると、観察できる練習時の行動は同じであっても、行動の理由、すなわち動機は異なるといった場合が考えられます。ここでは簡単に、外発的動機づけと内発的動機づけの2つの動機づけのプロセスについて触れてみます。

①外発的動機づけ

　外発的な動機づけでは、他者からのほうびや賞賛、あるいは指導者からの叱責回避といった何らかの外的な目標（報酬）に至る手段として、行動（練習）が行われます。親や指導者の期待に添えるようにと、ほめられたくて練習に励む選手などがこれにあたるわけです。

②内発的動機づけ

　内発的な動機づけは、行動（練習）そのものが目的で外からの報酬は求めていません。試合のスリルや興奮（感性動機）、目新しく挑戦的な練習課題（好奇動機）、身体を活発に動かすこと（活動性動機）、頭を使って考えること（認知動機）、その他、自分の上達や進歩を実感するなど、活動そのものが選手の興味と関心を引きつけ、陸上競技の練習それ自体が喜びや満足感などの報酬となります。「日々体力や技能を向上させて、自己記録にチャレンジすることが楽しくて仕方がない」という動機から生じる練習行動は、内発的欲求によるものです。

3）どのようなやる気が重要なのか

　選手の様子をよく観察していると、内発および外発的動機のどちらが優勢かについての手がかりを見つけることが可能です。

動　機			⇒	行　動	⇒	目　標
内発的欲求	「何だろう、面白そう」	好奇		目標（右）に向けた行動の生起と継続		「わかった！　楽しい」
	「もっとうまくなりたい」	有能さ				「できた！」
外発的欲求	「怒られたくない」	恐怖・不安				失敗しないこと、目立たないこと
	「認められたい」	承認				他者から賞賛を受けること

図1●動機づけ（motivation）の過程

外発的に動機づけられている選手には、報酬がないと行動が生じない、あるいは持続しないといった特徴があります。本人の動機を満たす結果が得られない、例えば、勝てないとかほめられないなどの状況が続けば、練習への取り組みが低下したり、簡単にあきらめたりします。あるいは、指導者が見ていないと練習を怠けるなど状況依存的な傾向も生じがちです。

　それに対して、内発的に動機づけられている選手は、賞賛など外からの報酬がない場合でも練習への取り組みは低下しません。活動自体を楽しくやりがいがあるものと感じているため、困難に直面したときでも継続したり、1人でも練習を行ったりといった行動が目立ちます。そして、休日もストレッチをする、食事に配慮するといった陸上競技のための行動選択が多く生じるようになります。このように、より望ましいとされる競技への取り組みは、実は、内発的動機づけによるところが大きいのです。

　しかし、報酬を求める外発的動機がすべて悪いかというとそうではなく、そのなかにも「言われたからやる」というきわめて他律的な段階から、「将来の自分に役立つから」という自律的段階まであることが自己決定理論で指摘されました（図2）。自己決定理論では自律性、有能感、関係性の3つを高めることによって外発的動機づけの段階を上げ、最終的には楽しみや満足・達成感などの内発的な動機づけへと移行できるとしています。したがって指導者は、より自律的で内発的な意欲を重視すべきなのです。

2 選手のやる気を育てるための指導実践
1）「成功」の認識を方向づける

　動機づけプロセス全体に影響を与える要因として、「成功」の捉え方があります。成功、すなわち「うまくいった」と感じることは目標への到達を意味することから、図1での目標に相当するものです。

　ある選手は、自分自身の上達や記録の向上に目を

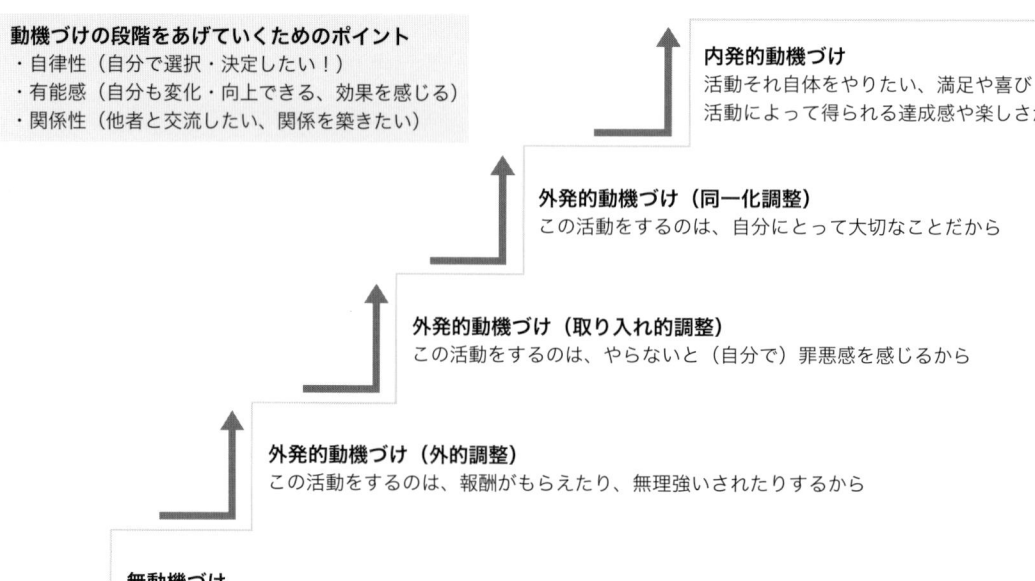

（ヴァンデン-オウェールほか，2006を参考に一部加筆・修正）

図2●自己決定理論における内発的動機づけへの段階的移行

向け、自分を基準に成功（うまくいった）を捉えています。こうした自分の進歩を重視する目標の志向性を、課題志向といいます（表1）。自分の興味や課題に向けて努力が生まれやすく、たとえ試合に敗れても、パフォーマンスの内容によっては満足を感じ、新たな自分の課題を見つけて努力を繰り返します。

それに対して、他者の評価や優劣を基準に成功を捉えるような立場を自我志向といいます（表1）。自分の優位性や賞賛を目標とするため、しばしば、やる気の低下とみなされるような努力不足（努力しても無駄、勝てれば努力しなくてよいなど）と結びつきます。また、活動自体の楽しさや喜びには目が向きにくく、他者からの報酬（称賛、叱責回避）を重視しがちです。

このように課題志向は内発的動機づけと強い関係をもち、自我志向は他律性や外発的動機づけを強める要因であることから、指導者は選手に対して、上達や進歩、あるいは挑戦こそが成功であるというメッセージを明確に伝えるべきです。

ジュニア選手の志向性は親の志向性に影響を受けやすく、小学生の頃にはすでに形成されているともいわれます。保護者の極端な勝利へのこだわりや、特に金銭や物品などの物理的報酬（「試合で勝ったら、これを買ってあげるね」など）は、選手本来の内発的な意欲を奪ってしまいます。必要であれば、保護者に対しても競技活動における成功の意味を伝え、選手の上達や努力を見守るよう教育すべきでしょう。

2) 上達・進歩を実感できる目標設定

選手自身が上達と進歩を実感することが内発的意欲の喚起につながることから、その道しるべとなる目標設定の役割はきわめて重要です。目標設定を怠ると、最終的には何のために練習をしているのかわからないといった無動機づけの状態（図2の自己決定理論）を招きかねません。そこで目標設定の原則（中込, 1996）について触れておきます。

①結果や勝敗等ではなく、記録（100mで12秒5の自己ベストを出すなど）や内容（ハードル間を最後まで3歩で走り切る）についての目標を設定します。

②適度な難易度のある挑戦的な内容にします。数値ならば自己ベストの110％、あるいは達成の確率が五分五分のものが動機づけに有効とされますが、ジュニア選手の有能感向上のためには成功しやすいものから段階的に設定するとよいでしょう。

③できるだけ数値化・具体化します。「頑張る」「心がける」など、達成したか否かを判断しにくいものは避けるべきです。

④長期目標だけではなく、短期・中期の目標を定め、スモールステップ方式をとります。短期目標はきわめて重要で、達成感と成功体験が短期間に繰り

表1●課題志向性と自我志向性の程度を測定する尺度の項目

【課題志向性】　上達・進歩・努力など
練習に一生懸命取り組めたとき
運動のうまいやり方やコツがわかったとき
できなかった運動ができるようになったとき
新しい技やプレーに挑戦したとき
全力を出して運動ができたとき
もっと練習したいと思えるとき
どうしたらうまくできるのかいろいろ工夫してできたとき
友達と仲よく運動できたとき
自分の目標をやり遂げたとき
難しい運動ができるようになったとき
【自我志向性】　勝利、賞賛、他者より優れていることなど
ほかの人ができない運動やプレーがうまくできたとき
友達より上手にできたとき
試合に勝ったとき
自分が一番いい記録や成績を上げたとき
みんなのなかで一番運動がうまくできたとき
新しい運動が人より早くできるようになったとき
うまいので試合などで目立ったとき
友達や先生からほめられたとき
試合で人よりも活躍できたとき
うまいので先生から見本をするようにいわれたとき

注）質問紙における教示は以下の通りである。「体育の授業で、あなたはどういうときに成功した（うまくいった）と思いますか。」　対象は中学生で、体育授業を想定したものであるが、スポーツ競技の場面にも有効であると考えられる。実際の回答は「1. 全然そう思わない」から「5. とてもそう思う」の5件法で、合計点が高いほど、課題・自我志向性が高いことを示す

(細田・杉原, 1999)

表2 ● TARGETの各構成要素とやる気を高めるチームづくり（課題関与の促進）

	要　素	期待される結果
①課　題 （Task）	適切な難易度で、多様性があること 好奇心を刺激するような挑戦的で楽しい内容であること 各課題には、日々あるいは週単位の短期目標を定めること なぜこの練習を行うかを選手が考える機会を持つこと 選手が自分にとっての課題の意味を理解すること 選手と指導者が一緒に内容を決定すること	興味関心、内発的意欲の向上 トレーニングの理解 上達を実感 有能感の向上
②権　威 （Authority）	選手が目標設定、規則などの意思決定に参加すること 選択権を選手に与えること 日誌等の継続によって自己コントロールと問題解決を促すこと 選手と指導者が一緒に改善策を決めること 進歩のペースや評価基準も選手が設定すること	自律的取り組み 自己原因性（自己責任）の意識 選手の有能感・統制感の向上 積極的発言
③承　認 （Recognition）	承認は、選手の努力・上達・改善に焦点を当てること 失敗から学ぶことを奨励し、認めること 承認の言動は、公に行うよりも、個別に行うこと （練習後に個人的にほめるなど）	内発的意欲 参加への継続的関心 選手間の比較の減少
④集団化 （Grouping）	レベルの異なるメンバー構成により、相互活動を重視すること 「皆で上達する」を強調すること 集団目標の設定を促すこと 協調して選手同士が教え合うことを励ますこと	楽しさや忍耐力の促進 凝集性（まとまり）や社会的有用性の向上
⑤評　価 （Evaluation）	指導者および選手自身の評価は、上達や努力に基づいていること 相対評価は用いず、以前の自分との比較（自己参照）を行うこと 評価結果は公表しないこと 失敗や苦難を、努力により克服した点を評価すること 課題遂行後に、選手が自分のよい点、悪い点を見つけること パフォーマンスについて指導者も評価し、改善点を指摘すること	選手の上達や自己成長への取り組み（課題関与）が促進 自尊感情、内発的意欲、有能感の向上
⑥タイミング （Timing）	課題達成までの時間、期間、回数などは個人ごとに設定すること 達成や変化の時期には柔軟性を持たせ、適宜修正すること 選手自身が、自分のスケジュールを計画すること	選手の経験の質の向上 有能感の改善

（スモール・スミス，2008等を参考に筆者が作成）

返し得られると、長期目標への動機づけが維持できます。練習内容や領域ごとに細かく短期の目標を定めると（今週は立ち幅跳びで2m50cmを5本跳ぶなど）、選手が自分の課題へ積極的に関与できます。

選手の達成度や努力の程度を見ながら、短期目標の再設定を繰り返し、中期・長期目標の見直しを行います。その際、選手個人が責任を持って決めるように配慮しながら、指導者はアドバイザーとして助言していきます。

3）内発的意欲を高めるチームの雰囲気づくり

選手のやる気や意欲は、チームの雰囲気によっても大きく影響を受けます。具体的には、優劣や勝敗よりも努力と進歩が認められ、互いに助け合って公平に意見がいえるなどのチームの雰囲気を感じる選手は、練習に熱心に取り組み、不安や緊張を感じにくく、競技活動に楽しみを見出します。反対に、努力にかかわらず失敗が罰せられたり、優秀な選手だけが激励されたり、チーム内の競争が激しいと感じたりするようなチームの雰囲気のなかでは、選手は競技不安を感じやすく、自己決定理論（図2）における無動機づけや外的調整（無理強いされるからやる）の心境に陥りやすくなります。

チームの雰囲気をより望ましいものへと変えていく方略として、近年、集団に適用可能な動機づけの研究が進み、6要素から成るTARGET構造に注目が集まっています（スモール・スミス，2008）。TARGETとは各要素の頭文字であり（表2）、その

主なポイントをまとめると次のようなものです。
　練習の課題や内容は、目新しく・多様で、面白いと選手が感じられるものにし、自分の上達や向上に結びつくという自覚を促します（T）。また、できるだけ活動に関する選択や決定を選手が行います（A）。さらに、選手への承認や評価はすべて上達や進歩、努力に焦点を当て、選手間の比較の意識を生まないように全体には公表せず、個別に伝えます（R、E）。練習時にグループの活動を取り入れ、競争ではなく協同的な活動を増やします（G）。そして、選手が自分の計画遂行の期限や進捗のペースを管理できるように働きかけます（T）。
　スポーツ活動は、明確な結果がともなうために勝敗や優劣に目が向けられがちです。しかし、これらのTARGETの要素を教室での授業やスポーツ指導に適用してみると、学習者のレベルを問わずに、内発的動機づけの向上や、楽しさの実感、持続的な活動参加が可能になることが示されつつあります（スモール・スミス，2008）。

◆

　選手のやる気を高めるには、指導者が、常に選手のやる気の程度や質を見きわめながら、個々の選手の上達や進歩を重視した適切な働きかけを行う必要があります。つまり、競技力向上とは、勝敗や優劣への強い意識づけによってのみ果たされるものではなく、選手が自らの課題に興味をもって根気強く取り組み、また努力の大切さを実感することから生じるものなのです。

（山崎史恵）

■参考文献
ヴァンデン-オウェール，Yほか編：スポーツ社会心理学研究会訳（2006）体育教師のための心理学．大修館書店：東京，pp. 24-31.
スモール，フランク・スミス，ロナルド編著：市村操一ほか監訳（2008）ジュニアスポーツの心理学．大修館書店：東京，pp. 93-107.
中込四郎編著（1996）メンタルトレーニングワークブック．道和書院：東京，p. 70.
細田朋美・杉原隆（1999）体育の授業における特性としての目標志向性と有能さの認知が動機づけに及ぼす影響．体育学研究，44 (2)：pp. 90-99.

4 ── 選手をやる気にさせる:実践編

❶ 選手がやる気になるとき

日頃、かかわっている幼児や小学生、中学生たちの様子を見ていていつも思います。頑張っている姿はいいなあと。子どもたちや生徒たちが、みんなで仲よく一生懸命に取り組んでいる姿は本当に素晴らしい光景です。何が彼らをやる気にさせ、目を輝かせて挑戦させる原点になっているのでしょうか、そしてそれはどんなときなのでしょうか。

1) 安心感があるとき

承認され、大切にされていると感じたとき、やる気は外側からのアプローチではなく、選手の内側から生み出されてくるものです。やる気の原点は環境です。しかし、それは決して物理的な環境(練習場所や練習器具など)ではありません。理論的な環境(指導者の知識など)でもありません。それは、選手たちの精神的(安心)な環境なのです。家庭や学校や学級や部活動や地域クラブなど、安心して過ごせる環境にいるかどうかということです。具体的には、選手が安心して頑張れる風土のチームに属せているかどうかということです。

心に安心感がない限り選手はやる気にはなれません。信頼できる指導者であることはもちろん、選手全員が安心して取り組めるチームづくりをしなければなりません。選手に『安心感』をもたせることが、指導者にとって最大の仕事です。

2) 目標があるとき

子どもたちもジュニアの選手たちも本気で頑張れるのは「目標」という2文字を持っているときです。目標というと「将来はオリンピック選手」という夢のような目標から、「今日はこの練習をきちんとやり遂げよう」という現実的な目標までさまざまです。選手たちを指導していくうえで最も重要な留意点は、いかに短期的で具体的な目標を連続してもたせるかということです。

子どもたちは、目標がわからなかったり、遠すぎたり近すぎたりするとすぐにあきます。ジュニアの選手も同様です。身近な目標をもたせ、それを達成させながら継続して新たな目標をもたせる指導が重要です。小さな努力の積み重ねこそが大きな目標の達成につながります。

3) 自信があるとき

子どもたちの自信のなさはすぐにその姿にあらわれます。ぎこちない行動、おどおどしたしぐさ、緊張に引きつった表情。できないから怖い、怖いから気持ちが逃げる、逃げるから失敗する、負の連鎖、ネガティブなサイクルです。

しかし、できたときにパァーッと変わるにこにこ顔、小躍りする姿、緩んだ柔らかいその表情、次は何をするのかと目を輝かせて近寄ってくる姿、「自信」が生まれたときに見せるその姿のなかにこそ、やる気になる源があります。

少し頑張れば達成できそうな身近な課題を与え、それらに挑戦させ成功させて自信をつけさせる。このポジティブなサイクルこそが選手のやる気を生み出します。大会や記録会などの短期目標はもちろんですが、日頃の練習計画のなかで、小さな成功体験を積み重ねさせる練習内容の工夫が大切です。

❷ 選手をやる気にさせる具体的方法5ヵ条

筆者は、コーディネーション運動などを中心に、幼児や小学生低学年のスポーツ遊びの指導もしています。そのなかで得た小さな子どもたちとのかかわりは、中・高校生に対する指導を振り返る絶好の機会となり、本当に勉強になります。スポーツ遊びの場での子どもたちの特徴とそれを活かした実践をまとめると、次のようになります。これらはそのままジュニア選手にもあてはまる指導方法です。指導における留意点はすべての項目、個別性の原則です。

1) 第1条：成功させること

　子どもたちは、できるようになると本当に喜びます。満面の笑みを見せ、身体全体でその喜びを表現します。失敗は成功の元といわれるように、成功の前には必ず失敗があります。失敗と成功を繰り返しながら技術を身につけます。大切なことは、挑戦をあきらめてしまうような、必要のない失敗体験は避けるということです。ジュニアの選手も同様です。選手がやる気になるためには、日頃の練習のなかで小さな成功体験を積み重ねさせることが一番いいのです。

【実践と留意点】

①失敗の連続を避ける

　小さな失敗でも、連続すると恐怖心や嫌悪感が生まれ、やる気を失う原因になるので注意が必要です。

▶正規のハードルが跳べない

　✗何で跳べないのという言葉、何度も何度も行わせる

　○ミニハードルを何種類も準備し、跳べる高さからはじめ、跳べたら次の高さへ進ませる

②小さな成功体験の連続

　目標に向け意図的・計画的に小さな成功体験を積み重ねさせ、「自分はできるんだ」という思いを連続させます。

▶目標の設定レベルを判断するため、日頃から選手をしっかりと見ておくことが重要

　✗いつもみんなと同じ設定タイムで練習させる⇨できない⇨失敗の連続⇨あきらめ

　○事前によく説明し、頑張ればできるであろう練習タイムと練習方法で行わせる⇨できた⇨頑張れる⇨次のステップ⇨目標の設定タイムにだんだん近づける

③簡単から複雑へ、軽から重へ、ゆっくりから素早くへ

　特に導入段階においては、それぞれの種目の技術練習や体力づくりは、必ず補助（動きづくり）から基本へと「できる」を確認しながら段階的に進めることが必要です。

- 物につかまっての動きづくり⇨その場での動きづくり⇨前に進みながらの動きづくり⇨ミニハードルを使っての動きづくり
- 意識させるポイントを1回につき1つだけにする（脚だけ意識、腕だけ意識）

2) 第2条：課題を与え目標をもたせること

　子どもたちは、とても頑張ります。もう少しでできそうだと思うことには何度でも挑戦します。しかし、簡単にできることはあきやすく、3回目にはあきています。一方で、難しすぎる課題とわかったらやる気をなくしあきらめます。ですから、いつも「ちょっとだけ難しい課題を与え目標を持たせること」が大切です。これはジュニアの選手も同じです。

【実践と留意点】

①年間や各大会の目標設定

　次のように目標のレベルを3段階に分けて考えさせます。これは、年間計画においてもそれぞれの大会や記録会においても同様です。目標は現時点で実現不可能な夢のようなものではなく、ほぼ実現可能な範囲内に設定させることが大切です。目標に幅をもたせることにより、自己分析とより現実的な目標

づくりを行います。一例を示しましょう。
- 自分にとって最大の目標「挑戦の目標」：3年時の全日中走幅跳決勝で6m70を跳び、6位内に入賞する。記録会の3000mで9分20秒の自己新を出すなど
- 頑張ったら達成できると思う「努力の目標」：3年時の全日中走幅跳決勝でベスト8に残る。記録会の3000mで9分25秒の自己新を出すなど
- これだけは必ず達成したい「身近な目標」：3年時の全日中に必ず走幅跳に出場する。記録会の3000mで9分30秒の自己タイを出すなど

②日々の課題設定

練習内容は、選手を練習に合わせるのではなく、練習方法を選手に合わせてつくることが必要です。
- 個人に合った練習タイムや繰り返し回数、練習距離などの設定
  A君：150m×4（5分に1本、設定タイム20秒1）
  B君：（150m×2）×2（5分に1本、セット間5分、設定タイム20秒5）
  C君：100m×5（5分に1本、設定タイム13秒5）
- 練習の状況を見て、内容を変更したりやめさせたり、思い切って休ませることも大切

③課題設定の留意点

課題を設定する場合の留意点は次の通りです。
- 達成が難しすぎる課題設定や練習内容、多すぎる練習量⇒不安感と嫌悪感を与えやる気を失う、その選手の能力に合った少し頑張れば達成できる程度の練習課題や練習タイムを設定する
- 達成することが簡単すぎる内容⇒やる気を失う、能力の高い低いにかかわらず、選手が簡単に達成できる内容を与えると達成感や充実感を感じない
- 能力の高い選手には、ときどき挑戦できる課題（設定タイムや方法）を与えることも大切な手法
- 設定する練習課題は、その個人の能力と達成させたい難易度がバランスよくつり合いマッチしていることが大切

3）第3条：競争させること

子どもたちは、競争が大好きです。一番になれないときはすぐに態度や表情に出ます。だから、上手に勝たせてあげると、それまでのことはすぐ忘れます。ジュニア選手も同様です。いつも負け続けていると精神的にネガティブなサイクルに陥ってしまいます。その点、陸上競技には「自己新記録への挑戦」という個別的に取り組めるとてもよい「薬」があります。

【実践と留意点】
- 大会や記録会で自己記録への挑戦を、今の自分と競争していると意識づける。前述の3段階の目標への挑戦が目標記録との競争という意識になる
- 日頃の練習のなかでも、1人で走らせるだけではなく、できるだけ複数人やグループで練習させる
- 同じ設定タイム同士で走らせて競争させる
- グループが1つしかつくれないときはスタート位置を選手の力によって変える、あるいはハンディをつける
- 高さや長さを競うときも同様の工夫を行う
- 走る練習においては、リレーや駅伝という練習バリエーションの工夫がふさわしい
- マンネリ化を防止し、いつもと違った環境を与える。例えばスタート地点を変える、逆に回らせる、

練習メンバーを変える、男女で一緒にさせるなど

4）第4条：聴くこと

　子どもたちは、よく話します。相手に聴いてもらえるとわかったら、とことん話します。だからしっかりと聴くことです。ジュニア選手も同様です。選手にやる気をもたせるためには、指導者と選手の間に良質のコミュニケーションをつくることが必須の取り組みです。そして、その原点は聴くことです。

　一人ひとりと向き合ってしっかり聴いたうえで対話や声かけをしましょう。まず聴くことこそが、選手と指導者との人間関係づくりのスタートです。選手に安心感を与えモチベーションを高め、自信をもたせていく一番の近道です。

【実践と留意点】

　必ず一人ひとりと、個別に対面して聴きます。その意識のコツを以下に示します。

①聴き方の意識（耳と目で聴き、心で聴く）
- 「目でも聴く」：対面して選手の目を見て「アイコンタクト」しながら聴く、選手にわかるよう首を振り「うなずき」ながら聴く、選手のほうも指導者を見ている、見られていると意識して聴く
- 「耳でも聴く」：「そうだね、なるほど、うんうん」など声を出して「相づちを打ち」ながら聴く、「そうかぁ○○なんだね」「○○のことを○○と思っているんだね」と選手の言葉を「復唱」しながら聴く、選手が受け入れてもらっていると思えることが大切。「うん、だけど、○○だと思うよ」と途中で言葉を「さえぎらない」で聴く、そうしないと聴いてもらっているという安心感を失わせてしまう
- 「心で聴く」：自分の心を選手に向け、聴くということを「意識して」聴く、選手が話したいと思っていることを「自分は聴きたいのだ」と思って聴く

②聴いているふりをしない

　選手の話を聴きながらよく失敗することがあります。それは、聴いているふりをしていることを選手に気づかれてしまうことです。また、聴きながらいつのまにか自分のほうが聴かせてしまっていることもあります。コーチングにおいて気をつけたいことです。
- 「うん、うん、でもね、それは○○じゃあないか」と評価してしまう
- 「そうだね、それについては○○したほうがいいと思うよ」と選手より先に解決策を提示してしまう
- 「君が思っていること、それは違うよ、○○君、○○しなければ駄目だよ」と説教をしてしまう
- 「そうか、そこを悩んでいるのか、でもね、僕もこんなことがあって、それでこう乗り切ったんだよ」と結果的に自分の自慢話を聞かせてしまう

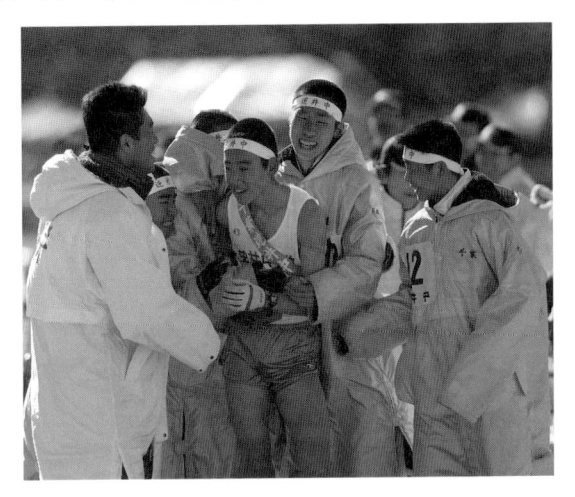

5）第5条：承認すること、ほめること

　子どもたちは、自分のことを認めてほしいと思っています。ここにいるよ、元気だよ、いやだよ、悲しいよ、嬉しいよ、その「存在そのもの」を認めてほしいのです。だからいろいろなことに気づき話しかけてやると喜びます。

　また、とにかくほめられると喜びます。ほめられたことを必死にやります。そうするとまたほめられます。そしてまた頑張ります。ジュニアの選手も同様です。選手に安心感をもたせる最大の方法は承認する、ほめるという指導者の言動です。

【実践と留意点】

　必ず一人ひとりの存在を承認したり、選手の言動

や成果をほめたりします。以下はその方法です。

①気づきを伝え承認する

まず、ちょっとした変化や成長に気づき、それをタイミングよく伝えることが大切です。自分を見ていてくれる、気にしてもらっていると感じることで心が安定し、安心感をもつことができます。それには選手の存在そのものを承認することです。それがやる気につながります。特に女子の指導には必須です。

- 選手の名前を呼ぶ：名前を覚え名前を呼んでから声をかける。「あれ、○○さん、髪型が変わったね」「○○君、どこか悪いの」
- 言葉で承認する：「いいよいいよ、グッドグッド」「さっきから頑張ってるね」「嬉しそうだね」「いつも仲よくできていいね」「今日はどうしたの、残念だったなあ」「どうした、迷うな迷うな、思い切っていくんだ」など
- 態度で承認する：「グッドグッド、オッケーオッケー」とパチパチ手をたたく、両手で○（マル）をする、「やったあ、おめでとう」と万歳する、握手する、ハイタッチする、「どうしたの、残念だよ」と涙する、「残念だったなあ、また頑張ろうよ」と肩をたたく、肩を抱く、一緒に歩く

②変化をほめる

変化していく過程をほめます。結果をほめることは簡単ですが、少しずつ変わっていく過程をほめるためには日頃から選手を見続けていなければできません。ほめるためにも課題を与え見守り続けましょう。

- ちょっと頑張ればできるレベルの課題を与え、小さな成功体験を積ませてほめる：「さっきよりもずっといいよ、いいぞ」「やれたじゃないか、よく頑張ったね」「明日はきっと、もっとできる」
- できない選手が、あることができたとき、小さなことでもそれを見逃さずタイミングよくほめる：「オッケー、それでいい、どこどこが○○のようによくなってきた」「できるようになってるぞ、いいぞ」

❸ ティーチングとコーチングの実際

何も知らない人やできない人に、正しい知識を伝えたり技術を身につけさせたりするためには、辛抱強く丁寧に教授することが必要です。基礎・基本が身につき、土台が整いつつある人や整った人には、その人個人の特性を生かした技術や力量を身につけ、自分らしさを創造してほしいものです。そのためには、しっかり考えさせ自分で選択し決定したり課題を解決したりする自らの学びが大切です。端的にいうと、ティーチングとは教えながら導くこと、コーチングとは考えさせながら支援することといえます。

ジュニア期の選手の指導においては、どちらの方法も選手を指導していくうえで重要です。選手やチームが成長していく過程には段階がありますが、それぞれの段階において、その比重に程度の差はあれ両方の指導方法を上手に組み合わせることが必要です。特に導入や基礎段階にある中学生の指導においてはティーチングが大きな比重を占めると考えますし、中学生から陸上競技をはじめた高校生にとっては、考えさせながら答えを自ら導き出させていくコーチングとしてのかかわりが大切です。

1)指導における留意点と声かけの実際

やる気にもレベルがあります。個人の資質によっても、上達の程度によっても異なりますので、同じ方法で誰にでも同様にやる気を起こさせることはとても困難です。精神的な自立段階や技術の習熟の程度によって、指導者がかける言葉、指導や支援の仕方は異なります。具体的な声かけについて触れてみます。

①導入段階の選手やチーム

- 『指示』の言葉をかけて引っ張る：ほとんどのことにはじめて挑戦する、練習しているがまだ自信がないという段階⇒「今日は○○の練習をするよ」「この○○はこうするんだ」「こういうふうに動かすんだ」「○○のほうがいいよ」など
- 『安心感』を与える：指導者に大切にされている、気にしてもらっているという気持ちをもたせる⇒「今日○○したんだね、○○先生がほめてたよ」「昨

日○○したそうだね、どうしたんだ、話してくれよ」「どうしたの、どこか悪いの」「今日も頑張ってるなあ」など

- 『受け入れ』の言葉をかけて安心させる：選手の欠点や失敗をわかってやり、受け入れる。選手が元気になるような言葉かけをする⇨「いいよ、いいよ」「大丈夫」「今はそこは気にしないで」「まず、いいところを伸ばすんだ」など
- 『可能性』について話す：よいところを探し出しほめる⇨「○○君は、～がいいねえ」「できるできる、きっとできるよ、大丈夫」「○年のいつ頃には、きっと○○の記録が出るよ」など

②基礎段階の選手やチーム

- 『助言』の言葉をかけて引っ張る：継続して練習を続けている、だいぶ自信がついてきた、これでいいかどうか教えてほしいという段階⇨育ちつつある自尊心や自立性を尊重しながら、「○○してはどうかな」「そうだな、○○という方法もあるよ」「今日はこんなふうにやってみようよ」という助言を行い、引っ張ったり背中を押したりする
- 『応援』に徹する：選手が悩んだり困ったりしているときにこそ、具体的にほめたり、手助けのための言葉をかけたりする⇨「よしやってみよう」「どんどんよくなってる」「○○の○○が上手になった」など
- 『爽快感』を与える：やれた、頑張れたという気持ちをもたせる⇨「大丈夫だよ、やってみよう」「やったね、とてもいい動きだったよ」「頑張ったね、すごいよ」など
- 『挑戦心』を育てる：少し難しいことに挑戦してみようという気持ちを育てる、次はこれをやってみようという気持ちをつくらせる⇨「次はこれだ、きっとやれるからやってみよう」「少しだけ難しいと思うけど、何回挑戦してもいいんだ」「ここまでできたね、来週はきっとやれるよ」など

③応用段階の選手やチーム

- 『質問』しながら選手の回答を引き出す、練習して自信がついてきた、自分のやり方でもやってみたいという段階⇨選手の主体性と自尊心を尊重しながら「どういうふうにやりたいと思う？」「そうだね、やってみたら」「ぜひやってみようよ」など、指導者が上手に質問しながら選手の回答を引き出し、選手の背中を押していく
- 『支持』しながらコミュニケーションをとる：この段階になると、やりたいことや練習方法などで指導者とぶつかることも出てくる⇨「うんうんそうだね、よくわかるよ」「わかった、もう一度話してみよう」「でも、こう思うがどうかな」など、しっかりと個別にコミュニケーションをとる
- 『努力』について話す：直せばもっとよくなるところを知らせる、必ず1つほめてから次の言葉を出す⇨「○○さん～はいいねえ、ところで、～を○○したらもっとよくなるよ」など
- 『達成感』を与える：上達していく嬉しさや喜びを与える⇨「すごいね、やったね、できたぞ」と一緒になって喜ぶ、握手を求める、写真を撮る
- 『向上心』を高めさせる：目標を徐々に高めに設定させながら、難しいことや無理かなと思うこと

にも挑戦してみようという気持ちを育てる⇨「どうだい、もう○○ができるようになると思うが、やってみようよ」「目標記録はもう少し高めでもやれるんじゃないか」など

④発展段階の選手やチーム
- 『対話』をしながら選手の選択や決定を支援する：自分のやり方でやってみたがうまくできない、記録が伸びなくて悩んでいる、もう一度やってみたいというさらなる発展の段階⇨選手の創造性と自立性を確認しながら「もう一度、基本を確かめてみようか」「○○の選手のこの動きを見てみようよ」「悪くないと思うよ、でも、どんなところが気になるの」など、指導者は選手と積極的に対話を交わしながら、選手の選択と決定を支援していく
- 『探求』することの大切さについて話す：長所や欠点について話し合う⇨「○○はいいねえ、ところで、自分のどこをどうしたらもっとよくなると思っている？ どうやったらできそう？」など、選手にプラスの思考回路が働くよう、前向きに取り組めるような質問の仕方をする、ネガティブな質問はマイナスイメージを植えつけてしまう
- 『自立心』を向上させる：選手としての自分らしさをつくり上げる⇨「○○君、○○というリーダー役をやってみないか」「そっと見ていたけど、○○さんにいい声かけをしていたね」「さっきの○○さんへのサポートはグッドだよ」など
- 『向学心』を育てる：専門の種目以外のことを経験し、役立ててみようとする気持ちを育てる⇨「○○の種目に取り組むことは○○にとっても有効だと思うけど、どう一緒に考えてみようよ」など
- 『創造性』を養わせる：自分なりの練習を工夫して行おうとする気持ちを育てる⇨「どうだい、来週は1週間の練習をつくってみないか」「動きがよくなったね、いい感じ、どこで勉強したの」など

❹ やる気を育てる意識のポイント

選手の立場になれば、自分がどのような指導者と出会えるかは運命的なことといえます。一部の高校生を除き、我が国の中・高校生のほとんどが指導者を選べる環境にないからです。出会った指導者によっては、せっかくの気持ちも萎えてしまい、陸上競技を続けることすらできなくなることがあります。そのようになるのは、指導者が十把一絡げで選手たちを見てしまうからです。個人ではなく集団としての指導に偏るからです。

選手の立場からすれば指導者は最も重要な環境です。指導者の力量として最も大切と思えることはその人柄です。選手が安心して頑張れる環境にあるかどうかの最大の条件は指導者自身だからです。経験や理論も大切ですが、一人ひとりの選手を丸ごと受け入れることができる受容力と包容力が必要です。指導者は常に己を顧みることが大切です。

1）練習をはじめる前（やる気を持って臨む）
- 何よりも指導者自身が毎日しっかりとした練習計画を作成し、毎日の練習にやる気を持って臨む
- 選手よりも早く練習場に行き、選手を待つ
- 練習メニューを必ずペーパーで示しておく
- あいさつは名前を呼んで指導者から行い、できれば一言つけ加える⇨「○○さん、おはよう、○○だね」
- 指導者から話しかける、部活動以外の姿を聞いて知っておく⇨「○○君、○○の授業で○○頑張ったんだね」「今日は〜を頼むよ」
- 全員ではじまりのあいさつをする
- 目標をはっきりとさせる、現実味のある目標を示し、そのために今は何をすべきなのかを意識させて毎日の練習に取り組ませる
- 何のための練習なのか、これを行うと何が身についてくるのかということをしっかりと選手に説明し、理解させてから行わせる
- 準備を一緒にしながら話しかける
- 動きの指導で、どこがポイントなのかをしっかりと指導者そのものが学習し、捉えておく

2）練習中（主人公は一人ひとり）
- 可能な限り、一人ひとりに対応し、可能性や伸びしろを見抜き、夢を与える言葉がけをする

- 技術面では間違っても叱らない怒らない
- 練習態度など、叱るときはしっかり選手に何が問題なのかをわかるように叱る、感情で叱らない
- 伸び悩んでいる選手には、記録が伸びていく過程について話す、必ずプラトーについて話す、伸びなくなる原因に体重の増加、貧血など食生活にかかわるものがあることを伝える
- 選手の動きを見て、特に左右のバランスを見ることによりケガをしていないかチェックする、毎日見ていればその選手の動きの違いがわかる
- 「いいよいいよ」とポジティブな声かけをする
- 黙って見ていてポイントを押さえて指導に行く、動き回ってできるだけ多くの選手に声をかけ質問するなど、メリハリのある指導に取り組む
- 男子の指導と女子の指導の留意点を意識する。それぞれの傾向を極端に捉えてあげるなら、男子は練習量より練習の質、女子はどちらかというと練習量が必要。男子は文章のやりとりよりも言葉での直接指導が、女子は言葉とともに文字での交流が有効。男子はみんなの前で叱りほめるが、女子は個別にほめたり叱ったりするのが有効

3）練習の終わり（ともに振り返る）
- 上級生を中心に後片づけをさせる、一緒に動き、声かけができなかった選手にちょっと一言
- 終わりのミーティングをする、最低1人でよいので気持ちを発表させる、選手の頑張りをたたえる
- 長いミーティングはできるだけ避ける、長くなるときは見えない場所でしっかりと話し込むほうがよい
- 終わりのあいさつをする、先に帰らないで見送る

4）練習の終了後（指導者としてのやる気の継続）
- 選手が自分のそばにいることを幸せに感じること
- 練習が終了したとき、今日も選手たちがそれぞれの目標に向かって努力してくれたことは、自分自身の思いが通じたのだと指導者自身の小さな成功体験として捉え感謝しながら、選手みんなが去った後、最後にグラウンドを後にする

5）練習を欠席する選手への対応
さまざまな状況のなかで、やる気を失い練習への参加が少なくなったり、欠席が続くようになったりする場合があります。一人ひとりの出席状況や毎日の練習状況を把握し、選手の変化に早く気づき対応していくことが大切です。ここでは、ネガティブな場面を想定した実際の取り組みをあげておきます。

- 目標をもてない、自信を失いやる気がなくなる⇨目標の再設定と年間計画の見直しと作成を行う
- 練習内容がきつい、能力以上である⇨能力に応じた練習目標の再設定と個別練習やほかの種目練習を実施させる
- 体調不良になる、ケガをする⇨毎日声をかける、回復までの個別練習計画を作成する、ほかの部員にしっかり納得させる
- 家庭環境や生活態度（食事と睡眠・休養）の変化⇨保護者・担任などとの連携や早めの連絡をする
- 集団内の人間関係がうまくいかなくなる⇨集団指導と個別相談の継続、集団としての組織づくりの見直し、練習ブロックの変更、選手同士のかかわりづくり、対象の選手や保護者との個別相談など、とにかくまずしっかり聴くことからはじめる

（河野裕二）

5 ── ジュニア期のスポーツ障害

　骨・軟骨、筋・腱、神経など私たちの運動に直接かかわる臓器を運動器と呼びます。ジュニア期の身体は未成熟な発育途上の運動器を有しています。そのため、運動器の構造が変化し、強度や伸長性、弾性などの特性も変動します。このような未成熟な骨格や発育にともなう変化が、この時期特有のスポーツ障害の背景に存在することを忘れてはなりません。

　この時期に発生するスポーツ障害のなかには、変形やその後遺症が生涯残ってしまうものもあるため、発生予防に十分な配慮をしなければなりません。

　本項では、ジュニア期の中・高校生に起こりやすい代表的なスポーツ障害について概説し、応急処置やリハビリテーション、予防策について述べます。

❶ ジュニア期の身体

　私たちの身長は10歳すぎ頃から増加が大きくなり、身体的な性差もあらわれてきます。現在の日本人で最も身長増加が大きい時期は男子で中学校1年生頃、女子で小学校5年生頃と考えられています（図1）。もちろん、発育の仕方には個人差があるため、発育の早い早熟の子どもから発育の遅い晩熟の子どもまでさまざまです。

　身長が増加するのは骨の長さが伸びるためであり、骨の長さは成長軟骨部での骨の形成によって伸びます（図2）。つまり、成長軟骨が存在する間は骨の長さの成長が起こるわけです。また、成長軟骨部は強い力を加えられたときにウィークポイントとなり損傷が起こりやすいという点も重要です。成長軟骨部が微細な損傷を受け徐々に痛みや変形を発生させる骨端症と、1回の大きな力によって損傷が生じる骨端核の裂離骨折が、その代表的な損傷です。

　つまり、骨の伸びと並行して骨の量や強さが高まるわけではなく、骨の量の増加は長さの増加に遅れることになります（図3）。

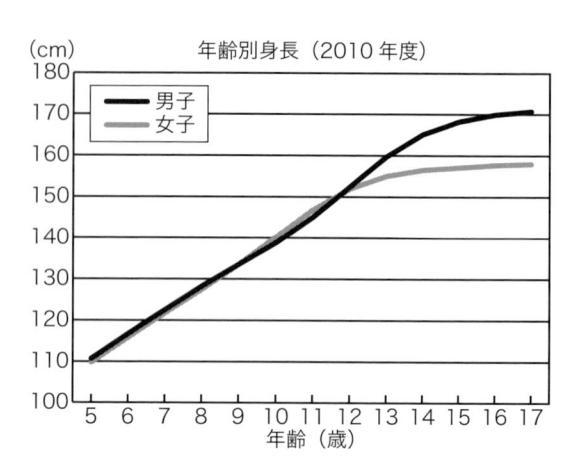

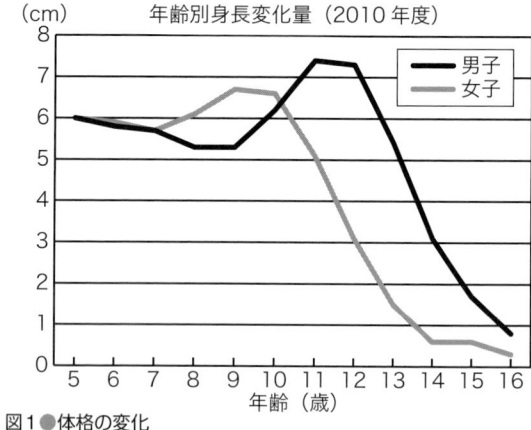

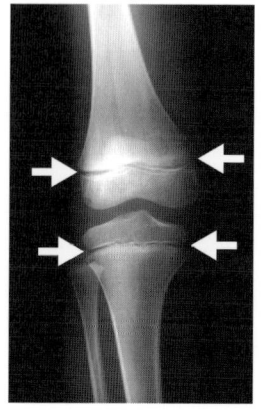

図1●体格の変化

図2●成長軟骨の存在（矢印）

骨が伸びることは、関節を越えて次の骨に付着する筋・腱にとって、始点と終点の距離が伸びることになるので緊張が強くなります。筋・腱はやがて長くなって骨の長さに適応するようになるのですが、中学生期が最も筋・腱が堅い時期（図4）になるのはこのような原因があるのです。

さらに、このような発育の変化は身体全体で一様ではなく、手足の末梢のほうが先行し、骨盤、背骨、肩甲骨や胸など中枢側は後になるという順序があります。

以上をまとめると、発育は成長軟骨部での骨の伸びにより引き起こされていくが、骨と筋・腱の伸びには時間差があり、このような発育は末梢で中枢より先行し、そもそも個人差がある、という発育の不均一さが生じているということがわかります。ジュニア期の特に中学生期は、このような不均一さのな

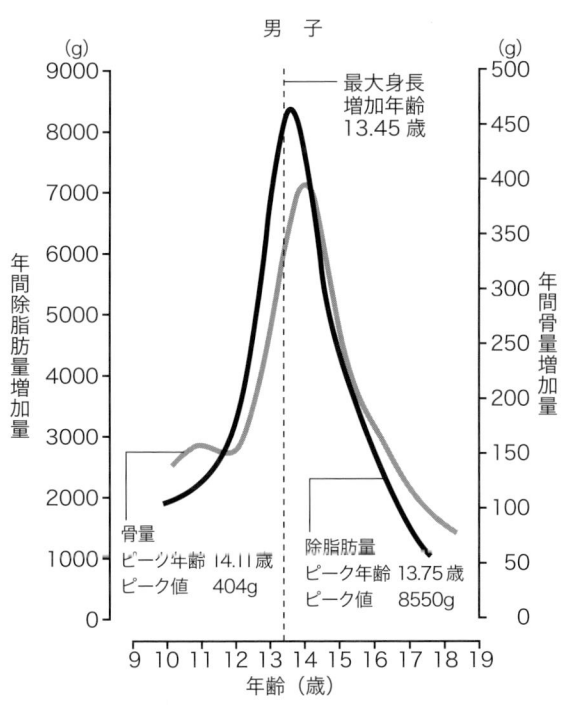

(Rauch, Bailey, Baxter-Jones et al., 2004)

図3●骨の長さの増加と量の増加
最大身長増加年齢より数カ月後に除脂肪量の最大増加の時期が、8カ月後頃に骨量の最大増加の時期が訪れる。この順番は女子でも同様

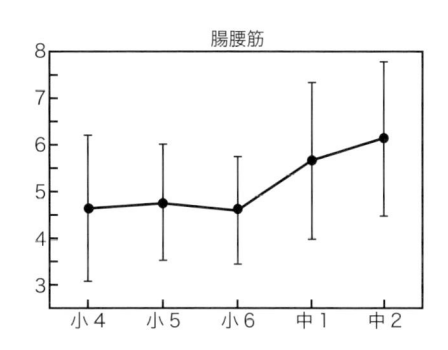

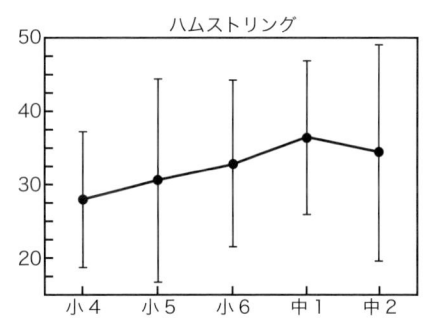

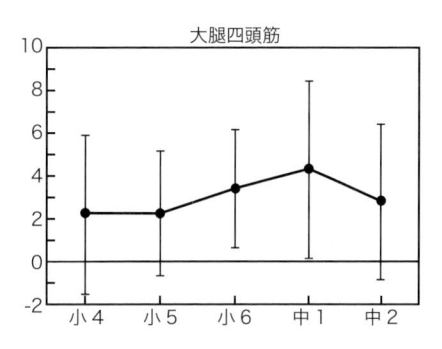

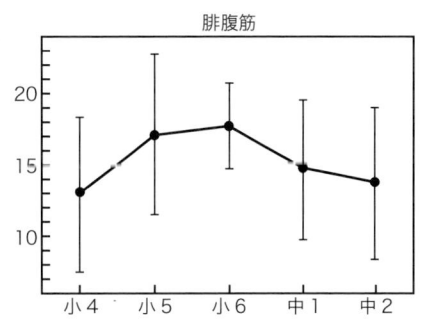

(池亀・鈴木・鳥居, 2003)

図4●下肢の主要な筋のタイトネスの推移
タイトネスとは筋の伸びにくさ（堅さ）を意味する用語で、各グラフの数字が大きいほど堅いことを示す。筋によって最も堅くなる時期が異なることがわかる

かで運動が行われることになるというわけです。

2 ジュニア期に多いスポーツ障害
1) 成長軟骨に関係するスポーツ障害
　成長軟骨部が徐々に引っ張られて発生する障害は骨端症と呼ばれます。その代表が膝のオスグッド病（図5）で、大腿四頭筋の力が膝蓋骨、膝蓋腱を介して脛骨粗面の成長軟骨部に作用して突出が生じるものです。疼痛があるものの、テーピングやサポーターなどの使用で強度を制限しながらであれば、運動を継続できることが多いのが特徴です。

　筋の力が急激に加わって発生する障害は裂離骨折と呼ばれ、骨盤付近に多くみられます（図6）。裂離骨折は全力疾走や跳躍中に起こり、骨折音とともに運動不能に陥ります。骨端部の骨が明らかに剥がれて移動してしまった場合には手術が必要となります。

　発育途上の肘の骨格に投動作の負荷が加わった場合、野球肘と同様の障害が発生することがあります。陸上競技ではやり投選手によくみられることから、やり投肘ともいわれます（図7）。投動作中に肘は外側にしなる（外反する）負荷を受けるため、肘の内側は強く引っ張られ外側は圧迫や衝突を受けることになります。その結果、内側ではオスグッド病や裂離骨折のような変化が発生し、外側では関節の表面の軟骨や下層の骨が剥がれたり、内部の骨が壊死してつぶれたりする変化が起こるのです。こうした変化は肘の骨格を変形させ、可動域制限のような後遺症を残すため、重大であるといえます。

2) 疲労骨折
　疲労骨折は同じ動作による負荷が一定の部位に加わり続けることで骨に微細な亀裂が生じるものと考えられています。下腿の脛骨と足の甲の中足骨に多く発生しますが、そのほか大腿骨、骨盤、腰椎、肋骨など、運動負荷が繰り返し加われば、どこの骨にでも発生すると考えるべきでしょう。これは発育期の骨が成人なみの骨の強さになっていないためで、このため、トレーニングの量や質が高まる高校1年生に多発しています（図8）。

　大部分の疲労骨折は1～2カ月の運動制限によって治りますが、なかには難治性のものもあり、その場合は厳重な管理が必要です。難治性疲労骨折となるものとしては足の舟状骨、脛骨の前方に発生する跳躍型、大腿骨頚部（つけ根）があげられます。こ

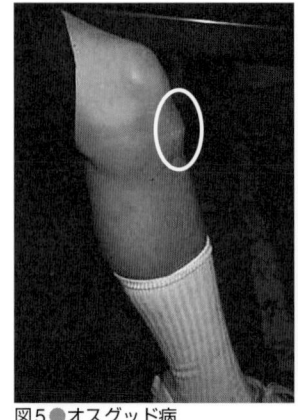

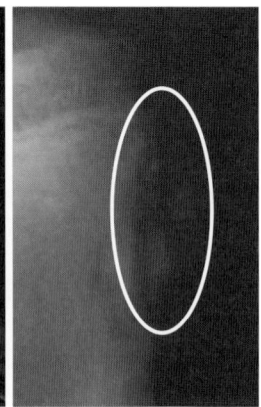

図5●オスグッド病

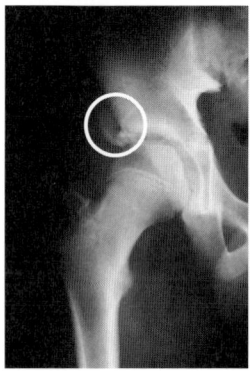

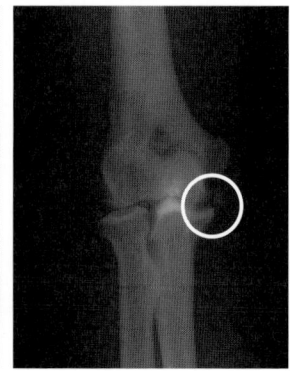

図6●裂離骨折　　　図7●やり投肘

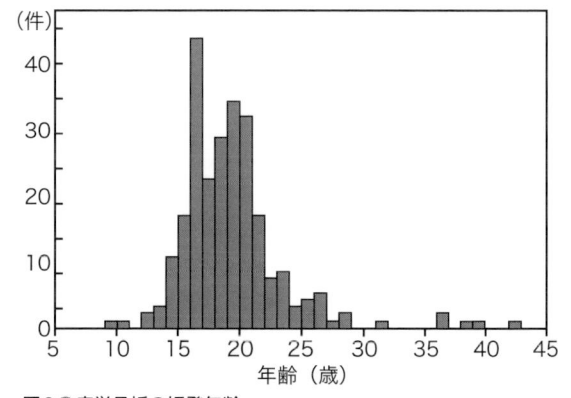

図8●疲労骨折の好発年齢

れらの難治性部位は完全な骨折に至ったり再発を繰り返したりするなど治療に難渋します。

腰椎分離症として知られるスポーツ障害は、大部分が中学生頃の腰椎の後方部分の疲労骨折として発生し、亀裂が広がり癒合しなくなったものという考えが有力となっています。ランニング、跳躍、あるいは筋力トレーニング動作での腰部の伸展（反り）やひねりの反復が、強度不十分な骨に亀裂を生じさせるのです。分離症に至ると、日常的に痛みがなくても、強い伸展やひねりで分離部に衝撃が加わると数週間強い腰痛に悩まされたり、椎間板の損傷からすべり症に進行したりするなどの問題が発生します。疲労骨折の段階で発見し、癒合させることで、その後の問題への進行は防止できるはずです。

3）肉離れ

肉離れは強い筋の収縮や伸長によって筋線維が腱や腱膜から引きちぎれて発生する外傷と考えられています。そのため、筋量や筋力が強くなった年代以降で発生する例が多くみられます。

最も発生が多いのは大腿後面のハムストリングで、次いで大腿前面の大腿直筋、下腿後面の腓腹筋に多くみられます。

多くの肉離れは少量の筋線維の損傷ですが、重症例では腱や腱膜もともに切れる（ハムストリングのつけ根側に多い）場合や、筋全体の断裂におよぶ（大腿直筋がほとんど）場合があります（図9）。ジュニア期では発育途上の成長軟骨部が筋・腱とともに剥がれる裂離骨折の形をとることがあり、その場合、坐骨のハムストリング起始部に多く生じます。

肉離れは春先に比較的多く発生する傾向があります。これは筋の柔軟性や疲労などのコンディション、筋のアンバランス（左右、反対の働きの筋との）などが関係するとされています。

4）捻挫、靭帯損傷

関節に強いひねりの負荷が加わり関節周囲の構造が傷ついた状態を捻挫と呼んでいます。現実には関節を制動する靭帯や関節の壁（関節包）が傷つくので、捻挫は靭帯損傷といいかえるのが適切です。発育途上の骨格では靭帯より骨の強度のほうが低いために骨にも損傷がおよぶ場合があります。

最も多いのは足関節であり、すべてのスポーツの急性のケガで最多の損傷が足関節捻挫です。また、重大な靭帯損傷としては膝の前十字靭帯損傷があります。これは、ジャンプや着地にともなう膝の捻挫で生じる例が多いのですが、投てきの助走や投動作時の捻挫で発生することもあります。

いずれの場合も関節の制動が不十分になれば関節が不安定になり、その結果ますます容易に捻挫を繰り返して靭帯が損傷されてしまうという悪循環に陥ります。靭帯が関節を制動できなくなると、関節で向かい合う骨の先端が衝突し、軟骨や軟骨の下層の骨まで剥がれてしまう関節のケガに発展します。やり投選手の肘に不安定性だけでなく、関節ねずみという骨や軟骨のかけらがみられるのはこうした原因もあるのです。

捻挫というケガを甘く見ないで、きちんと治すことを心がけないと、関節が壊れていくと考えなければなりません。なお、前十字靭帯は自然治癒が難しいため、靭帯再建という方法で対処されます。

5）腰痛

ジュニア選手の腰痛の原因には、前述の腰椎分離症の初期段階の疲労骨折以外に、椎間板の損傷や腰椎の成長軟骨の損傷、筋損傷が含まれます（図10）。椎間板や成長軟骨の損傷など筋損傷以外の原因で発生する腰痛では、進行すると元通りに治ることが難しいので、競技人生を見据えてきちんとした検査に

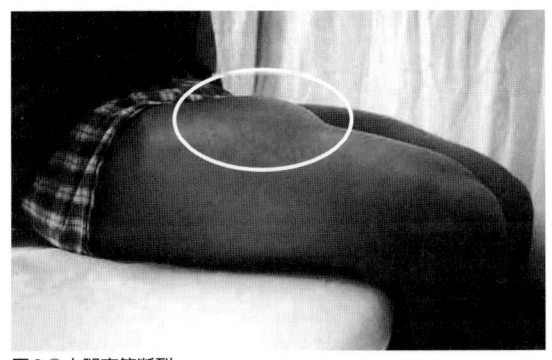

図9●大腿直筋断裂

基づく対応が重要です。

❸ ジュニア期のスポーツ障害の治療と予防

スポーツ障害の治療の原則はジュニア期でもシニア期でも違いはありません。急性外傷ではいわゆるRICE処置の原則を守り、患部の安静、冷却（アイシング）、挙上（高くして腫れを予防する）、圧迫（腫れや出血を最小限にする）を励行します。そのうえで、トレーナーやドクターなど専門家に相談し、最もよい対応策をとるようにします。現場では、少なくとも現状より悪化させないことが大原則です。脱臼や骨折にともなう変形を見よう見真似で元に戻そうとして血管や神経の損傷を招くような事態があってはなりません。

発育途上の骨格に発生した損傷の特性から、医療機関での通常のX線撮影では診断がつかないことが少なくありません。痛みなどの症状は何らかの異常が潜んでいることを示唆しているので、X線撮影で異常が見つからない場合は原因究明のためにCTやMRIなど精密検査を受けることが必要です。また、肉離れと考えて画像検査を行わなかった例で裂離骨折が発生していることもあります。発育途上の骨格であることを前提とした診断・検査が求められます。

治療に際しては、発育途上の骨格を最大限考慮した方法が選択されるべきです。したがって成長軟骨層に穴を開けるような靱帯再建手術を行う時期を延期したり、異なる方法を選択したりする必要も生じます。外傷や障害の結果、骨の長さや形に左右差が発生することもこの時期の特徴であり、発育段階が幼いほどその影響は大きくなるといえます。

最後に予防について考えてみましょう。

発育期のスポーツ障害は発育途上の筋・骨格の許容範囲を超える負荷によって発生しているわけですが、成人期のケガにおいても許容範囲を超えて発生するわけで基本的には違いはありません。しかし、発育途上のもつ意味は、外見や年齢のみで判断できないことや、同年齢であっても個人差が大きいことにあります。各選手の発育段階を把握し、年齢ではなく発育段階に応じた負荷を設定していくことが望まれます。また、発生する障害によっては永続的な変化を残すことを肝に銘じて、安全な範囲のトレーニングを計画することが望ましいといえるでしょう。

さらに、発育途上期には、特定の種目のトレーニングだけでなく全般的な能力を引き出す多様な動きの開発が、将来的にも傷害防止につながると考えられています。すでにサッカーやバスケットボール界では前十字靱帯損傷防止のトレーニングが推奨されていますが、これらはジュニアの時期から開始することが望ましいといわれています。陸上競技においても、同様の考えで傷害防止に取り組むことが期待されます。

（鳥居俊）

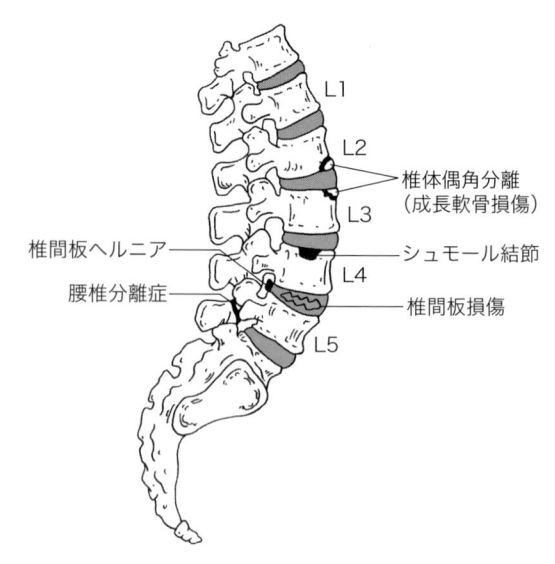

図10●腰痛の原因

椎体偶角分離（成長軟骨損傷）
椎間板ヘルニア
シュモール結節
腰椎分離症
椎間板損傷

■参考文献

統計表一覧 政府統計の総合窓口 GL08020103, http://www.e-stat.go.jp/SG1/estat/List.do?bid=000001014499&cycode=0

Rauch F, Bailey DA, Baxter-Jones A, et al. (2004) The 'muscle-bone unit' during the pubertal growth spurt. Bone 34: pp. 771-775.

池亀志帆・鈴木茂美・鳥居俊 (2003) 発育期サッカー選手の筋タイトネスと腰部障害の発生. 第12回Auxology研究会記録集, pp. 66-69.

6 ── スポーツ栄養学のエッセンス

1 ジュニア期の食生活の現状と問題点

日本陸上競技連盟(以下、日本陸連)医事委員会食育プロジェクトでは、アンダー15トレーニングキャンプ(2010年)に参加した中学生選手92名に対して、食生活の実態および食に関する意識に関するアンケート調査を実施しました。

通常練習期における1日の練習時間は2.0±0.7時間で、毎日朝食を欠食すると回答した者はいなかったものの、週に2〜3回欠食すると回答した者がおよそ20%も存在し、男子のほうが欠食率は高いことがわかりました。また、間食は多くの者が頻繁に摂取しており、チョコレート、スナック菓子、キャンディー、菓子パンが上位にあげられました。

このほか、「栄養バランスを考えて食べる」という問いに対して「はい」と答えた選手は40%でしたが、「わからない」と答えた選手が50%もおり、バランスのよい食事とはどんなものかということに対する理解が浅いと考えられます。体調面では、疲れやすい、朝起きられない、授業中に集中できないなどの体調不良があると回答した者が全体の3分の1程度存在しました。

小学生トップ選手を対象とした同様の調査(田口ほか、2010;大畑ほか、2010)においても食生活改善の必要性があることが明らかになっています。これらの調査結果より、食に関する意識や知識を身につけさせることを目標とした栄養教育を積極的かつ継続的に行う必要があることが示唆されました。また、子どもの栄養状態の改善は保護者の協力なくしては実現不可能で、保護者に対する栄養教育と具体的な食教育も同時に積極的に行わなくてはなりません。指導者はこのような機会を設けるように調整する必要があるといえます。

2 栄養摂取の基本的な考え方

1) スポーツ栄養のコンセンサスを理解しよう

国際オリンピック委員会(以下、IOC)医事委員会では2003年に開催した会議においてスポーツ栄養に関する合意見解をまとめました(2004)。食べ物の量、組成、そして摂食のタイミングは運動能力に大きな影響をおよぼすこと、良好な栄養摂取によ

表1 ● ジュニア選手のスポーツ栄養コンセンサス(抜粋)

- 理想的な成長、健康そして競技能力向上のために栄養が重要であることを教育するのは、ジュニア選手とその両親および指導者にとって有益である。
- 競技をしていない子供と比較すると、ジュニア選手ではエネルギー、たんぱく質の必要量は多く、おそらく糖質も多く必要と考えられる。微量栄養素、特に鉄の必要量も増加するが、これについては更なる研究が必要である。鉄は最も不足しがちな栄養素である。
- 子供時代から思春期にかけての骨の成長は最大骨量レベルを高めるために必須である。体重負荷がかかる運動を思春期前から思春期にかけて継続的に行う選手にとっては、エネルギー、栄養素、特にカルシウムを十分に摂取することが重要である。骨量が少ないと骨折するリスクが高くなる。
- 体重や脂肪を減らす必要がある選手は、十分なエネルギー摂取ができないリスクが通常よりも高くなる。その結果、発育や成熟が遅れ、女性では無月経や骨密度低下をきたす。
- ジュニア選手は水分の補給状況をチェックするとともに、水分補給の方法を学ばなくてはならない。体内の水分量が適切な状態で運動を始め、練習中または競技中に必要に応じて水分補給し、大量に発汗した運動後には水分および電解質を補給する。
- 古典的グリコーゲンローディング法はジュニア選手に適さない。その改良法はマラソンもしくは競歩選手にのみ適用可能であるが、陸上競技においては少なくとも18歳になるまでは行うべきではない。
- 医師から指示されていないサプリメント摂取は勧められない。

(The 2007 IAAF Consensus Conference on Nutrition for Athletics, 2007より抜粋)

りケガや疾病の危険性を少なくしながら、激しいトレーニングと速やかな回復、そしてトレーニングへのより効果的な適応に役立つことが述べられ、具体的な栄養摂取の指標とそのエビデンスが示されています。

これをベースとして国際陸上競技連盟（以下、国際陸連）では陸上競技選手のためのスポーツ栄養コンセンサスをまとめました（2007）。短距離・長距離・跳躍など種目別の栄養摂取の考え方が述べられています。

日本陸連医事委員会ではそれを訳してホームページ（http://www.jaaf.or.jp/medical/iaafnutrition.pdf参照）に掲載していますので、ぜひご一読ください。また、ジュニア選手が栄養面で注意すべきことを、表1に抜粋してまとめました。

2)どのくらいのエネルギー量を摂取すべきか

身体を維持するために競技者個人が摂取すべきエネルギー量は、消費するエネルギー量と等しくすること、すなわち「エネルギーバランスをとる」ことが重要です。エネルギー消費量は目に見えませんが、大学生以上の競技者では早朝空腹時体重をモニタリングすることによってエネルギーバランスを確認することが可能です。

また、中学生や高校生では成長過程にあるため、成長に必要な分のエネルギー量を加算しなくてはなりません。表2～4には、推定エネルギー必要量を算出するためのデータを示しました。これらは次の式にあてはめて算出します（厚生労働省, 2009）。

表2 ● 性別、年齢別の基礎代謝基準値

性別	男子		女子	
年齢(歳)	標準体重(kg)	基礎代謝基準値(kcal/kg 体重/日)	標準体重(kg)	基礎代謝基準値(kcal/kg 体重/日)
6～7	22.0	44.3	22.0	41.9
8～9	27.5	40.8	27.2	38.3
10～11	35.5	37.4	34.5	34.8
12～14	48.0	31.0	46.0	29.6
15～17	58.4	27.0	50.6	25.3
18～29	63.0	24.0	50.6	22.1

(「日本人の食事摂取基準」2010年版より抜粋)

表3 ● 成長にともなう組織増加分のエネルギー（エネルギー蓄積量）

性別	男子		女子	
年齢(歳)	体重増加量(kg/年)	エネルギー蓄積量(kcal/日)	体重増加量(kg/年)	エネルギー蓄積量(kcal/日)
6～7	2.5	15	2.5	20
8～9	3.4	25	3.1	25
10～11	4.5	35	4.1	30
12～14	4.2	20	3.1	25
15～17	2.0	10	0.8	10

(「日本人の食事摂取基準」2010年版より抜粋)

表4 ● 身体活動レベルPAL

種類	競技名	運動強度(Mets)の範囲	PAL(毎日の練習時間別)		
			1時間	2時間	3時間
全　　員	ジョグや体操・水泳など軽い運動	4～6	1.55	1.65	1.75
持久力系	中・長距離・競歩	6～10	1.70	1.90	2.10
瞬発力系・筋力系	短距離・跳躍・投てき	8～10	1.75	2.00	2.25

(日本体育協会・樋口満ら, 2010を著者改変)

> 推定エネルギー必要量(kcal/日)
> ＝体重(kg)×基礎代謝基準値(kcal/kg体重/日)×身体活動レベルPAL＋成長に必要なエネルギー(kcal/日)

はじめに、体重別の基礎代謝基準値に選手個人の体重をかけて基礎代謝量を求めます。求めた基礎代謝量に身体活動レベルPAL（1日の消費エネルギー量が基礎代謝量の何倍になっているかを示す）をかけ合わせ、成長に必要な1日のエネルギー蓄積量を足せば、1日に必要なおよそのエネルギー量を算出することができます。成長期といえども1カ月で体重が2kg以上増加したり逆に減ってきたりするような場合には、エネルギーバランスが崩れている可能性があります。

3）栄養素の必要量とサプリメントの利用について

必要な栄養量を考えるにあたっては、中学生は日本人の食事摂取基準（DRIs）の生活活動強度Ⅲの栄養量を参考とします（厚生労働省，2009）。高校生になると練習量が増え、除脂肪量が増加するなど身体的にも発達が著しくなります。したがって、DRIsに記載された栄養量では不足する場合もあるので、貧血気味であれば鉄分の摂取を増やす、減量希望であれば脂質摂取量を減らすなど、練習状況や目的、体調をみながら調整しましょう。個別に栄養が過不足なく摂取できているかどうかについては、身近な管理栄養士に相談することをお勧めします。

また、栄養素の摂取量は多いほどよいというわけではありません。DRIsでは耐容上限量が設定されており、競技者といえどもこの量を超えて摂取すべきではありません。サプリメントや栄養剤を利用すると耐容上限量を容易に超える摂取となりがちです。多量摂取はかえって害になることを理解しておく必要があります。

したがって、通常の食品で栄養必要量が満たせる場合は、シニア選手においてもサプリメントを使用すべきではなく、18歳以下のジュニア選手では医師の指示がある場合を除きサプリメントは必要としません（IOC, 2004；IAAF, 2007）。やむを得ず使用した際は必ず記録をしておくよう指導しましょう。また、サプリメントは簡便に栄養素が摂取できるという利点ゆえに、安易な利用は食教育の観点からも望ましいとはいえません。

ジュニア期は食の重要性を理解させ、実践させることにより良好な食習慣を身につけさせる時期です。サプリメントの安易な利用により、食教育の効果が阻害されることのないように指導者は留意しなくてはなりません。

❸「食事の基本形」を理解させる

性別や年齢、種目に関係なく、適切なエネルギーと栄養素の量を確保しやすくするためには、毎回の食事を「アスリートの食事の基本形」（写真1）に近づける工夫をするよう、選手および保護者に指導します（田口ほか，2011）。基本形とは①主食、②主菜、③副菜、④果物、⑤牛乳・乳製品の5つを揃えた食事を指します。ただし、シチューのように主菜と副菜が同時にとれる料理もあるので、実践的な食教育を行う必要があります。

主食にはエネルギー源となるご飯、パン、めん類、パスタなどが含まれます。中・長距離や競歩選手、練習量が多い選手、体格が大きい選手は糖質量を確保したいため、主食を毎食しっかりととらせるようにします。ご飯は毎食どんぶり1杯（250〜400g程度）がめやすとなります。

主菜とは、肉類・魚類・卵・大豆製品を使った主なおかずのことを指します。体格が大きい選手と短距離・投てき・跳躍選手は、脂肪の摂りすぎに注意しながらたんぱく質をしっかりと摂りたいものです。そのためには、おかずの量を増やしたり、副菜のサラダに卵やツナを入れたりするなどの工夫をさせるとよいでしょう。また、脂肪の多い部位や揚げものなど油をたくさん使う調理法が続くと、エネルギー過剰になりやすいので注意を促す必要があります。

副菜とは、野菜類・イモ類・海そう類・キノコ類

写真1●スポーツ選手のモデルメニュー

などを使った料理（小さなおかず）のことです。これらは不足しやすく、ビタミンやミネラル不足となりやすい傾向があります。なかでも緑黄色野菜はビタミン・ミネラルが豊富なため、毎日意識して積極的に取り入れるよう指導しましょう。副菜には汁ものも含まれます。けんちん汁や野菜スープなど具だくさんの汁ものは積極的にとらせましょう。また、減量したいときには低エネルギーの野菜や海そう、キノコ類の副菜を多めにとれば、食物繊維も摂れて腹もちがよくなるため、菓子類の間食を減らすことにつながります。

牛乳・乳製品や果物もできるだけ毎食とるよう指導しましょう。これらをプラスできるかできないかによって、1日の栄養バランスは大きく変わります。弁当を用意する場合も、この5つが揃うように心がけ、果物は別の容器に入れて持参させます。

外食する場合や練習の都合などにより、いつも通りの食事がとれないこともあるかもしれません。そんな場合でも、基本形を参考としながら1日のなかで、あるいは数日のなかで食事内容を調整できるよう、自己管理能力の育成を目指して声かけをすることが大切です。

4 補食の意義と活用

前述したアンケート結果が示すように、間食では菓子類や清涼飲料類の摂取が多い傾向がみられますが、これらにはエネルギー量は多くても、摂りたい栄養素はあまり含まれていません。菓子類などは総エネルギー摂取量の1割程度を摂取のめやすとし、摂りすぎないように注意させます。

競技者では必要なエネルギーや栄養素量が増加するため、日常の食事で摂取しにくい分は「補食」として摂取することを指導し、菓子類中心の間食から補食摂取へと意識を変えるように導きます。補食にはおにぎりやパンなど糖質が多いもの、チーズやゆで卵などたんぱく質が多いもの、果物や果汁などビタミンが多いものがあります。練習前後や食事のボリュームを補うには糖質が多いものが適切です。また、身体づくりを中心とした時期にはたんぱく源となるものを、練習中や練習後にはビタミンや糖質が多い果物を、という具合に目的に応じて選択させるようにします。うどんやサンドイッチのような軽食でもかまいません。

補食の摂取タイミングは、朝練前や朝練後、練習前、練習後（特に通学や通勤で時間がかかる場合）、夕食後など、それぞれの状況に合わせて調整が必要です。補食の摂取がしやすいような環境を整えることも指導者の役割の1つといえます。

図1●水分摂取のポイント

塩分0.2％程度＋糖分3〜6％程度
ただの水よりもたくさん飲める

冷たいもの（10℃前後）
吸収が速やか
暑いときには冷却効果もある

15分くいらいの間隔で100〜200 mℓ補給
のどが渇く前に

練習前や試合前に300〜500 mℓ
練習で試そう

練習前後や早朝の体重をチェック
脱水症状をみつけよう

（「陸上競技選手のための水分摂取マニュアル」より）

5 水分補給

運動時は体温調節のために発汗が起こるため、特に気温が高い季節には多量の水分と電解質を喪失することにつながります。したがって、水分補給は熱中症予防のために不可欠といえます。成人と比較して子どもは体温調節機能が低いため、気温が高い日には強制的に水分補給をさせる、あるいはいつでも自由に飲水できるようにしておきましょう。発汗量には個人差があるため、練習前後の体重を測定し、練習後の体重減少が2％以内となっているかをチェックします。脱水率が2％より高くなった場合は、運動能力の低下も顕著になるため、積極的な水分補給を促します。

発汗量が多い季節には、水やお茶よりもスポーツドリンクのように電解質（ナトリウム）や糖分が含まれているドリンクのほうが飲みやすく、脱水からの回復を早めることができます。図1に水分摂取のポイントをまとめたので参考にしてください。

（田口素子）

■参考文献

IOC consensus statement on sports nutrition 2003. (2004) J. Sports Sci., 22 (1): 1-145.

The 2007 IAAF Consensus Conference on Nutrition for Athletics. (2007) J. Sports Sci., 25 Suppl, s1-s134.

大畑好美・長坂聡子・田口素子ほか（2010）第25回日清食品カップ全国小学生陸上競技大会に出場した優秀選手の食事実態について．日本陸上競技研究紀要，6: 19-29．

厚生労働省策定，日本人の食事摂取基準［2010年版］（2009）第一出版：東京．

田口素子・大畑好美・山澤文裕ほか（2010）日清食品カップ全国小学生陸上競技交流大会に出場した選手の食生活に関する調査．日本陸上競技研究紀要，6: 1-8．

田口素子・長坂聡子・樋口満ほか（2011）スポーツを行う小学生を対象とした栄養摂取状況と料理区分の出現頻度との関連．日本スポーツ栄養研究誌，4: 26-33．

日本体育協会・樋口満監修（2010）小・中学生のスポーツ栄養ガイド，p18，第一出版：東京．

第3章
部活動の運営と地域クラブの運営

1──学校部活動の運営にあたり

❶ 部活動の教育的意義と効果

　ある日本の中学校にアメリカからの教育視察団が訪問し、生徒の授業や掃除・学活の様子を見学した後のことでした。放課後を告げるチャイムが鳴り終わると、下足場から多くの生徒たちが飛び出すようにグラウンドに駆け出しました。集まった生徒たちは、教員の指示を受けるまでもなく、明るい表情で元気にあいさつを交わしながらてきぱきと練習の準備をはじめたのです。そこには生徒たちのやる気と自信に満ちた空気があふれていました。「オー、これが日本の部活動か」。グラウンドいっぱいに広がる活気あふれる生徒たちのその様子を見ていた視察員たちは感嘆の声をあげました。部活動は、生徒自身が自らの意志と熱意を持って活動する生徒自身のための自発的活動の結晶といえます。

　部活動の顧問がスポーツクラブのコーチと立場を異にするのは、自らが教科指導も生活指導も行う学校の教員であるということでしょう。教員であるからこそ、1日の生活のなかでよいも悪いも一人ひとりの生徒を丸ごと受け入れることができます。教室では経験させてやれないことを、グラウンドや体育館で教えることができるのです。

　生徒自らが選択したスポーツ種目に、長期間にわたり継続して取り組むことができる学校の部活動は、スポーツの指導のみならず、一人ひとりの生徒が生きていく力を培う場として学校にとって重要な教育活動であり、教育の根幹である生徒の全人格形成に資するものです。

❷ 部活動が果たしてきた役割と課題

　ほかの国には例をみないといえる中学・高校の部活動は、戦後日本のスポーツ活動を下支えしてきたといっても過言ではありません。多くのトップアスリートたちが運動部活動をきっかけにそれぞれのスポーツに取り組みはじめ、現在マイスポーツを持つ多くの人々は、中学・高校時代の部活動でのスポーツ経験がその土台となっています。このように学校運動部活動は競技力の向上という面とともに、長年にわたりスポーツの普及という側面でも大きな役割を果たしてきたといえます。

　さて現在、中学生の約6割強、高校生の4割強が運動部活動に取り組んでいますが、社会情勢の変遷にともない近年その課題も顕在化してきています。指導者の高齢化や専門的指導者の不足、少子化による部活動の存続についての課題など、生徒たちのニーズに応え切れない場面も生まれているのが現状です。それらの課題に対応するため、関係の学校団体は複数校合同による部活動の推進や大会に出場する選手の引率に関する特例などを設定したり、地域の指導者を外部指導者として活用したりしながら取り組んでいます。

　また、中学校では平成24年度から新学習指導要領がスタートしましたが、その総則の中に部活動が教育活動の一環として教育課程との関連が図られるよう留意すること、地域の人々の協力や各種団体と連携を図りながら工夫して運営することなどが記載されました。

❸ 保護者・地域との連携

　部活動の運営にとって、保護者や地域の外部指導者（必要に応じ）との連携は必須の取り組みといえます。特に、保護者との連携を図ることは重要です。留意すべき点をあげますので参考にしてください。

1) 顧問と保護者との連携
①相互の情報連携
- 顧問から保護者へ（生徒の練習状況、部活動内での人間関係、学習態度や生活態度の様子など）
- 保護者から顧問へ（睡眠時間や食生活、健康状態や疲労度、家庭学習の状況、生活リズム、保護者としての希望や改善点など）

②定期的な部活動保護者懇談会の実施
- 指導方針や年間計画などの説明、部活動と学習の両立、大会など応援や学校外での部活動行事の支援体制づくりなど

③部活動だよりや活動計画の発行・配布
- 顧問の思いや考え方、大会出場案内と結果報告、食事や生活習慣・学習方法に関する情報提供、毎月の活動計画、卒業文集の作成など

④大会の応援や日頃の部活動支援
- 部活動親の会（保護者会）の結成、保護者同士での応援チーム結成、部活動の見守りなど

2) 顧問と地域指導者との連携
①指導計画の作成
- 年間計画、翌月や週単位などでの活動計画の作成

②相互の情報連携
- 顧問から指導者へ（学校での学習や生活面の様子や人間関係など指導上必要な生徒の情報、指導者が来られない日の練習状況など）
- 指導者から顧問へ（指導者から見た練習に取り組む意欲や態度、体力や技術の習得状況、部活動内での人間関係の課題など）

3) 学校と地域との連携
- 地域クラブ指導者の学校部活動への招聘・指導
- 地域の小学校や小学生陸上クラブへの出張指導
- 地域の小学校教員との情報交流と連携
- 地域行事やスポーツ大会への参加（町民運動会、ロードレース、高齢者や小学生などを対象とした行事、地域清掃など）

　◆

　各地域に総合型クラブや陸上クラブができると、学校の運動部活動は地域に移行したほうがよいのではないかという意見を聞くことがあります。しかし、社会体育の現状（地域でのクラブ組織率や練習環境・指導者数の不足状態）からしてみても、二者択

一の考え方ではなく、相互に不足部分を適切に補い合い、学校と地域の指導者とが協働して子どもたちを育てていくことが重要です。

4 チームづくり

一人ひとりの競技力や精神力を高めるうえで、最も重要なことの1つがチームづくりです。集団と個人は、相互に影響を与え合う存在です。属する集団の質が、個人を大きく伸ばすこともあればその逆もまた真なりです。モチベーションや道徳性の高い優れたチームで育つ一人ひとりは、そうでない集団である場合と比べると、その成長に大きな違いが生まれることを、我々は経験的に知っています。

どのようなチームに育てるか、育っていくかは、一人ひとりの選手を伸ばすにおいて、非常に大きな指導の視点となります。いずれにしても基本は、顧問である指導者がしっかりとした見通しを持って粘り強く指導することにあります。

1) 部活動運営の組織と会議づくり

- 男女別々の組織づくり（男女の特性による）
- 部長、副部長（若干名）、ブロック長（専門種目別に）、学年長（人数が多い場合は副も）など
- 予備組織経験期間の設定による、適任と思われる人材の実質的な育て上げ（生徒任せにしないこと。3年生が実質的に練習に参加しない時期になったら、新組織をつくる前の段階として多くの部員に部長・ブロック長などの役を一定期間ずつ経験させ、リーダーシップの有無や課題を3年生に見抜かせる。そのことにより、1・2年生も個々人の適性や力、自分の課題を見きわめていく）
- 定期的、臨時のブロック長会の実施（練習計画、反省会や部活動行事の企画と実施を行う）
- 一人一役制のしくみをつくる（部活動組織の役員にならない生徒たちに、何らかの責任をもたせ、全員で部活動をつくり上げる意識を高める）

2) 顧問主体で運営方針を決定し確認する

チームづくりの上で、1・2年生中心の組織ができ上がりスタートする日（11月第1週が望ましい）と新入生が入部してきた日が、1年間のなかで一番大切です。必ず部員全員が揃っている場面を用意し（1人でも欠席の場合は延期する）、部活動の運営方針や部活動を行ううえでのルールやシステムをしっかりと確認させます。

部員たちが話し合って決定することもありますので数日を要しますが、焦らず、じっくり、しかし1回が長時間にならないよう行うことが大切です。この最初のミーティングは、必ず全員参加が原則です。表1に最初のミーティングの内容例をあげてみましょう。

5 限られた資金での環境整備

環境整備というと練習施設や用器具をイメージしやすいのですが、限られた資金を使ってまず取り組むべき環境づくりは、選手自身が理論を学ぼうとする環境づくりです。その理論学習の中身の1つとして、限られた物理的練習環境や資金のなかで、自分たちの目標を達成していくためにはどのような工夫ができるのかを

表1 ●チーム全員で行う最初のミーティング

1. 指導方針などの思いを伝える
①部活動の目的と目標について語る
・最初になすべきこととして、部活動の目的をしっかり語り、はっきりさせる
・なぜ、部活動に取り組むのか。目的と目標の違いをはっきりさせる
②部活動何カ条（部訓）を定め確認する
　例として「陸上部訓4カ条」をあげてみます。
・よいあいさつとよい返事
・耳と目と心で聴こう人の話
・シューズを揃えジャージをたたむ
・試合結果はグラウンドにあらず教室にあり
③部活動実施のルールを確認する
　必ずペーパーで示します。顧問としての指導力を伝えることも目的ですから、生徒に決めさせるのではなく、決めたことを確認し徹底させるためです。例として次の事項をあげておきます。
・欠席、遅刻、早退、見学の方法とマナー、ルール
・練習開始時間の設定と約束
・練習中の約束・マナー、返事やあいさつ
・服装、持ち物、準備と後片づけ
・自分がいやと思うことを人にしない、言わない

2. 生徒に目標づくりをさせる
①個人の目標を設定する
・競技成績に関する3つの目標の設定（年間や大会ごとに、これだけは達成したい必ず目標、できれば達成したい努力目標、自分にとって最大の目標となるチャレンジ目標などを設定する）
・競技以外の精選目標の設定（学校生活や家庭生活などで、何を、いつまでに、どれだけ行うか、思いつくことをできるだけたくさん書かせ、そこから精選して目標にさせることにより、自分自身の振り返りと取り組みの絞り込みを行う）
②個人目標に沿った年間計画を作成し、はじめる
・1年間のすべての大会日程や学校行事予定が入った用紙を作成し、そのなかに大会ごとの目標記録や順位などを記載させていく
・最終的には、時間をかけて必ず一人ひとりと面談しながら決定する
③チーム全体としての目標を話し合い、決定する
・競技面での目標設定、どんな部にしたいかなど

3. 生徒と顧問の信頼関係を構築する
①顧問の自己開示
・自分の生きざまのなかでの失敗例を上手にあげて、努力を継続すること、仲間を大切にすること、感謝の心をもつことなど、顧問の人間性を表現する
②生徒の自己開示
・部長はじめ、部の中心メンバーにリーダーとしての思いをスピーチさせる
・部員全員に、自分の目標やどんな部にしたいかなどをスピーチさせる

4. 日常的な取り組みとして
・反省会の定例化と練習後の代表ミーティング
・大会前のミーティングと大会後のミーティングの定例化と運営
・大会における記録収集と映像収録
・春夏秋冬のレクリエーション、新入生歓迎会と卒業生を送る会
・ブロックノート、陸上部ノート、個人ノートづくり（特に女子において有効）など
・生徒発行の陸上部だよりなど

学習させていきましょう。

1）理論を学ぼうとする環境づくり

　発育・発達を考慮した適切なトレーニングや練習を積めば中・高校生は誰でも今より強くなれることを、選手自身に理解させることが大切です。
　そのためには、目標づくりや年間計画づくり、目的に応じた練習内容づくりなどを実際に経験させることを通して、その全体像を理解させていきましょう。

①定期的なミーティングの開催
- 目標づくり、年間計画・月別計画、自主練習の内容づくり、大会ごとの目標づくり、行動計画、反省と課題など

②陸上競技図書館の運営
- DVDなどの視聴覚教材、専門図書、雑誌などの貸し出し（図書館のように運営する）

③理論学習会の開催
- 顧問や生徒による定期的な理論学習会の実施（科学に基づいた理論をわかりやすく丁寧に指導する、生徒自身にも発表させたりパネルディスカッション形式で実施したりする）
- 生徒自身が行う大会のビデオ撮影（タイムテーブルにより分担して行う）と学習会の実施

2）練習するための環境づくり

　保護者や地域の人々の協力を得ながら、生徒とともに練習環境を整える工夫をしましょう。そのため

にも、まず一番身近な自分自身のことや自校の練習環境の善し悪しをチェックさせ気づかせることが大切です。

①生徒の身体的なもの
- 日々の体重の増減、起床時の脈拍、つめの色
- 偏食をしないバランスのとれた食生活、食欲
- 十分な睡眠時間と家庭での生活リズム
- 週1～2日の完全休養日
- ケガや体調不良のときに相談できるドクター

②生徒の精神的なもの
- やる気と自主性を持った自分自身(何より大切)
- 励まし合いながら一緒に練習できる楽しい仲間
- 陸上競技について勉強できる部活動の風土
- 指導してくれる顧問の先生や地域の外部指導者(自分たちが意欲的に練習すれば協力してくれる顧問の先生や地域の外部指導者)
- 定期的なストレスチェックの実施

③練習時間や場所・器具
- 週5～6日、1日約2時間程度の練習時間
- 走るためのコースづくり(走れるスペースにラインやポイントを置く、棒で線を引いても可。どんな球技にもコートがある。毎日引くことにより走る場所を確保していく)
- 塩化ビニールパイプでつくるミニハードル各種
- 色つきホースでつくる直径50cmほどの輪
- 縄跳びロープ・補強やストレッチ用のシートや毛布
- 補強用の鉄の棒(シャフト)3kg・5kg・10kg・15kg・20kg・25kg・30kg各種
- メディシンボール2kg・3kg・4kg各種、ラダー、100円で買えるミニコーン

❻ 学業との両立

部活動に積極的に取り組む生徒は、総じて学習にも意欲的に取り組むことができるようになります。つまり、部活動を通して培われていく粘り強さやあいさつ・時間を有効に使うなどの生活習慣、目標に向かっていく計画性などが、家庭での学習習慣の確立や授業への集中に非常によい影響を与え、生かされるからです。部活動は特別な活動ではありません。部活動と授業は同じ学校生活の一部です。したがって、部活動と学習は両立できるものであり、日頃の授業に集中して取り組ませ、学業を大切にする部活動の風土をつくることが、顧問としての部活動指導の大原則です。指導上の留意点をあげてみましょう。

1) 意識性の原則

トレーニングの原則の1つですが、学習においても同様です。学習習慣確立のための計画づくりや実践の繰り返しを通して、学習に対する高い意識づけを図りましょう。中学生も高校生も、学校生活の大部分を勉強という時間に費やします。生徒には、「勉強はやることを義務づけられたもの、部活動はやりたいと選択したもの」という意識の違いがあります。どちらが取り組むのが簡単かというと明らかに部活動です。そこで意識づけが必要になります。

多くの生徒(特に中学生)が、よく間違った意識を持って入部してきます。つまり、もっている10の力を、勉強に5の力、部活動にも5の力で取り組めば文武両道、両立になるという意識です。もっている10の力を、勉強にも10、部活動にも10の力で取り組むことが大切という意識をもたせる必要があります。つまり、5＋5で10の意識から10×10なら100にもなるという意識です。

2) すべての基本は生活習慣

学業と部活動の両立を図るうえでの必須条件は、基本的な生活習慣づくりです。これなくして両立はありません。1日の生活習慣の見直しを定期的に行い、家庭と連携をとりながら意識づけを図りましょう。

①反復性(継続性)と個別性の原則

生活の見直しと学習習慣を定着させるために、以下について、計画→実行→評価→改善のPDCAマネジメントサイクルを回していくことが大切です(図1)。トレーニングの原則でいえば「反復性(継続性)の原則」です。

この際、指導上の留意点としてもう1つ強調しておきたいのが「個別性の原則」です。個人に合った

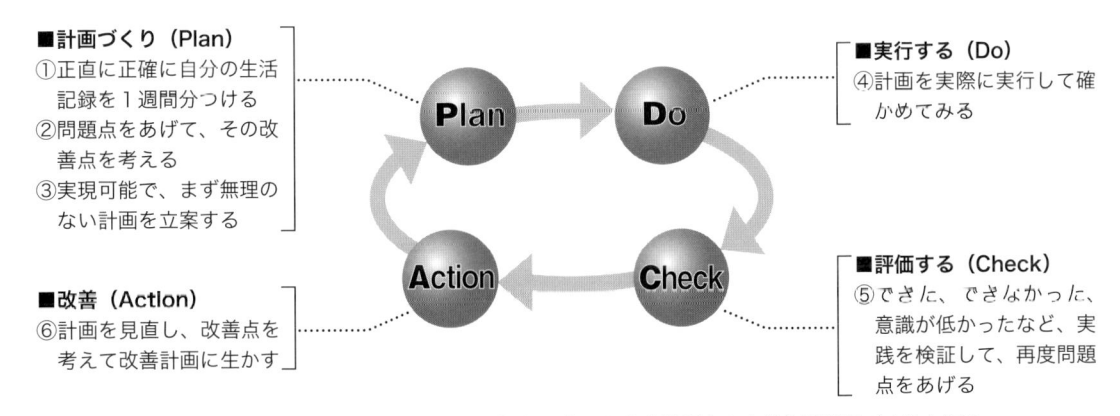

■計画づくり（Plan）
①正直に正確に自分の生活記録を1週間分つける
②問題点をあげて、その改善点を考える
③実現可能で、まず無理のない計画を立案する

■実行する（Do）
④計画を実際に実行して確かめてみる

■評価する（Check）
⑤できた、できなかった、意識が低かったなど、実践を検証して、再度問題点をあげる

■改善（Action）
⑥計画を見直し、改善点を考えて改善計画に生かす

※①～⑥を何度も繰り返しながら、より個人に合った家庭学習を含んだ生活習慣づくりを行う

図1●PDCAマネジメントサイクル

実現性の高いものを、徐々につくり上げさせることが重要です。最初から完成度の高いものを作成してしまい、結局実践できていないことがよくあります。長期的なスパンで継続して取り組ませることです。

②計画づくりの留意点
- 15分単位、20分単位、30分単位など、自分に合った時間単位で生活のリズムをつくる
- 約7時間半の睡眠時間を確保する、午後11時頃には就寝しはじめる、午前6時半頃には起床する
- 必ず朝食をとる
- テレビやゲームなど自由時間は1時間以内

3）適切で計画的な練習時間の設定

生徒に学業との両立を指導するとき、配慮しなければならないのが練習量です。そもそも、くたくたになって帰宅し、家庭で学習する意欲も起こらないほどの練習量はジュニア期には必要としません。適切で計画的な練習時間の設定が大切です。また、生徒の体力などに応じて個別に練習量の加減をすることが必要です。ケガやストレスにも対応できます。

①練習強度や質の加減
- 重要な大会を中心に、年間を通じて週単位で練習量の加減をする。強の週や中・弱の週を設定する

②疲労度・疲労感の定期的なチェック
- 生徒の疲労度のチェックをし、適切な練習時間を設定する（1週間の練習日数や練習強度のリズム、1日の練習時間や休憩の設定など）

4）保護者との連携

生徒に部活動と学業との両立を求めるには、家庭での大人のかかわりが重要です。顧問のほうから保護者会や部活動だよりなどで、表2のような事柄を繰り返し継続してお願いすることが必要です。

5）学習方法の指導

部活動の顧問としても、機会を捉えながら表3に示すような学習方法について、コメントしたり実践したりしましょう。

7 指導者としての資質

部活動に取り組む生徒たちに共通する素晴らしさは、その姿勢です。姿勢というと身体的なものをイメージしますが、身体的な姿勢は心の姿勢から生まれてくるものでしょう。そして、よりよい方向に心を動かそうとする基盤になるものが、信頼という心と心をつなぐ絆です。部活動の顧問（指導者）にとって最も重要な資質は、信頼という絆を結び得る心と心の糸を、指導者自らがつくり出し、伸ばせるかどうかといえます。その原点は丸ごと受け止める優しさでしょう。より速く、より高く、より遠くへ、走り跳び投げたいという心の姿勢をもつ競技者たちを、一人ひとりの人間として丸ごと受容していくこと、受容できなければ心の糸は伸びてこないし伸ば

表2●家庭で実践してほしい保護者のアクション

1. 3分間のコミュニケーションタイム
- まず、1日に3分間だけでよいので家事の手を止めて子どもと向き合ってもらうようお願いする
- 話を聴いたり、ほめたり、質問したり、居間でもキッチンでもどこでもよいので、とにかくまず3分間程度子どものために時間を使ってもらう
- その時間の積み重ねが勉強することへの意欲向上につながることを「部活通信」などで繰り返し伝える

2. 学習環境の設定
- まず、1日30分間でよいので子どもが集中して勉強するための時間をつくってもらうようお願いする
- 集中するために、テレビをつけないよう家族全員に協力してもらうことが大切

3. 生活環境の見直し
- 子どもの生活環境で最も大切なのは、大人がかける言葉であることを強調する
- 場合によっては、子どもは大人が叱って教えることが重要であり、叱るときは冷静に心を込めてしっかり叱ること。また、それ以上に大切なのは子どものよさを探すことであることを伝える。そして、しっかりほめてほしいとお願いする
- 子どもが自主的に勉強する習慣を獲得するのは、ほめ言葉をどうかけるかにかかっていることを伝える

表3●学習方法の指導例

1. 学習計画の作成
- 部活動における目標設定と同様に、学習における目標設定や学習計画作成のサポートをする
- 学校ではちょうど短期目標になる定期テストが年間5回程度実施される。日頃の学習はもちろん、定期テストに向けて計画的に学習に取り組むよう部活動顧問としても支援する

2. 日頃の勉強の仕方

①書くことは考えること
- とにかく書くことに慣れさせ、手を動かし使わせることが大切、書くことで考える力がつく
- 部活動日誌、個人ノート、ブロックノート、各大会での反省と報告書づくりなどに取り組ませる

②読書が一番
- とにかく読書を続けさせる
- まず、好きなジャンルの本から手に取るよう指導する。例えば、陸上競技の本、趣味である釣りの本、料理の本など興味のある分野からはじめさせる
- そのうち読書の楽しさを覚え、本を書いた人の人生体験を共有できるようになる

③覚え直しのテクニック
- 忘却曲線への挑戦をさせる
- 覚えたことの半分以上は1時間経ったら忘れてしまい、学校から帰った頃には約3分の2は忘れ、1日後に覚えているのは約2割程度といわれる
- 覚え直しのテクニックを実践させる、復習の繰り返しと反復練習の継続

④英文日記の勧め
- 部活動の練習日誌に英文日記の欄を設ける
- 最初は、日付と曜日・天気・起きた時間とこれから寝ようとする時間・その日にやったことを1つだけでよいので1カ月くらい継続して記入するよう指導する
- 次のステップとして、「いつ」や「どのように」や「どう思ったか」などを順次加えていく

⑤新聞コラムや読者のページの音読タイム
- 文章をできるだけ早く声に出して読む時間をつくる。これを行うと特に脳の前頭前野（記憶や学習、感情をコントロールする）が活発に働くことがわかっている
- 文章は毎日違うものがよく、3分でも5分でも毎日続けることが最も効果的
- 毎朝宅配される朝刊の新聞コラムや中学生であれば読者のページなど、読みやすいところを音読するとよい。無理なく継続できる一番身近な勉強法といえる
- 1週間で練習時間に余裕のある日に、部員全員で練習メニューの一部として行う音読タイムは、家庭での実践に結びつける意識づけとして効果的

⑥短時間集中学習法の実践
- 学習の継続時間は、勉強の好き嫌いによっても個人差があるので、最初は短時間で集中して学習するよう指導する
- 同じ2時間程度の家庭学習でも、個人によってコマ数を変えて行う。例えば、20分×4コマ（5分休憩）、30分×3コマ（5分休憩）、50分×2コマ（10分休憩）など。また、教科によって60分＋30分（10分休憩）など時間を変更する方法もよい

そうとしないでしょう。

　私たちはときどき、指導者としての自分の姿勢を顧みることが必要です。身体の姿勢と表情は、私たち自身の心をあらわします。指導者にとって理論や経験も重要な資質といえますが、心の姿勢はもっと大切であり、いつも顧みなければならない指導者としての資質なのです。

(河野裕二)

2 ── 競技者を伸ばすよい指導者と理解ある親

❶ アンダー16・19指導で大切なことは？

スポーツにおいて指導者や親は、競技者の潜在能力を引き出し、個人の成長を手助けする役割を担っています。

1) 発育・発達段階に応じた指導を

発育段階の競技者を指導するとき、指導者や親は、発育・発達には大きな個人差が生じることに細心の注意を払う必要があります。発育段階の違う対象に対して、同じトレーニングを課したときに、成長の早い者にとって適切な負荷であっても、そうでない者にとっては過度の負荷となり、骨や関節の障害を招くこともあります。

この時期は思春期にあたるため心理的に非常に不安定になりがちです。性差が顕著にあらわれる時期なので、個人の性格や心の成長度合いの違い、また興味や関心の違いを十分に考慮することが大切です。

2) アンダー16・19指導の目的は？

指導の目的は、大きく分けて①競技者たちを人間的に成長させること、②スポーツの楽しさに触れさせること、③競技に勝たせること、の3つがあります（図1参照）。

アンダー16・19指導では、アンダー13同様、競技者の発育・発達段階を考慮して、①競技者たちを人間的に成長させる、②スポーツの楽しさに触れさせる、に重点を置くことが大切です。

❷ 競技者を伸ばす「よい指導者」とは？

競技者がスポーツをするうえで、大人の助力は重要です。練習や競技中に指導者や保護者がかける言葉も、大切な助力の1つであり、よい指導者は、競技者への言葉がけを上手に行っています。では、競技者を伸ばす言葉がけとはどのようなものなのでしょうか。

1) ほめる

競技者の指導で最も大切なのはほめることです。目標記録を達成したり、できなかったことができたりしたときには思いきりほめましょう。現状を肯定することからはじめ、将来にわたり可能性が無限に広がっているような言葉がけをします。指導者や保護者の一言は、競技者の人生を変えるくらいの大きな意味を持っており、指導者や保護者の一言が競技者を勇気づけ、育てるのです。

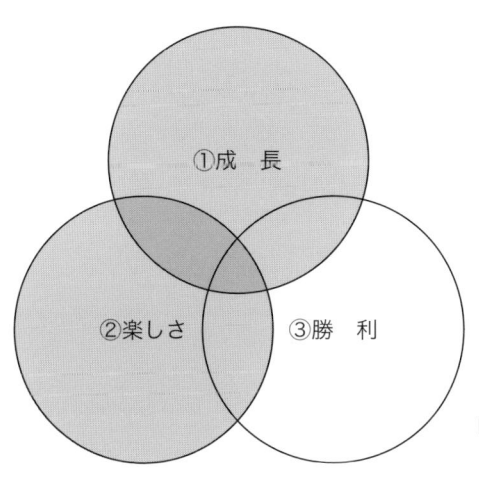

図1 ● 陸上競技指導の目的とアンダー16・19指導における意識
（アミかけの部分はアンダー16・19に重点を置いて指導する事柄）

2）励ます

競技者が練習や競技中に、もう一歩勇気が出ないとき、失敗を恐れてためらっているときに、励ましの声をかけることは競技者の能力を引き出す助けになるでしょう。また、一生懸命競技した結果、思ったような記録が出なかったときでも、結果にかかわらず励ますことも、競技者が努力を続けるための大きな力になります。

3）強い愛情

スポーツの指導においては、競技者の成長を第一に考え、強い愛情をもって接していることを素直に伝えることも大切です。「教えるのが楽しみだ」「君たちと一緒に陸上競技ができて幸せだ」など、素直に愛情を伝えると、競技者たちは今まで以上に一生懸命練習に打ち込むようになります。

また、この時期は心身の発育がアンバランスであるため動きのバランスが悪くなり、与えられた課題ができず、自信を喪失することがあります。そんなときは、競技者のために"できるまで待つ"という余裕を持ち、基本の動きづくりからやり直すということも必要です。体調の悪そうな競技者に対して「無理をするな」「元気になってから頑張ればいいよ」など心遣いをすることにより、競技者は自分が大切にされていることを確認できるのです。

❸ 競技者を伸ばせない「ダメな指導者」とは？

競技者の力を引き出せないダメな指導者には、共通する言葉がけや行動があります。では、それはどのようなものなのでしょうか。

1）けなす言葉

競技者が一生懸命競技をしているにもかかわらず、結果が思わしくない場合に相手をけなすような言葉がけをすると、競技者の欲求不満や怒りを生み出すことにもなります。さらに将来の可能性を否定するような言葉は、競技者の人生を変えるくらいの大きな意味をもつ場合があります。指導者は、競技者の結果が思わしくなかった理由を競技者本人から聞くなどしてコミュニケーションをとり、次回はその課題を競技者とともに克服し、チャレンジするという心のゆとりがほしいものです。

2）体罰

競技者が、練習や競技会で失敗をしてしまったときや、指導者のいわれた通りにできなかったときなどに「罰」を与えることは、決して許される行為ではありません。体罰は暴力です。体罰を与えて気合いを入れているのだ、などという根拠のない言い訳をしているようでは競技者の成長は期待できません。

失敗をした原因、いわれた通りできなかった理由を、まず指導者が謙虚に受け止めて冷静に分析することが必要です。そして、競技者ができるようになるための練習方法を工夫する、助言の方法を変えるなど、指導者側の創意工夫が大切になります。

3）罵倒する言葉、侮辱する言葉

競技者を罵倒するような言葉や、大声で怒鳴るなどの行為は、指導者の怒りや不満、エゴを発散しているだけにすぎません。また、身体的特徴に関する言葉も慎みたいものです。競技者は競技者なりに考えて一生懸命競技に打ち込んでいます。その結果、失敗することも当然ながら起こり得ます。そういうときこそ、指導者は常に"競技者が第一"の精神で、温かい目で競技者を見守る必要があるのです。

❹ 「理解のある親」とは？

1）競技者の活動を応援する

競技者たちになぜ陸上競技をするのかと尋ねると、「陸上競技が楽しいから」「陸上競技が好きだから」と答えます。実はこの楽しさは、競技者のスポーツ活動への親のかかわりが、密接に関連しているのです。例えば、親が陸上競技活動参加を適切に奨励し、促進していると競技者が感じるとき、競技者は、楽しさを経験する傾向にあります。

もちろん競技者同士一緒に同じ活動ができる「楽しさ」や走る・跳ぶ・投げるといった陸上競技の特性に触れる「楽しさ」、自己新記録が出る、あるいは上手になる「楽しさ」もありますが、親が応援してくれているという安心感や満足感からくる「楽し

さ」もあるのです。競技者のためにも、競技者の活動を理解し、積極的に応援していくことが大切です。

2）温かく見守る

親の言動はその内容や状況によって、競技者のスポーツへの態度にプラスに働くこともありますが、逆にマイナスに影響することもあります。過度に結果を求めたり、期待をかけすぎたりするとマイナスに影響することになってしまうので、長い目と大きな心で温かく守り支えることが大切です。競技者が活動を楽しめるように、勝つことや他人との比較を重視する傾向は極力減らすようにしたいものです。特に、この時期は成長段階にあるために、以前ほど記録が進歩しなくなったり、上手に身体を動かせなかったりすることがよくあります。そういうときは、記録が出るようになるまで「待つ」、うまくできるようになるまで「待つ」ことが大切です。他人と比較するのではなく、昨日と比べて少しでも進歩していたらほめてください。

3）指導者とともに競技者を育てる

スポーツに限らず成長過程の競技者に接するときには、大人には常に教育的配慮が求められるはずです。指導者は、技術指導をするだけでなく、競技者の人間的、社会的な成長・発達にも配慮しています。そのとき、親には指導者が展開した指導を後押し、協力することが求められます。親が、指導者と同じ価値観、倫理感をもって競技者たちを育てていくことが大切なのです。特にこの時期は、心身の発育がアンバランスになるため情動面が不安定に陥る傾向にあります。そんなときこそ、指導者の指導を側面からバックアップすることが重要です。

5 「理解のない親」とは？

1）過度な期待を持つ

競技者の親のなかにはさまざまなかかわり方をする人がいますが、競技者のスポーツ参加に過度にかかわる親もあり、ときにはその親の影響が大きなストレス源となることもあります。親は程度の差はあれ競技者と自分を同一視するものであり、競技者によくあってほしいと願うものです。それが、ときにいきすぎると、親が競技者を自分の一部と考えてしまうことがあります。競技者を通して親自身が「勝者」「敗者」となるために、競技者にかけるプレッシャーが極度に高くなるのです。単なる競技以上のものがそこに含まれており、そのような親を持つ競技者は重い負担を抱えることになります。親の愛情や承認が競技者の達成したものにかかっているとき、スポーツはストレスとなりやすいのです。

2）勝利至上主義に走る

勝つことや他人に打ち勝つことを重視する傾向（勝利至上主義）や「何が何でも勝つ」という考え方は、成長する競技者たちにとって、望ましくない影響をもたらします。また、競技結果に対して競技者がネガティブ（否定的）な評価を受けることを心配していたり、スポーツでよい成績を出すように親から圧力をかけられていると感じたりしているときには、不安を感じ、ときには途中で陸上競技をやめてしまうこともあるのです。この時期の競技者には「勝つこと」よりも陸上競技のもつ「楽しさ」に触れることや陸上競技にかかわることで得られる「人間的成長」を期待しましょう。そのことが、トレーニング計画の立案や体調管理など、一人前の競技者として自立できるようになり、最終的には自分で競技生活をコントロールできるようになるのです。

3）指導者の指導を阻害する

指導者が陸上競技の楽しさや人間的な成長を目指して指導しているにもかかわらず、「うちの子を強くしてほしい」「リレーメンバーに入れてほしい」などと願い出てくる親がいます。指導に関しては、指導者を信頼して全面的に任せましょう。特に、この時期の競技者は成長段階にあり、日々成長の度合いが変化していますので、指導者は競技者一人ひとり成長の度合いに応じた指導を心がけています。指導者も日進月歩の指導技術を専門誌から学んだり、陸上競技の研修会や指導者講習会に参加したりして日々勉強して研鑽に努めています。

（繁田進）

3 ── 地域クラブの運営について

1 地域クラブの役割

1) 子どもや地域を取り巻く環境と地域クラブの背景

地域には、地域での子どもたちの指導を中心としたさまざまなスポーツのクラブ組織があります。「地域クラブ」というと少し曖昧ですが、ここでは、幅広く「地域クラブ」を捉えながら、実際に数の多い、小〜中規模で子どもたちへの陸上競技の指導を行っているクラブの運営やイベントのあり方を捉えることで、実際に運営している方やこれから運営する方へ、現実的な運営の参考になるように考えていきましょう。

陸上競技の地域クラブが育った背景として、1つは日本体育協会が1962年に設立した「日本スポーツ少年団」があります。さまざまなスポーツの団体がありますが、陸上競技もその1つのクラブとして活動をしているものがあります。もう1つ、陸上競技において最も大きな出来事は、1985年の「日清カップ全国小学生陸上競技交流大会」の開催開始（2012年で28回開催）です。今では、陸上競技大会のみならず、クロスカントリー大会も別時期に開催しています。この大会の開始を契機に、全国各地に小学生を対象にした陸上競技のクラブチームが発足し、徐々に数を増やしながら現在も活動しています。その数は、この大会に参加するクラブだけで、概ね3000クラブになるほどです。また、この大会の参加者は予選会も含めて11.5万人程度（2007年）にもなり、陸上競技に親しむ子どもを大きく下支えする素晴らしいイベントになっています。

また、近年「総合型地域スポーツクラブ」も各地で設立されており、小学生を対象とした陸上競技を行える地域クラブだけを捉えると、その裾野は大きな規模に育ってきたといえます。一方、中学生や高校生を対象とした地域クラブは多くはありません。その背景には学校部活動がある程度充足していることが多くあると思われますが、指導の難しさや運営としての難しさがあることも推察されます。

どのような形態や規模の地域クラブにしても、スポーツを行う機会や場所が少なくなってきている子どもたちに、スポーツを行うきっかけや機会を与えることになる貴重な存在であることを認識し、よりよい運営、指導をしていけるように常に考えていきたいものです。

2) 学校部活動との二軸体制

学校部活動がスポーツを下支えしていることは論を待ちません。「隣の席に座った子に誘われてそのスポーツをはじめた」という経験を持っている人も多いことでしょう。学校部活動は、今まで往々にして競技力向上の観点で捉えられることも多くありましたが、そうした意味では、スポーツをはじめるきっかけをつくっている普及的な要素が非常に大きいのが特徴

でもあります。

その学校部活動も、若手教員の減少や専門的指導者の減少、何より学校教務の多忙化などにより部活動設置が困難になっている学校も出てきています。そのような地域では、陸上競技を行いたくても行えない子どもが出てくることにもなり、それを補完する意味でも地域クラブの存立意義があります。

もっとも地域クラブについては、指導者育成の課題、学校教育との連携の課題、登録制度の課題など、いくつもクリアをしていくべき課題があります。今は過渡期ともいえ、課題があるが故の学校部活動との軋轢も聞くようになりました。互いが、子どもに何がプラスかという点を最優先して、1つ1つを整理し、学校部活動と地域クラブの二軸体制をとれるような整備をしていくことが望まれます。こうしたなかで発展的に一貫指導的なつながりを持てるところを、地域で育成していくしくみも模索していけることが理想です。

2 地域クラブ運営の実際のポイント

1) どのようなクラブにするか

どのようなクラブにするか、何を目指すのかということは、ぜひ考えておくべき事項です。今はこの程度、ゆくゆくは……というビジョンがあることは非常に大切です。なぜなら運営のすべての源泉はここにあるからです。できる限り書面化しておくといいでしょう。そのうえで、小学生だけのクラブか、中学生や高校生も範疇に含めるか、どの種目を行っていくのかなどを考えて、進めていきましょう。

2) スタッフはどうするか

多くの場合、指導にあたる人物がクラブを設立し、そして運営をはじめるケースが多いと思われます。スタッフやメンバーにはどのような人材が必要でしょうか。

一番重要なポイントは運営実務のアシスタントスタッフです。後述のようにクラブの運営にはさまざまな事務事項があります。このため、スムーズに運営を行うには最も重要なメンバーであるといえ、共同で行うスタンスで進めていくことが必要です。

次に、指導スタッフについては、サポートや後継になるスタッフにも参加してもらう必要があります。指導のスタッフは運営の余裕や指導者の活動への柔軟性をもたせる意味でも複数いると安心です。また、加入する人数が増えてきた場合、あるいはレベルが上がってきた場合にはある程度の人員の確保が必須となります。

こうして、まず運営スタッフの骨格が定まったら、その後に、事務的スタッフの補助として経理的な側面の専門家からのサポート、趣旨に賛同する者からの資金的な援助、業務サポートなど協同してもらえる人々を、徐々に増やしていければよいでしょう。

実際に、長続きしていく運営のポイントとしては、運営のための運営でなく、それらのスタッフにクラブに参加する意義を感じてもらえるような体制をつくることといえるでしょう。各スタッフにある程度の権限を委譲し、窮屈さを感じさせないよう運営にゆとりを持たせていくことが大切です。

スタッフとして業務を行っていくことには大変な労力が必要ですから、まずは行う人を確保することも大変です。ゆくゆくはクラブで育った子どもたちが、次の世代のためにクラブのスタッフとして参加していくような、そうしたよい循環ができることが一番の理想です（図1参照）。

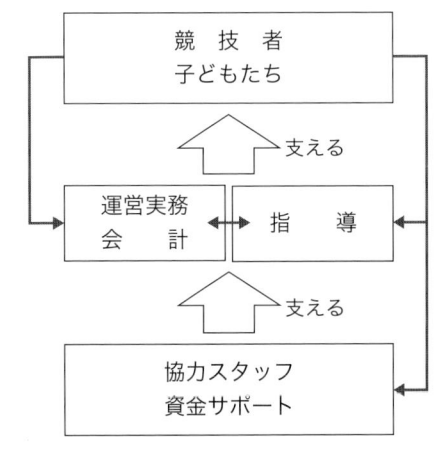

図1●スタッフのよい循環とは

3) 場所の確保

実際に、地域クラブ現場で何が困るのか、という点をあげてもらうと、実は「練習を行う場所」ではないかと思うことがあります。学校部活動であれば、小さくても、制限があっても学校の施設—校庭や体育館、廊下などがあり、しかも日常利用が可能です。しかし、地域クラブでは、まずどこで活動を行うかに大きな制約があります。

通常は最も近い場所にある陸上競技場というケースが多いと思いますが、その場合も夜間の利用が不可であると、休日以外の練習はできなくなります。また、休日もその競技場で大会があるなどの理由で使用できないときも多く、使用に際しての制約事項も多いのが実情でしょう。それだけに、どのように工夫をして行うかが大切になってきます。

競技場が利用できないときに、河川敷等で練習できるところを探したり、公園で行ったり、少し足を伸ばして小さな山に行ってみたりと、指導者が"どこで"だけではなく、"何をトレーニングに利用するか"という指導の引き出しを増やす発想をして解決していくしかありません。

一方、地域で連携をとり、競技場の利用時間の延長を図ってもらう交渉をするなど、場所を確保する活動も継続的に進めたいものです。自由に「利用できる」運動施設をつくっていけるとよいでしょう。

また、寒冷地では、屋内施設がもう少し充実できればと思うこともしばしばあるはずです。こうした運動も進めたいものです。写真は、徳島県阿波市のグラウンドです。芝生もあり、横には陸上競技用の全天候型走路を敷設した直線コースなどもあります。芝生が自由に利用でき、サッカーに取り組む子ども、陸上に取り組む子どもが自由に利用できる夜間施設のあるグラウンドです。こうしたグラウンドについて地域で整備していくことを、関係者と協力して行える一角を担いたいものです。

逆にいえば、場所の確保がきわめて厳しいという周辺状況であれば、地域クラブの創設はなかなか難しいということになります。

4) 運営実務について

まずは、どの年代が対象で、どのような練習をしていくかにより、会費を決めていかなければなりません。会費は、地域ごとや地域クラブでもさまざまです。また、その設定はクラブの方向性に大きくかかわります。多くは年代が上がるほど、競技レベルが高くなるほど高めの設定になり、年代が低い子どもたちは低廉に抑えていく傾向があります。多くの子どもたちの参加を考えていくには、ある程度低廉に設定していかないと集まりにくくなりますし、ス

ポーツを幅広い子どもに経験してもらうということから離れていくことになります。

こうした運営の実務例について、表1にまとめてみました。

5）さまざまなリスクを認識する

地域クラブの運営や指導をする場合に、最も見落としがちなのは、スポーツ指導や運営にかかわるリスクです。それを主たる職務として行っておらず、ボランティア的なかかわりで行っているなかで生じる恐れのあるこうしたリスクの羅列を見ただけで尻込みしてしまいそうですが、「どのようなことが起こり得るか」「最低限度として何をしておくべきか」ということを、まず知っておくことが大切です。なかなかすべてに対応することは難しいですが、実は何も知らなかったというケースが多いと思われますので、まずは認識を深めてほしいと思います。陸上競技でも、ハンマー投の死亡事故、大会におけるウォーミングアップ中の衝突による死亡事故などの痛ましい事故も起き、それらは訴訟にまで至っているものもあります。

陸上競技では、特に熱中症、雷、投てき種目の事故、トラック等での衝突事故などに、より注意を払っていくべきことになると思われます。こうした陸上競技における安全管理の指針については、日本陸上競技連盟もガイドラインを出してありますので、参照してください（日本陸上競技連盟の安全対策ガイドライン http://www.jaaf.or.jp/rikuren/pdf/safety.pdf）。

また、事故は学校部活動において起こった場合に比べて地域クラブで起こった場合、当事者がより小さい組織や個人となるため、そのリスクはより大きくなります。これらの点は、今後地域クラブの普及にともない、しくみとしてのセーフティネットがどのように構築されていくのかが注視されるところですが、現状を認識し、最低限の備えをしていかなければいけません。

その最低限という意味では、指導者や子どもたちを含むメンバーが保険に加入するということがあげ

表1●運営の実際例（どのようなことがあるか）

【最低限行うもの】
・どのようなクラブをつくるのかを決め、明文化しておくこと
・規約やルール（会費、その他）をつくり、明文化しておくこと
・会計の担当者をつくり、年度報告をすること（責任者と別が好ましい）
・定期的なお知らせを発行し、状況を伝えること

【通常実務】
・定期的な練習会の連絡などの諸事務と問い合わせの応対
・会員の管理
・会員獲得のための広報（チラシの作成からお店などへの配布閲覧の経路を増やすことなど）
・リスク管理での諸項目の実務（安全管理、保険など）
・連絡や広報の手段としてのウェブの制作管理

【よい発展に向けて】
・地域の陸上競技協会や学校関係者等との交流
・指導者講習などへの参加（指導者のたゆまぬ研鑽）
・イベントの企画や実行
・参考となる地域クラブへの視察や交流

られます。スポーツ関係の保険では、スポーツ安全協会のスポーツ安全保険がよく知られています（スポーツ安全協会 http://www.sportsanzen.org/）。

このような保険に加入し、メンバーに提示したうえで、スポーツでのリスクを保護者にも認識してもらうことが必要になります。

なお、この分野についてはそれだけで1つの書籍になると思いますので、参考となる文献を以下に紹介します。

【参考となる書籍】
●『スポーツ法危機管理学』菅原哲朗著、エイデル研究所
●『地域スポーツクラブのマネジメント』谷塚哲著、カンゼン
●『Q＆Aスポーツの法律問題』スポーツ問題研究会編、民事法研究会

6）保護者とのコミュニケーション

保護者とのコミュニケーションの必要性や行っていく内容自体は学校部活動と変わるものではありませんので、細かい部分は学校部活動の章での記述に譲りますが、ここではとりわけ留意する点を次にあ

げます。これらが運営をスムーズに進める基本となります。

- 学校と違い、普段はコミュニケーションがあまりなく、かかわる部分も当該スポーツの場面のみになる点を書面でやりとりしておくことなど、指導者、子ども、保護者や関係者が認識を共有できるようにすること
- より定期的な連絡やコミュニケーションをとるよう心がけ、書面(電子メール)などでも渡せるようにしておくこと
- 電子メールなどを上手に活用して、連絡をとりやすくしておくこと

3 地域クラブ運営にあたり心がけること

1) なぜ地域クラブを運営するのか

皆さんはなぜ地域クラブを立ち上げたのでしょうか。多くは、「スポーツを行うことによって子どもたちに素晴らしい経験をしてもらいたい」ということがきっかけになっているのではないかと思います。ぜひその原点を大切にしてほしいと思います。地域クラブを運営するなかでは、さまざまな困難や課題が出てくることでしょうが、すべてまずこの原点に返り、どうしていくのが最善か考えていくことが何より大切です。地域活動は、1つ1つが大変で、しかも地道な活動です。いわば、これらが社会、そしてスポーツの歩哨の役目を果たす大変重要なものであるといえます。それだけになおさら規模の大小を問わず、多くの人にかかわりを持ってもらいたいと思います。

2) 地域や学校関係者との協調と連携

地域クラブを運営して、痛感することは何でしょうか。それは、「1人では何もできない」ということではないでしょうか。子どもたちを指導するにあたり、趣旨に共感してくれ、協同してくれるクラブメンバーのみならず、地域の陸上競技協会の人々、地域の関係者、学校の関係者、保護者、支援してくれる人々などの存在があってよりよい活動ができます。とりわけ地域の陸上競技協会については、陸上の専門家集団であると同時に地域の陸上競技の責任者でもあります。積極的に会話を重ねましょう。また地域クラブの関係者も競技役員の資格を取得して、大会運営等に協力していくなど、互いが協力して地域の陸上競技を育てる関係を構築してほしいと思います。

3) 指導者の資格について

スポーツ指導をするにあたって、指導に関する資格は絶対条件ではありません。しかし、指導を行う者が指導について日々勉強していくことは何より大切です。特に学校での部活動で指導をする顧問の先生に比べてそうした機会が少ない傾向にあり、また、子どもの保護者から見ても、指導者がどのような立場の人物かわかりにくい部分でもあります。

こうした状況のなかで地域クラブ指導者こそ、スポーツ指導の公的な資格を取得したり継続的な指導研鑽に務めたりしていくことが求められているといえます。陸上競技は種目数が多いうえに、種目ごとの相違も大きいため、自ら陸上競技の経験がない場合はもちろん、経験があっても専門種目以外の指導についてなど、学んでいく事柄はとても多いと心得ておくべきです。

指導資格としては、日本陸上競技連盟が1977年に創設された日本体育協会公認スポーツ指導者制度に基づいて表2の資格を設け、指導員、コーチの養成を行っています。JAAF公認ジュニアコーチは、小学校、中学校、高校、地域クラブなどの指導者(もしくはこれから指導をする者)を対象に、初心者から指導する際に基礎的な知識、技能の習得を目的としています。地域クラブの指導者は、最低でもJAAF公認ジュニアコーチの取得はしておくべきでしょう。

4) 学校部活動との違いを認識する

学校部活動と比較したとき、その違いには何があるでしょう。学校の部活動というものは、生徒として部活動を行うという教育活動のなかで、スポーツを通して子どもの人格形成に寄与していくものでもあります。もちろん、スポーツが子どもの人格形成にも重要な役割を果たすという点は地域クラブの関

係者も同様に深く認識しながら運営することが大切です。しかし、学校の部活動が生活を多く過ごす環境のなかでのかかわりに対し、地域クラブでは、そのスポーツを行うことでのみのかかわりになってきます。このため、より一層スポーツにかかわっていくこと、そこから学んでもらいたい部分は何であるかを、運営者あるいは指導者としてより考えていくことが必要となるでしょう。広瀬一郎氏は曖昧であった「スポーツマンシップ」という言葉の意味を『スポーツマンシップを考える』という本のなかで定義づけようとしています。ここでは定義論には触れませんが、現実の運営・指導において留意することはまさしくこのような部分であろうと思いますので、表3にまとめておきます。

5）継続するためのゆとりをもつ

昨今は、社会全体が、何かせわしく忙しい雰囲気になってきました。こうしたスポーツにかかわる人も忙しい方が多いかもしれません。クラブ運営もイベントも、重要なのは、進め方にゆとりを持ち、行う人がやりがいをもつことだと思います。

ゆくゆくはクラブの運営として、法人格をもって大きな規模で展開し、スポーツの裾野をより広げていけることが理想です。そのように法人運営をできることも目指したいものです。

一方、現実はなかなかどのクラブでもそのようなことができるわけではありません。理想をもって、いずれは……と考えることも大切ですが、現実としてどのように運営していくかが大切です。現実の運営やイベントも、これをもって収益に強く結びつくような動機をもって行うものではないでしょうし、実際にそのようにはならず、むしろ収益が厳しいなかでの運営になる（なっている）ことでしょう。なおのこと運営やイベントをなぜ行うかを考え、意義のあるものを行うことで、協力者や賛同者を含めて継続する意欲に結びつけていけることが望まれます。こうして運営する皆さんが、まさしく日本の陸上競技を支えているのです。

（森 泰夫）

表2● コーチ資格について

【JAAF公認コーチ（日本体育協会公認コーチ）】
・国民体育大会などで都道府県選手団の監督・コーチを担う者
・都道府県で指導者育成の中心的な役割を担う者
【JAAF公認ジュニアコーチ（日本体育協会公認指導員）】
・地域クラブ、小・中・高校の部活動で、幅広く指導を行う者

表3● スポーツマンシップを教えるガイドライン

1. 自らが良いお手本であれ
2. 初期の段階からスポーツマンシップを重視しましょう
3. 楽しむことと、まじめにやることの両方の側面があることを説明しましょう
4. スポーツマンシップと成功の関係を説明しましょう
5. 普段からスポーツマンシップという言葉を口にしましょう
6. スポーツマンシップを実践・強化するチームの決めごとを設けましょう
7. 他の競技者の視点を持つことを推奨しましょう
8. 反スポーツマンシップ的な行為に対するガイドラインを明確に
9. 良いスポーツマンシップをほめましょう
10. 保護者にスポーツマンシップの重要さを話しておきましょう
11. スポーツマンシップに関する事例について語りましょう
12. 質問を投げかけ、考えるくせをつけさせましょう
13. 競技の歴史について話しましょう
14. ルールブックを読ませましょう
15. 重要だということを、あなたの言葉や行動で示しましょう
16. 最後に、楽しむことを忘れずに！

（広瀬一郎（2002）スポーツマンシップを考える，ベースボール・マガジン社より引用）

4 ── 地域イベントの運営の進め方

❶ 地域イベントの意義

多くの人が、学校のそして地域の「運動会」の思い出があることと思います。陸上競技の地域イベントの原点は、この運動会といえるでしょう。

スポーツの普及活動を考えるとき、スポーツをする環境（グラウンドなどの場所や学校や地域クラブなどでスポーツをできるしくみ）を整えること、そして十分な指導ができる指導者を育成することがまず大きな柱ですが、その次には、子どもたちがそのスポーツを経験し、力を発揮し、競技において次への努力へのモチベーションとなる機会となる場面を設定することが大切になります。その1つが、教室などの講習会や大会などの地域イベントです。

❷ 地域イベント運営の実際

1) イベントを企画する

一口にイベントといっても、大きなものから小さなものまで、さまざまです。「このクラブに、この地域に、このようなものがあるといいな」というものを考えたいものです。こうした企画を考えることはわくわくする瞬間でもあります。イベントは最終的には企画のよし悪しに左右されます。

当初の企画段階で、
- 競技にとって意味があるか
- 地域にとって意味があるか
- ユニークさがあるか、自分たちでなければ行えないか
- クラブにとって意味があるか

ということを考えておきましょう。

そのうえで、
- どの程度のイベントが可能か
- ニーズ（参加者）は確保できそうか
- 関係者の協力は見込みがあるか
- 準備の人的余裕があるか

- 収支の見込みはどの程度か
- 場所は確保できそうか
- 地域で重なりがないか（同じようなイベントがないか）

など現実性を探っていくことになります。いずれにしてもまずは、「身の丈に合った小さなもの」を行うことからはじめていけばよいと思います。

2）関係者の協力を得る

通常のクラブの運営だけでなく、こうしたイベントを開催する際にはなおさら、関係者の協力が必要になります。大会を開催するのであれば、地域の陸上競技協会との長い信頼関係がなければ到底できません。また、大会のなかも正規の競技会を開催するためには、公式の競技役員の資格を取得した審判員の協力が多く必要になります。そうした部分以外にも準備には多くの人手が必要です。

講習会（教室事業）においても、講師や準備のスタッフなどの協力は欠かせません。また、参加者への告知や募集に際して、学校関係者とのやりとりも欠かせません。イベントとはまさに「さまざまなところにお願いして協力をいただいてつくり上げていくもの」なのです。そのように考えると、こうしたイベントは、まずはしっかりと地域でクラブの運営を行い、認知され、周囲との関係を整備しながら、互いの協力態勢がとれるように周囲との関係を醸成したうえで行っていくもの、という姿勢が大切なように感じます。

3）収支の考え方

収支について、少し大きなイベントを念頭に、想定される項目を表1にまとめてみました。

昨今の厳しい社会経済状況のなかで、助成金や協賛金を獲得することが急速に困難になってきました。しかし、参加費だけですべてをまかなうことはなかなか容易ではありません。また、子どもたちから多額の参加費を徴収することも、イベントの本来の趣旨から考えると難しいといえます。そのため、残念なことに一般的にはイベントをしっかりしたものにするほど、収支は厳しくなる傾向があるといえます。

表1●イベントの収支項目

収入項目	支出項目
・参加料	・会場使用料
・助成金	・日当交通費
・協賛金	・指導費（謝金）
・その他	・保険費
	・会議費
	・印刷費
	・広報費
	・一般管理費

しっかりとしたイベントは、ある程度の助成や協賛、クラブの支出がなければイベント単体では存立しにくいという現実を把握したうえで考える必要があります。逆にいえば、人的、財政的余裕が十分にあるクラブでなければ、大きなイベントはできないということをしっかりと認識しておくことが大切です。

4）準備する

イベントの開催についての骨格が定まってきたら、いよいよ実際の準備に入ります。さて実際の準備にはどのようなものがあるでしょうか。

- 行うイベントの要項を作成する
- 場所を確保する
- 広報する
- 募集、受付、集金、集計をする
- スタッフ（協力者、講師など）の協力募集をする
- 用具などを整備、準備する
- 保険をかける
- 当日の簡易マニュアルを作成する

行うイベントによって増減はありますが、主なものはこのようなものでしょう。

5）開催する

最近はヨーロッパなどで開催される陸上競技大会の映像も見ることができるようになりました。こうした素晴らしい大会は、ぜひ参考にしていきたいものです。このような大会では、「ミートディレクター」と呼ばれる人物が必ず存在します。いわば、イベントをすべてとりしきる責任者です。大小を問わずイベントには、こうしたディレクターが必要になります。ある程度の準備や打ち合わせは事前にしておき

ながらも、臨機応変な対処を求められることが多く、最終的に誰かがとりまとめて判断していくことが必要となるのですが、そのなかで「誰かがやってくれるだろう」というように、ついつい全員が様子見をしてしまうケースが意外に多いのです。しかし、イベントを成功させるためには、これをなくしていかなければなりません。情報を集積し、最終的に判断をくだす役目を持つ人をしっかりと決め、とりしきってもらうことが必要です。

イベントの成功とはどういうものでしょうか？これも運動会を想像すると、ある情景が浮かんできます。天気がよくて、大きなケガがなく、ニコニコと笑顔で帰る参加者の顔をちらほら見ることができれば、成功といってよいと思います。

6) 終了後に行うこと

当日が無事に終了すれば、ついつい"ほっと一息"となりますが、ここでもう少し頑張っておくと、次のイベントがよりよくなります。1つはイベントの振り返り。決算とともにイベントを振り返り、次に生かせるようにしておければよりよいでしょう。もう1つはお世話になった協力者へのあいさつです。無事の終了を報告するとともに改めて感謝の意を伝え、次回以降もぜひさまざまな形で協力をお願いできるよう進めていきましょう。

3 魅力的なイベントを考える

陸上競技の地域のイベントとして、どのようなものがあるとよいでしょうか。このことを考える前にまず「陸上競技について」考えてみましょう。2つのことがあると思います。1つは、陸上競技は「はしる」「とぶ」「なげる」というあらゆるスポーツの基盤になるものだということ。もう1つは、「はしる」をはじめとして、どの種目も比較的、経験したことがなくても誰でもできる、という種目が多いということです。

昨今はあらゆるスポーツが幼少期から専門化し、特化して行う傾向が強くありますが、スポーツを幅広く捉え、誰でも、どのスポーツに取り組む子どもでも参加できるという陸上競技ならではの特長を生かしたイベントを行うことを目指してはどうでしょうか。どのスポーツにも寄与できるというのは素晴らしいことだと考えます。

大会においては、種目などにもさまざまな工夫があってよいと思います。小さな子どもには100mという距離は長すぎるかもしれません。体力勝負で小さな子どもの勝敗が決まってしまうのでは面白みもないでしょう。子どもたちが全力で走り切れる距離という意味では50mなどでイベントをつくるのも1つの方法です。投げる種目では、野球少年に活躍してもらいましょう。いろいろな背景をもつ子どもたちが楽しんで取り組めるようにするためには、どういう種目がよいでしょうか。皆さんの地域ならではの特性なども踏まえて考えていけばよいと思います。

教室や講習会を開催する場合は、地域の陸上競技協会や大学などと協同して、活躍する大学生や地域のトップ選手に協力してもらってもいいでしょう。子どもたちにとっては、トップ選手のパフォーマンスを目の当たりにすることは、非常に大きな動機づけとなるものです。

イベントを開催し、成功させることは大変な部分も大きいといえますが、ニコニコと笑顔で帰路につく子どもたちの姿を思い浮かべながら頑張ってみてください。

(森泰夫)

実技編

第1章
ウォーミングアップとクーリングダウン

1 ウォーミングアップ
1) ウォーミングアップの目的と役割

　一般に「準備運動」と訳されるウォーミングアップは、言葉通り身体を温めてその後に行う運動に備えることを指します。ウォーミングアップは主に傷害の予防と、パフォーマンス向上のために行われます。

　陸上競技のウォーミングアップでは、まずジョギングなど軽い運動を行い、その後ストレッチやドリルを取り入れ、最終的に専門とする種目と同じような動きを行う、というのが一般的な方法です。ただ身体を温めるだけならば、運動をしなくても、例えばお湯に浸かる、などという方法も思いつくかもしれません。しかし、運動によらず身体の外から加温した場合、走運動のような全身を使った運動のパフォーマンス向上にはあまりつながらないと報告されています（表1）。やはり陸上競技におけるウォーミングアップでは、身体を動かして温める必要があります。

　ウォーミングアップを行うことで、身体には以下に挙げるような変化が起こります（Bishop, 2003a; Bishop, 2003b）。

①神経の伝達速度が速くなる

　運動を行うとき、脳からの命令が神経を通じて筋に伝わることで身体を動かすことができます。その脳から筋への命令は、体温が高くなると速く伝わるようになります。ウォーミングアップを行うことで、より速く、より正確に走跳投の複雑な動きができるようになります。

②筋が動きやすい状態になる

　温度の低い組織は、粘性（ねばり気）が高く、脳からの命令に対して迅速に対応できません。また、冷えた状態では粘性に打ち勝って動かすためのエネルギーが多く必要になります。つまり、同じ動きをするにも温まった状態より多くのエネルギーが必要です。しかし、ウォーミングアップによって温度が

表1 ● W-up前と能動的W-up後、受動的W-up後における走タイム

	被験者	W-up前	動的W-up	受動的W-up
100m走	A	12秒7	12秒2	12秒6
	B	12秒7	12秒1	12秒3
	C	12秒4	11秒9	12秒3
400m走	A	59秒7	56秒2	58秒8
	B	57秒2	55秒4	57秒0
	C	54秒0	52秒2	56秒0
	D	54秒1	51秒0	
	E	52秒5	50秒9	
800m	A	2分19秒9	2分13秒2	
	B	2分15秒1	2分11秒5	
	C	2分07秒7	2分03秒1	

被験者それぞれのW-up前と、走って行う動的W-up後、温水浴による受動的W-up後における走タイム。W-upによってタイムは向上するが、受動的W-upでは効果が低いことが判断できる

※W-up：ウォーミングアップ　　　　　　(Hoegberg and Ljunggren, 1950)

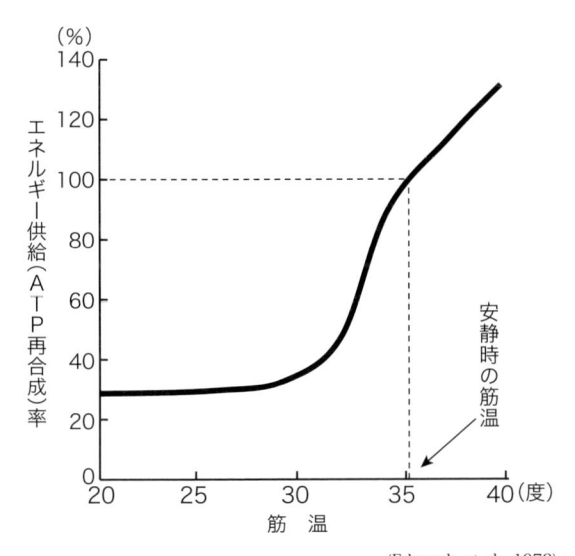

図1●安静時における値を100%とした場合における筋温と運動をするときのエネルギーとなる物質（ATP）供給率の関係
安静時よりも筋温が高くなることでエネルギー供給の割合は多くなる

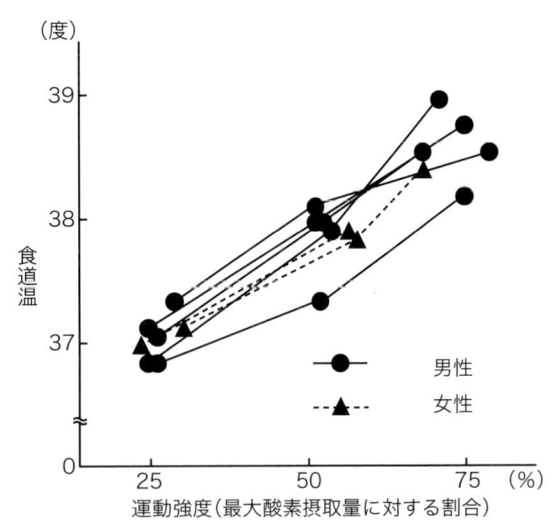

図2●運動を続けて一定の体温に達したときにおける食道温と運動強度の関係
運動強度が高いほど、一定になる体温が高く、低い強度ではほとんど体温が上昇しないことがわかる

上昇すると粘性が低くなり、動かしやすい状態になる上、可動域（動かせる範囲）も大きくなることが知られています。

③活動する筋への血流量が増える

運動をしているとき、動いている筋への血流量が増加し、消化器官などの非活動的な組織への血流量が減少します。このような活動筋への血流量増加によって、活動筋では動くことに必要な酸素やエネルギー源が多く供給されるようになります。ウォーミングアップで前もって運動を行うことで、あらかじめ活動筋への血流量を増加させることができます。つまり、運動開始直後から筋へ必要な物質を運ぶ準備ができます。

④エネルギー源が使いやすくなる

筋の中ではさまざまな化学反応が起こっており、その化学反応の結果、筋は動いています。筋内での化学反応は、安静時の体温よりも高い温度でより活発になります。したがって、ウォーミングアップによって体温を高めることで、エネルギー源を効率よく利用することができます（図1）。また、運動に必要な酸素は血液にある赤血球内のヘモグロビンによって運ばれます。温度上昇によってヘモグロビンと酸素の結合は緩くなるため、ウォーミングアップを行うことでより多くの酸素が筋内で放出されるようになります。

⑤心理的側面からの準備

ウォーミングアップを行うことで、アドレナリンの分泌量が増え、中枢神経系を刺激し、運動に対する心理的な準備が整います。「さあ、これから頑張るぞ」と気持ちが高揚することもウォーミングアップの効果として重要です。

2）ウォーミングアップの行い方

一般的に陸上競技におけるウォーミングアップはジョギングからはじまり、ストレッチやドリルを行った後に、流しや専門的な技術を経て、本格的な競争や試技、トレーニングに移行していきます。それぞれの運動には目的があるので、ただ漠然と行うのではなく意味を理解して行いましょう。

①ジョギングなどの軽い運動

ウォーミングアップという言葉の示す通り、全身

や活動筋を温めるために行います。

　身体を動かすことで身体（筋）が温まることは普段から実感していると思いますが、運動の強度によって上昇する上限の温度が異なります。すなわち、強度の高い運動ほど上昇して一定になる温度は高く、強度の低い運動では体温上昇はあまり起こりません（図2）。したがって、ウォーミングアップの効果を得ようとするならば、だらだらとしたゆっくりのジョギングだけでは十分なウォーミングアップ効果が得られないことがあります。これまでの研究では、ウォーミングアップの総運動量（走で行う場合はウォーミングアップの距離）を一定にしたとき、低い強度ではウォーミングアップ効果が低いことが示唆されています（Takizawa and Ishii, 2006）。この研究では、乳酸閾値強度以上のウォーミングアップが必要であることが示されています。乳酸閾値強度を測ることは難しいので、おおよそ心拍数140拍以上の強度で身体が温まるくらいの時間は必要と考えればよいでしょう。

②ストレッチやドリル（動きづくり）

　ストレッチによって関節可動域を広げることで、傷害予防とパフォーマンス向上が望めます。また、ドリルを専門的な技術を行う前に行うことで、神経伝達がされやすくなり、動きの素早さやしなやかさを準備することができます。

　ストレッチについては、行い方に種類があります。ある程度伸ばした状態で保持するスタティックストレッチ（写真1-A）、勢いをつけて曲げ伸ばしするバリスティックストレッチ（写真1-B）、徒手抵抗によって負荷をかけながら行うPNFストレッチ（写真1-C）、伸ばそうとする筋の反対を収縮させ関節を動かすことで伸ばすダイナミックストレッチ（写

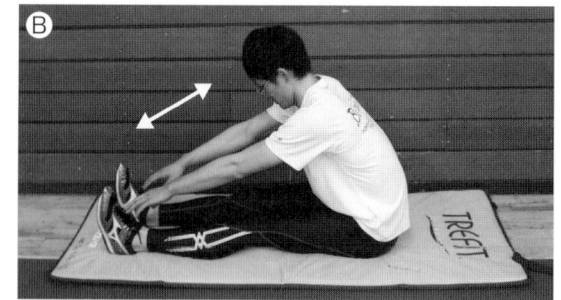

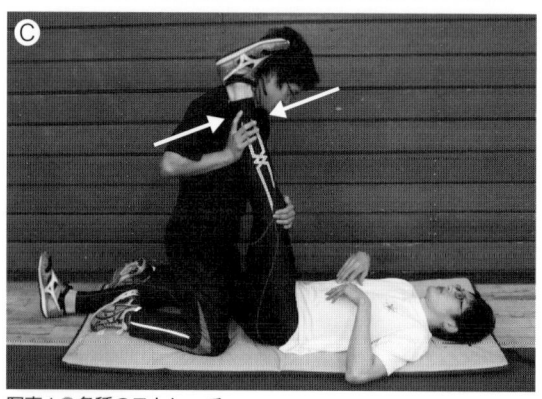

写真1●各種のストレッチ
　Aは勢いをつけずに伸ばすスタティックストレッチ、Bは矢印の方向に勢いをつけるバリスティックストレッチ、Cは補助者がかける抵抗と逆方向に力を入れるPNFストレッチ、Dは自分で筋を収縮させて反対側の筋（拮抗筋）を伸ばすダイナミックストレッチ

真1-D) などです。

　陸上競技においては主にスタティックストレッチやPNFストレッチを行い、その後ドリルに移ることが多いようですが、ドリルは技術的な練習であるとともに、上述したダイナミックストレッチとも捉えることができます。

　ただし、ただやみくもにやるだけではかえって傷害につながったり、パフォーマンスが低下したりすることもあります。まず、伸ばしすぎた筋はいわば「伸び切ったゴム」のような状態になり、素早く収縮しようとしても反応しにくくなります。さらに、長時間座り込んでスタティックストレッチを行うと、ジョギングで温めた身体がどんどん冷えてしまい、せっかく得られた効果が低下してしまいます。このようなことから、ウォーミングアップでスタティックストレッチを行う場合は1種目を15～30秒程度にすることが勧められています（Haff, 2006）。つけ加えると、勢いをつけて行うバリスティックストレッチは、勢いをつけることによる筋や腱の断裂の危険性があることや、伸ばしすぎた反動でかえって柔軟性が低下することが指摘されており、現在ではストレッチとして勧められる方法ではありません（Shellock et al., 1985）。

③流し（ウインドスプリント、フローティング）や
　専門的な技術に近い動き

　専門種目にかかわらず，ウォーミングアップでは流しを行ってから走練習や技術練習に移行することが多いでしょう。流しは神経や筋に対して刺激を与えるとともに、筋のエネルギー利用効率や酸素の取り込みを向上させる役割もあります。

　専門的な技術については、その後の競技やトレーニングに向けた神経や筋の準備の意味合いが高くなります。練習のときに、どこまでがウォーミングアップで、どこからを専門練習と捉えるか、その線引

きは難しいですが、少なくとも全力で走跳投を行う前には心理的な準備も含めたリハーサルの意味を込めてウォーミングアップとして専門的な動きを行っておくべきでしょう。

3) 競技前とトレーニング前のウォーミングアップの違い

これまでに述べてきた通り、ウォーミングアップには傷害を予防する効果とパフォーマンスを向上させる効果があります。これは競技とトレーニング、どちらの場合でも必要なことになります。したがって、どちらの場合も行う内容が大幅に異なるということはありません。しかし、競技前に普段と違うことをしてもなかなかうまくいかないこともありますので、重要な大会前には、実際の競技を想定したウォーミングアップを試しておくべきでしょう。

競技会では、予選から決勝や、多種目出場時の種目間に時間が空くことがあります。競技間に時間が空いた場合は、軽い運動を入れることがパフォーマンス向上につながることが報告されています（Barnett, 2003）。反対に、常に安静を保つことはパフォーマンス低下につながるとされています（山本・山本, 1993）。

予選、または1つ目の種目が終わった時点でクーリングダウンを兼ねて少し動き、決勝や2つ目の競技前に体温を戻す程度にウォーミングアップを行うことが勧められます。ただし、体温を維持するのにもエネルギーが使われ続けるので、競技間が比較的長い場合は一度休んでから、再度ウォーミングアップを行ったほうがよいでしょう。

4) 環境に合わせたウォーミングアップ

陸上競技は多くの場合屋外で行われます。したがって、暑いこともあれば寒いこともあります。また、雨や日差しによってもパフォーマンスは左右されます。環境が大きく変わるところで行う競技ですから、環境に合わせてウォーミングアップを行わなければ、常に高いパフォーマンスを発揮することは難しいといえます。

中学生や高校生の全国大会は、日差しが強く気温の高い真夏に行われます。ただ座っているだけでも体温が上がるような環境下だからといって、安静にしていて体温を上げてもウォーミングアップ効果はほとんどないことが明らかにされています。したがって、真夏でも身体を動かしてウォーミングアップを行わなければパフォーマンス向上は望めません。

しかし、高温下で長い時間ウォーミングアップを行うと、当然疲労してしまいます。気温の高いときは、短い時間で強度を高めにして素早く身体を温めるようにしましょう。できるだけ日陰を探し、涼しい環境でウォーミングアップを行うようにしてください。どうしても日差しの中で行わなければならないときは、「身体を温める」とは矛盾するようですが、ウォーミングアップの途中で水をかけるなどして皮膚表面を冷やしながら行うことが勧められます（図3）。大会ではなくトレーニングを行う場合は、気温が高く日差しの強い時間帯を避けて、できるだけ涼しく日差しの弱い時間にトレーニングを行う工夫をしましょう。また、ウォーミングアップ中にも電

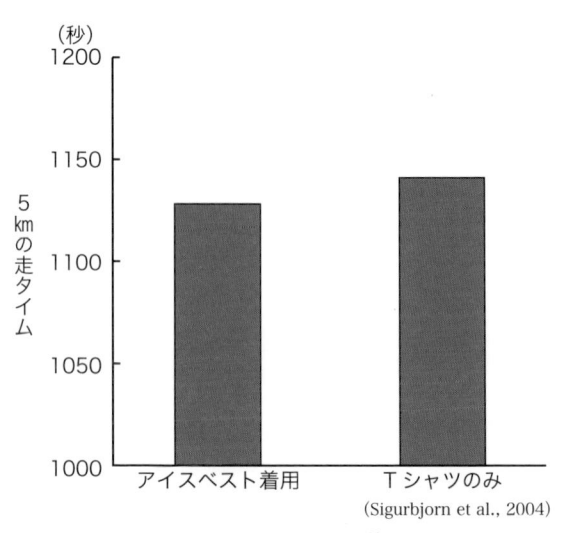

図3 ●気温32度においてアイスベストを着用してウォーミングアップを行った場合とTシャツでウォーミングアップを行った場合の5kmタイムの比較

(Sigurbjorn et al., 2004)

氷で体表面を冷やせるアイスベストを着用してウォーミングアップを行うことで、Tシャツ着用でウォーミングアップを行った場合と比較して走タイムの短縮が認められた

解質を含んだスポーツドリンクなどをこまめに摂取しながら熱中症の予防にも気を配ってください。

　全国大会に至るまでの過程では、春先の涼しい時期から大会に出る必要がありますし、駅伝の場合は気温の低い冬期に行われることが多いでしょう。このような寒い環境では、筋や腱の粘性が高く、いきなり高い強度でウォーミングアップを行うと筋や腱が断裂してしまう危険性があります。したがって、はじめはかなり軽めの強度から徐々に強度を上げるようなウォーミングアップが勧められます。時間はかかりますが、じっくり温めていけば傷害を防ぎ、気温の高いときと同じようなパフォーマンスを発揮することも可能です。できるだけ身体の熱を下げないために、ウォーミングアップから競技の間は衣類を着込み、軽く動き続けることが大切です。

　また、雨のなかで運動をすると、寒いときは体温が奪われ続け、暑いときは汗が蒸発しないために身体のなかに熱が溜まり続けます。いずれの場合も命にかかわる場合があるので、ウォーミングアップの段階からしっかりと対策を立てておきましょう。寒い日の雨のときは、ウォーミングアップの段階で濡れないように、また濡れてもすぐに着替えられるように準備しておきましょう。暑い日の雨のときも、同様に濡れない工夫と着替えの準備が必要です。

2 クーリングダウン

1）クーリングダウンの目的と役割

　国内では整理運動（体操）を指してクーリングダウンということが多いようですが、海外では「ウォームダウン」(Warm-down) や「リカバリー」(Recovery) と呼ばれることが多くあります。いずれにせよ激しい運動が終わった後に軽い運動を行い、

身体の回復を促進する運動のことを指します。本稿では、整理運動としてのクーリングダウン（アクティブリカバリー〈Active recovery〉などともいわれる）だけではなく、マッサージやアイシングについても説明します。

①アクティブリカバリー

　ウォーミングアップでのジョギングと比べ、クーリングダウンでのジョギングは軽視されがちです。まったく行わない人も見かけられます。しかし、これまでの研究では、1日のトレーニングが終わってから次の日のトレーニングまでというような長い間隔の場合、疲労軽減（筋損傷指標の減少）やパフォーマンスの回復に役立つと報告されています（Barnett, 2003）。また、予選から決勝のような短時間の場合についても、軽運動を行ったほうがよいとする報告があります（山本・山本, 1993）。

　ただし、注意すべきことは強度が高すぎるとかえって疲れてしまうということです。クーリングダウンで軽運動を行うことで筋内のエネルギー源（グリコーゲン）が減少することも報告されており（Barnett, 2003）、行いすぎるとガス欠状態になり次の運動までの回復に時間がかかってしまいます。あくまでゆっくりとしたジョギングなどを行い、さらに運動後すぐにエネルギー補給（食事や補食）を行うことでガス欠状態にならないように気を配りましょう。

②マッサージ

　マッサージによってパフォーマンス低下が抑制されたとする研究報告はいくつかありますが（Barnett, 2003）、いわゆる筋肉痛（遅発性筋痛）を防いだり、軽減したり、という効果は明らかにされていません。

　マッサージは、受けることで血行が促進され、心身をリフレッシュさせる作用があり、リカバリーという意味ではとても効果的な方法です。しかし、競技やトレーニングの後は、しっかりとクーリングダウン（アクティブリカバリー）を行い、そのうえで行う必要があるでしょう。

③アイシング

　運動後、活動した筋の多い部位を水につけたり、氷で冷やしたりすることで回復を促すことをアイシングと呼びます（写真2）。今では運動後のアイシングは広く行われています。

　アイシングは、冷やすことにより血管が一旦収縮し、その後、冷やす前よりも拡張するときに血流が多くなることで効果を生み出すと考えられています（Barnett, 2003）。したがって、冷やしはじめてすぐにやめてしまっては効果がありません。また、過度に冷却を行うと凍傷の恐れがあります。さらに、予選から決勝の間などで冷やしすぎると、ウォーミングアップ前よりも冷えた状態になってしまいパフォーマンス低下につながります。いつでもアイシン

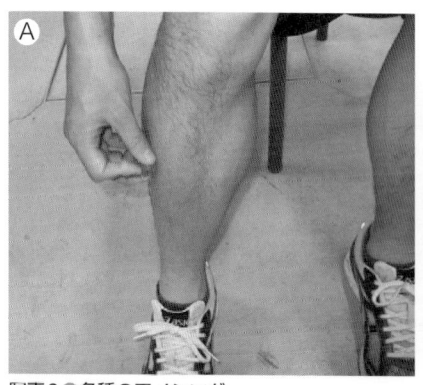

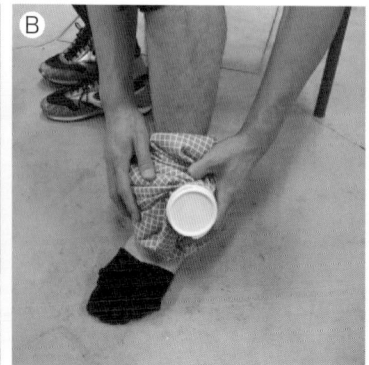

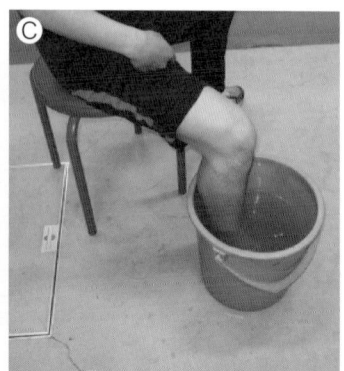

写真2●各種のアイシング
Aはキューブアイスやブロックアイスを用いたアイスマッサージ、Bは市販の氷嚢を使ったアイシング、Cはバケツなどを使い完全に浸すアイシング

グをすればよい、というものではなく、気温や環境、または目的に応じて適切に利用する必要があるでしょう。

◆

　クーリングダウンは、どうしても競技そのものやメインとなるトレーニングばかりに気をとられて、おろそかになりがちです。普段からクーリングダウンを含めて考える習慣をつけておきましょう。クーリングダウンは次の日（または競技、トレーニング）のためのウォーミングアップです。

　また前に少し触れましたが、トレーニング終了後にはすぐにエネルギー補給をするように心がけましょう。これまでの研究で、運動終了から30分以内にエネルギー補給をすることで、身体づくりがより効率的になることが報告されています（Deanna et al., 2001）。逆に、運動が終了してから食事までの間を3時間空けた場合は、身体づくりの効果があらわれなかったことも明らかにされています（図4）。ウォーミングアップからはじまり、競技やトレーニング後のクーリングダウン、そしてその後の食事と、すべてがパフォーマンスを向上させるためには必要です。

　競技特性や個人差がありますので、選手は自分自身に合った「ウォーミングアップ」と「クーリングダウン」を研究し、確立してほしいと思います。

（瀧澤一騎・杉田正明）

■参考文献

Barnett, A. (2003) Using recovery modalities between training sessions in elite athletes: does it help? Sports Med., 36: 781-796.

Bishop, D. (2003) Warm-up I: Potential mechanisms and the effects of passive warm-up on exercise performance. Sports Med., 33: 439-454.

Bishop, D. (2003) Warm-up II: Performance changes following active warm-up on exercise performance. Sports Med., 33: 483-498.

Deanna K. L., et al. (2001) Postexercise nutrient intake timing in humans is critical to recovery of leg glucose and protein homeostasis. Am. J. Physiol. Endocrinol Metab., 280: E982-E993.

Edwards, R. H., et al. (1972) Effect of temperature on muscle energy metabolism and endurance during successive isometric contractions, sustained to fatigue, of the quadriceps muscle in man. J. Physiol., 220: 335-352.

Haff, G. G. (2006) Roundtable discussion: flexibility training. Strength Cond. J., 28: 64-85.

Hoegberg, P. and Ljunggren, O. (1950) The influence of warming up on running performances. J. Phys. Edu., 42: 104-112.

Saltin, B. and Hermansen, L. (1966) Esophageal, rectal, and muscle temperature during exercise. J. Appl. Physiol., 21: 1757-1762.

Shellock, F. G., et al. (1985) Warming-up and stretching for improved physical performance and preventhion of sports-related injurles. Sports Med. 2: 267-278.

Sigurbjorn, A., et al. (2004) Cooling vest worn during active warm-up improves 5-km run performance in the heat. J. Appl. Physiol., 96: 1867-1874.

Takizawa, K. and Ishii, K. (2006) The effects of different warm-up loads [routines] at equal total workload for high intensity exercise performance. Int. J. Sport Health Sci., 4: 1-9.

山本正嘉・山本利春（1993）激運動後のストレッチング、スポーツマッサージ、軽運動、ホットパックが疲労回復におよぼす効果：作業能力および血中乳酸の回復を指標として．体力科学，42: 82-92.

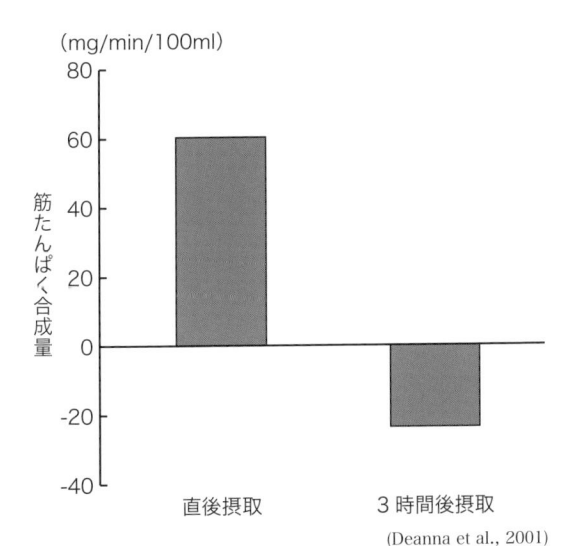

図4●運動終了直後にたんぱく質を摂取した場合と、3時間後に摂取した場合の筋たんぱく合成量

運動直後にたんぱく質を摂ると筋たんぱくが増える（筋肉がつく）が、3時間空腹のままでいるとかえって筋たんぱくが減ってしまう（筋肉が減る）

第2章
走種目

1 ── 走の基本

1 走るとは？

　ヒトの身体の移動は、左右の脚が交互に接地して地面に力を伝えることで生じる反力（逆向きに押し返される力）を利用して、重心を前方へ動かしていくことによって行われます。「走る」ことは、この1つのサイクルが連続して行われる動作といいかえることができるでしょう。

　速く走るためには、1つのサイクルを速く、そして正確に繰り返して行われなければなりません。また、走る距離が長い場合は、より効率よく、より長時間という要素が加わってきます。つまり、速く走る場合も長く走る場合も、基本となる1サイクルが正確にできていることが大切なのです。

　ここで大切なことは、次の点です。

1) 地面に力を伝え、その反力を利用して進む

　走っているときに力を得ることができるのは、支持足が地面に接地している瞬間のみです。このとき、地面に大きな力を地面に伝え、その反力を逃がさずに得なければなりません。足全体で乗り込んでいくような接地を心がけること、接地後は後方へ蹴りだす意識をもたないことを意識しましょう。

2) 股関節とその周辺の筋肉で大きな力をつくり出す

　地面から大きな力を得るために必要なのが股関節とその周辺にある筋肉の動きです。地面との接地は、末端となる足で行いますが、その足は、股関節が伸展・屈曲することによって前に進んでいくからです。身体の中心に位置するこの筋群を鍛えて、大きな力で、より速く動かすことで、地面に大きな力を加えることができ、その結果、より大きな地面反力を得ることができるようになります。

3) 力が逃げないタイミングで接地し、重心を移動させていく

　大きな力を地面に加えるためには、身体の真下で接地することが大切です。スピードが高くなればなるほど、この瞬間が短くなってきますから、ドリルなどを繰り返して、そのタイミングをつかむことが必要です。

2 正しい姿勢をつくる

　速く走るためには、まず正しい姿勢

女子100mのレース

をとることが大切です。ここでいう正しい姿勢は、走ることに適した姿勢を指し、「力を生む姿勢」といいかえることができます。

　両足に体重を均等にかけ、背筋を伸ばします。あごを軽く引き、目線はまっすぐ前に向けます。足から頭までを結ぶ線と地面が垂直に、両肩を結ぶ線が地面に平行になることが理想です。両肩の位置が斜めになっていたり、背中が丸まったり反りすぎたりしないように注意しましょう（図1）。

　正しい姿勢を身につけるには、日常生活のなかで常に心がけることが一番の近道といえます。練習のときだけでなく、毎日の生活で歩く際に正しい姿勢がとれているか意識して過ごすようにしましょう。

　「正しい姿勢」がイメージできないという場合は、次に紹介する方法で、まずは正しいポジションをとってみます。練習をはじめるときや走りはじめる前に行い、正しい姿勢をとってから身体を動かしていくようにするとよいでしょう。

正面から　　　　　　　　　　　　×片方の肩が下がっている

横から　　　　　　　　　　　　　×背中が丸まっている

図1●正しい姿勢

●正しい姿勢のつくり方●

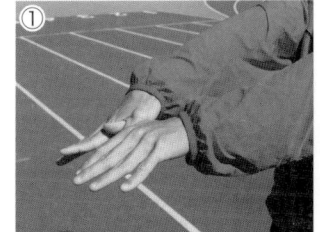

両親指を組む

横からもチェックしよう

①身体の前で両手の親指を組む
②両手をまっすぐ伸ばした状態で、耳の横あたりまで挙上する。このとき、目線は真正面を向けたままで、上体や頭を倒さずに、両手で身体を上へと引っ張り上げていく
③身体がまっすぐに伸びているかを確認しながら、両かかとが浮き上がるまで両手で身体を引っ張り上げる
④③の姿勢を維持したまま、両かかとを静かに下ろす
⑤④の姿勢を維持したまま、手をゆっくりと体側へと下ろす
⑥正しい姿勢がとれた状態

図2●正しい歩き方

❸正しく歩く

　正しい立位姿勢がとれたら、次はその状態から歩いてみましょう。歩く動作とは、まっすぐに立った姿勢から重心を前方へ移動させて進むことで、そのスピードを上げると走る動作となります。つまり「歩く」の延長線上に「走る」があり、正しい歩行ができないと、速く走ることはできないということです。このために、正しい歩き方を身につけることが必要になってきます。

　正しい歩き方（図2）でポイントとなるのは、踏み出した足にしっかりと乗り込み、重心の移動を感じることです。踏み出した足はかかとから接地し、足の裏全体で地面を捉えながら重心移動させていき、母指球のあたりで地面を離れるようにします。それと同時に、逆の足がかかとから接地していくことになります。歩くことはその繰り返し動作なのです。

　目線はまっすぐ前方に向けること、背中は丸めずに背すじを伸ばして胸を張りましょう。肩や腕は力まずにリラックスさせ、下半身の動きに合わせて振ることで、動きのバランスをとることが大切です。

❹ジョギング

　ジョギングになると身体が弾み、全身が空中に浮いている瞬間ができるとともに、接地時間が短くなります（図3）。接地は実際にはかかとから入るものの、接地時間が短くなるため、イメージとしては母指球のあたりで行う感じとなります。

　そのとき接地位置と腰の位置が地面に対してまっすぐになっていること。また、ここで膝と足首をしっかりとブロックした状態で接地することによって、地面反力をロスすることなく受け取り、身体を前へと弾ませていくことがポイントとなります。地面に接地した支持足は、膝や足首を使って伸び切るまでキックさせずに、前方へと引きつけていくようにします。

　歩行するときと同様に目線はまっすぐ前方に向け、背中を丸めずに、胸を張ります。また肩や腕は力まずにリラックスさせた状態で、下半身の動きに合わせて振ります。また、身体は上方向へ弾ませすぎないように注意し、前方向へ弾ませていくようにしましょう。

図3●正しいジョギング

5 走る

　ジョギングからスピードが高まるとランニングに、さらにスピードが高まるとスプリントになっていきます（図4）。これらはスピードが高まるにつれて、全身の滞空時間とその移動距離が長くなり、一方で接地時間が短くなっていきます。最も大切なポイントは、短くなった接地の瞬間が身体の真下で行われ、地面にしっかりと力が伝わり、その反力を無駄なく得られていることです。

　接地する場所が身体の重心より前になると支持足に体重が乗らないために地面にうまく力を伝えることができません。また、重心より後方で接地すると、足が後方に流れてしまい、地面を無駄に蹴り上げることになってしまうため、前進するための反力を地面から得ることができなくなってしまいます。

　接地後の支持足は、足首や膝の屈伸を使いすぎないようにし、離地後は、後方へ流さずに素早く前に引き出していきます。この脚と、次の接地に向かう前脚とを、はさみを閉じるようなイメージで交差させることを「はさみ込み動作」と呼びます。スプリントにおいては、この動作を素早く行うことができるほど、スピードを高めることが可能となります。

　中長距離走の場合は、その走距離をいかに高いスピードを維持させて走り切るかが求められるため、

図4●正しい走り方

無駄のない効率のよい走りを身につけなくてはなりませんが、根本となる走り方の技術ポイント自体は短距離と同じです。

❻ タイミングのよい接地と動きづくり

「走る」を考えるとき、より効率よく地面に力を加え、その反力を得て前に進んでいけるようにするための基本となる動きづくりを紹介します。マイクロハードルを利用することによって、股関節をより意識的に動かすことができ、実際の走りに近い動きのなかで、接地のタイミングや重心移動のコツを身につけることができます。

これらの動作は、短距離走の場合も、中長距離走の場合も、共通して必要となる動きです。ウォーミングアップなどに取り入れて、必ず行うようにするとよいでしょう。

①歩行での片足ハイニー（図5）

マイクロハードルを3足長程度の間隔で5〜10台並べる。ハードルの左側に立ち、右足の膝を上げるとともに、左足で地面を押して前進していく。右足を上げるタイミングと左足で地面を押すタイミングを合わせることに注意。反対側の足も同様に行う。

②歩行でのハイニー（図6）

マイクロハードルを3足長程度の間隔で5〜10

台並べる。ハードルの中央を、歩行でハイニーを行い前進する。ハードルを越えるときに右足の膝を上げるタイミングと左足で地面を押すタイミングを合わせることに注意。反対側の足も同様に行う。

③ツーステップでのハイニー（図7）

マイクロハードルを3足長程度の間隔で5～10台並べる。ハードル間でツーステップを踏みながら、ハイニーを行い前進していく。膝を上げる足のタイミングと、地面を押す足のタイミングを合わせることに注意。また、ハードルを越える際に空中で脚のはさみ込み動作ができるように、股関節の切り返しを素早く行うことを意識する。

④連続ハイニーからランニングへ（図8）

マイクロハードルを3足長程度の間隔で5～10台並べ、ハードル間をワンステップでハイニーで前進し、そのまま10～20m程度のランニングを行う。ハードルを越える際に意識した接地のタイミングを合わせること、素早く股関節を切り返すことを、そのまま維持してランニングを行っていく。

(原田康弘)

図5●歩行での片足ハイニー

図6●歩行でのハイニー

図7●ツーステップでのハイニー

図8●連続ハイニーからランニングへ

2 ── 短距離

❶ 短距離の技術ポイント

　短距離は400mまでの距離のレースを指し、アウトドアの競技会では100m、200m、400mの3種目が行われます。短距離走は、スタート、加速疾走、中間疾走、フィニッシュの4つの局面に大きく分けることができます（図1）。スターティングブロックからのクラウチングスタートを用いてスタートを行い、加速疾走の局面でスピードを高め、中間疾走の局面で高まったスピードを維持して、フィニッシュするという流れです。最高スピードを高めることが重要ですが、400mはもちろん、200mも100mであってもフィニッシュまで最高スピードを維持することはできないため、高めたスピードを維持させる能力が必要になってきます。また、コーナーを走らなければならない200mと400mではコーナーリングの技術も必要になってきます。

1) スタートのポイント

　クラウチングスタートの構え方は、バンチ（構える手から前足までの間隔が長く、前足と後ろ足の間隔が短い構え方）、ミディアム（構える手、前足、後ろ足が等間隔の構え方）、エロンゲーテッド（構える手から前足までの間隔が短く、前足と後ろ足の間隔が長い構え方）の3つが一般的です。自分が一番楽に構えることができ、スムーズにスタートしやすい姿勢を選ぶとよいでしょう。

　図2は、ミディアムスタートの例ですが、注意するところはどの構え方も同じです。「オン・ユア・マークス（On your marks）＝位置について」では、肩から手のラインが地面と垂直になるように構え、「セット（Set）＝用意」の声がかかったら、腰を上げて体重を両手と両足で支えます。このときに両腕に体重をかけすぎたり、腕が曲がっていたりするとスムーズに飛び出すことができません。両脚は膝から下が左右で平行になるように構え、目線は1歩目が着くあたりに向けましょう。

　2013年度から日本陸連が主催・共催する競技会では、フライングを犯すと1回で失格するルールになっています。国内の中学生や高校生の競技会は、まだ従来のルールで行われているケースもありますが、主要な大会は新ルールで実施されます。フライングをしないために、「用意」で身体をきちんと静止させること、音に反応して身体を動かすことを、正

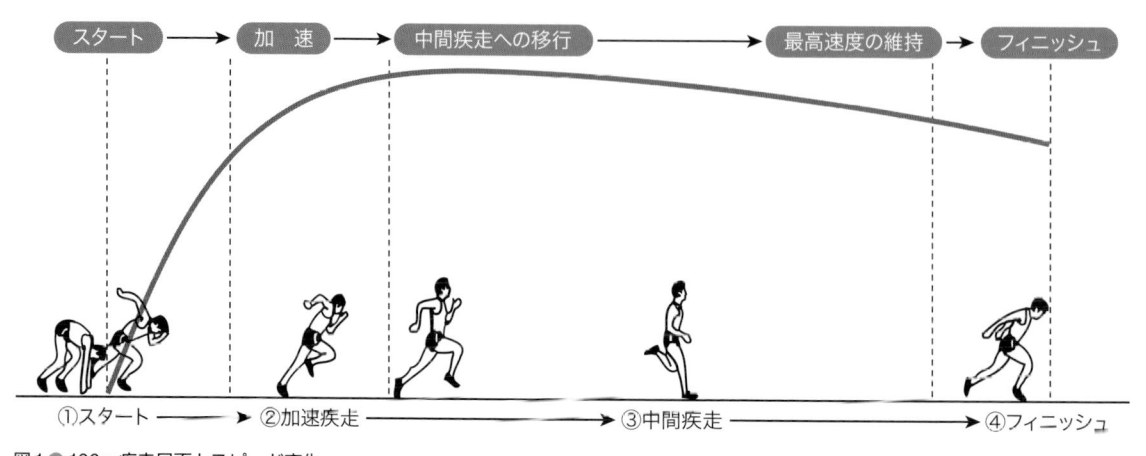

図1 ● 100m疾走局面とスピード変化

オン・ユア・マークス
(On your marks)

両腕に体重がかかりすぎている

セット（Set）

両肘が曲がっている

図2●スタート姿勢

確に行えるように練習しましょう。

2) 加速疾走

静止した状態のスタートからスピードを高めていく区間です。股関節と膝の伸展を使って地面を力強く押し、そこから得られる反力を利用して前進していきます。また、加速とともに上体の前傾を徐々に起こしていきます。

3) 中間疾走

加速によって高めたスピードを維持して走る区間です。最高スピードを保ち続けることは、100m・200m世界記録保持者のウサイン・ボルト（ジャマイカ）であってもできません。このため、加速によって高めたスピードをいかに維持させ、減速しないように走るかが大切になるのです。リラックスすること、そして、加速疾走の局面で高めたピッチを落とさないように注意しましょう。

また、この局面では短くなった接地の瞬間に、タイミングよく大きな力を地面に加えて反発を得なければなりません。ここで生きてくるのがすでに紹介した「はさみ込み動作」。キックして前に引き出していく脚の膝が、反対側の足が接地する瞬間に、この脚を追い越していく（はさみ込んでいく）ように意識します。また、この接地に合わせて、重心（股関節周辺）を乗り込ませていくようにします。

4) コーナーの走り方

200mや400mにおいては、必ずコーナーを走る局面が出てきます。コーナーを走るときには遠心力が働いて、身体が外側へ振り出されそうになるので、これを防ぐために身体を内傾した状態で走る必要があります。内傾は強すぎても弱すぎても地面からの反発をうまく得られなくなってしまいますから、後で紹介するコーナー走など（図7）を行って、自分にベストの内傾状態を見つけていくようにしたいものです。

2 短距離の技術トレーニング

1) スタート

①ブロックなしの片手スタート（図3）
スタンディングの姿勢から片手だけついてスタートする。

②ブロックを使ってのスタート練習
ブロックを使ってスタートする。

図3●ブロックなしの片手スタート

図4●スティックを置いたランニング

つ広げて設置した最初の区間で加速していき、疾走区間でスピードをより高め、2区間目では接地時間を短くすることを意識しながら速い足の回転運動をさせて駆け抜ける。これによって加速疾走局面から中間疾走局面へと動きをつなげていくことができる。

5）コーナー走

図7のように、直線からスタートして加速した状態でコーナーを走る。スピードが高まった状態でコーナーを走ると遠心力が働き自然に身体が内傾するので、その感覚をつかむことが目的。

（原田康弘）

2）スティックを置いたランニング（8〜10歩）

静止した状態からスピードを高めていく加速疾走区間の走り方を意識して行う練習（図4）。

3）10m加速＋マイクロハードル

十分に加速された状態である中間疾走区間の走り方を意識して行う練習（図5）。

4）スティック＋マイクロハードル

図6のようにスティックとマイクロハードルを2区間に分けて設置する。スティックの間隔を少しず

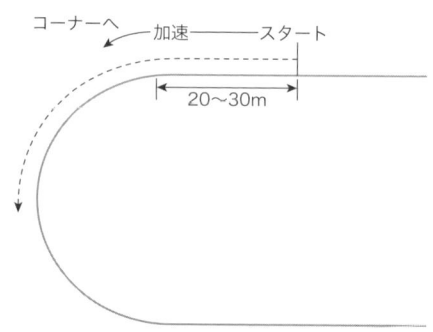

図7●コーナー走

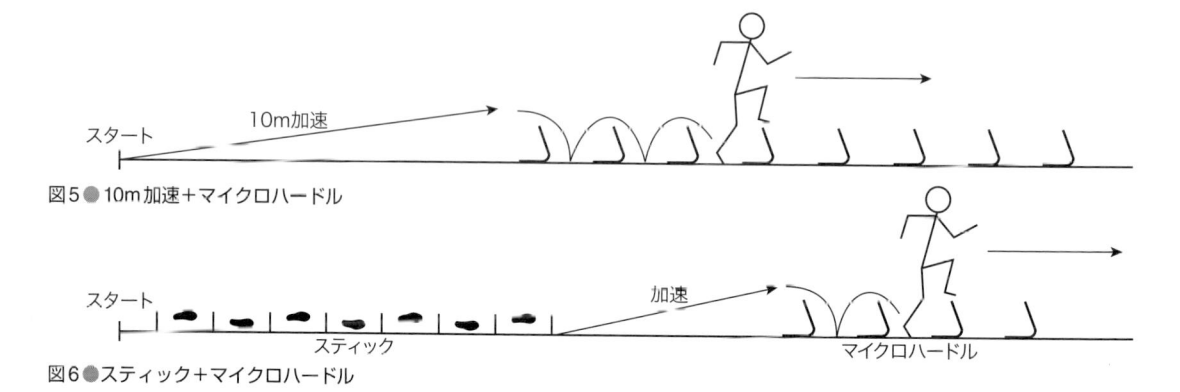

図5●10m加速＋マイクロハードル

図6●スティック＋マイクロハードル

3 ── 中長距離

1 中長距離の技術ポイント

800m以上の距離で行われるトラックレースは、中長距離に分類されます。競技会で実施されるのは中距離は800mと1500m、長距離については5000m、10000mがオリンピック実施種目ですが、国内での中学生の競技会では3000m、高校生の競技会では3000m、5000mが主体になっています。

中長距離では、自分の走るレーンが決まっている短距離とは異なり、オープンで競技が実施される（800mは最初の100mのみセパレート）ため、他の競技者との駆け引きや戦術が必要となるほか、スピードのペース配分や位置どりといった点がパフォーマンスの大きなカギを握ります。そうした影響もあり、従来は、3で紹介するようないわゆる"走り込み"のトレーニングが中心に行われ、そのなかで自然とランニングフォームが身についていくケースが大半でした。

ただし、基本動作を身につけるという点では、中長距離であっても、ポイントは短距離走と同じなのです。走る距離・時間が長くなるぶん、足の回転や股関節の動きや接地のタイミングなどを、正確に効率よく行うことでスムーズな重心移動を目指していく点が重要になってきます。

特に初心者の段階では、走るトレーニングと並行して、動きづくりを行うことが必要です。最初からトップ選手が実施しているような長い距離の走り込みなどをメインにするのではなく、まずは、いろいろな身体づくりのためのトレーニングに取り組み、基礎体力を高めていくなかで、そこに中距離や長距離を走り切れるようになるための走トレーニングを組み合わせていくことが大切です。

2 中長距離の技術トレーニング

正しい股関節の動きや接地感覚を高める練習方法として、ここではラダーを設定しての動きづくりを紹介します。ラダーという目標物があることで、より正確な動きを身につけやすくなります。ウォーミングアップの一環として、あるいは走トレーニング後など、日々の練習に必ず組み入れるようにするとよいでしょう。

1) 股関節の動きを高めるラダートレーニング

スピードのある走りを目指すためには、股関節の柔軟性を高め、動きのなかで素早い切り返しができるようにしていくことが大切です。これらを身につけるのに適しているのが、以下に紹介するラダーを使用したトレーニングです。最初は歩行で行い、それができたらツースキップでリズムをとりながら行ってみましょう。股関節全体を大きく動かすことを意識しますが、上体はまっすぐに伸ばし、身体の軸がぶれないように注意します。

①ハイニー（図1）

ハイニーでラダーを1マスずつ前進していく。こ

図1●ハイニー

図2●ツースキップのハイニー

れができたら、ツースキップ（図2）で行う。

②クロスステップ（内から外へ、図3）

1マスごとに、股関節を内側から外側に大きく回しながら、ラダーの外側から反対の外側へ向けて接地し、前進していく。

③クロスステップ（外から内へ、図4）

1マスごとに、股関節を外側から内側に大きく回しながら、ラダーの外側から反対の外側へ向けて接地し、前進していく。

④横向きでの股関節回転→切り返し（図5）

ラダーに対して横向きになり、進行方向に遠いほうの足を横に高く上げ、外側から内側に大きく回しながら、支持足を交差させて次のマスに下ろし、その場でジャンプしてクロスした後ろ足を次のマスへと下ろすことを繰り返しながら前進する。反対側の向きでも行い、できるようになったら、さらにスピードを高めて行う。

2) 接地感覚を高めるジャンプ運動

両足ジャンプでラダー間を前進していく運動は、接地の感覚を高めるのに最適なトレーニングです。注意するのは疾走時の接地の瞬間をイメージしたジャンプを行うことです。膝を曲げずに固めた状態で着地し、地面から得た反力を使って前進します。姿勢はまっすぐに保ち、両腕でうまくバランスをとりましょう。

①両足ジャンプ（図6）

ラダーのマスを1つずつ、両足を揃えてジャンプ

図3●クロスステップ（内から外へ）

図4●クロスステップ（外から内へ）

図5●横向きでの股関節回転→切り返し

図6●両足ジャンプ

図7●開閉ジャンプ

して進む。

②開閉ジャンプ（図7）

ラダーの1マスごとに、両足ジャンプで前進するが、1歩ごとに閉じてマスの中で接地、開いてマスの外に接地を繰り返す。

③横への両足ジャンプ（図8）

ラダーに対して横向きに立ち、両足を揃えて1マ

図8 ●横への両足ジャンプ　　図9 ●スラロームジャンプ　　図10 ●クイックラン

ずつ真横へジャンプして前進する。

④スラロームジャンプ（図9）

　ラダーの片側をまたぐようにして、左右に両足ジャンプをしながら、テンポよくジグザグ状に前進する。

3）ラダーを使ったクイックラン

　ラダーをよりランニングに近い形で前進することで、地面への接地感覚や素早い重心移動を身につけます。クイックランでは「正しい動きで速く」がポイントです。この動きを、次第にランニングへとつなげていきます。

①クイックラン（図10）

　ラダーの1マスに対して片足のステップで前進する。ももを上げることよりも、上がった足を素早く引き下ろすことを意識。接地時間をできるだけ短くし、素早く重心を移動させることを目指す。

②クイックランからのランニング

　クイックランでラダーを前進した後、そのままランニングへと移行する。クイックランで意識した接地感覚で、そのままランニングへ入っていく。

3 中長距離の走トレーニング

　中長距離走に必要とされる長い距離を安定したフォームで走る、ペース感覚をつかむ、心肺機能を高める、筋持久力を高めるなどの目的のために有効な走トレーニングとしては、以下の方法があります。

1）ジョギング

　中長距離の最も基本的なトレーニングで、全身持久力を高めることができる。常にフォームを意識して走るようにする。

2）インターバル

　速いペースのランニングを、同じ距離でのジョギングによってつなぐことを繰り返して行う。ランニングの間を完全に休息するのではなく、ジョギングでつなぐことによってスピード持久力を高めることができる。またペース変化に対応する能力を高めることができる。

　ジョギングの負荷が高い場合は、ジョギングを歩行にして行ってもよい。

3）レペティション

　速いペースのランニングを、完全休息をはさんで数回繰り返す。設定距離はレースより短く、設定タイムはレースペースかそれより高くする（例：600m×3本、ペース：全力の85％、休息：15分）。

4）ペース走

　設定した距離を、あらかじめ決めておいたペースで走り通す。ペース感覚を磨くのに効果がある。

5）ビルドアップ走

　無理のないペースで走りはじめ、徐々にペースを上げていくトレーニング。トラックを1周するごとに、1～2秒ずつ上げていくなどして、最終的には強度の高い状態までペースを引き上げる。

6）クロスカントリー

　起伏に富んだ野外の不整地を走る方法。全身持久力を高めることができるとともに、上り坂や下り坂などを走ることによって、ランニングのなかで筋力を高めたり足関節を強化したりすることができる。

（原田康弘）

4——ハードル

1 ハードルの技術ポイント

ハードル競技は、スプリントハードル（男子110m、女子100m）とロングスプリントハードル（男女とも400m）に分かれ、それぞれ競技規則によって設定された高さと間隔に置かれた10台のハードルを越えて速さを競います。スピードを高めて速く走ることが求められるのですが、一方で疾走中に10台のハードルを越えるという独特の技術も必要です。また、ハードルが置かれることによって、疾走区間が分断されるため、それに合わせたストライドで走らなくてはならない点も短距離走とは異なります。

ハードルにおける技術ポイントとしては、次の3点をあげることができます。

1) ハードリング

なるべく疾走動作に近い状態で越えていくことが求められます。ハードリングとインターバルランニングが一連の流れのなかで行われることを目指します。ハードルに正対した状態で、リード脚の膝と両肩から向かっていくイメージで踏み切り、上体をやや前傾させ（ディップ）てハードルを越え、腕でバランスをとりながら抜き脚をコンパクトに折りたたんだ状態で前に出していきます。リード脚が接地したときに腰と抜き脚の膝が高く保たれた姿勢をとれると、スムーズにインターバルランニングへと移ることができます。

2) インターバルランニング

ハードル走ではハードル間の走り（インターバルランニング）がパフォーマンスに大きく影響します。スプリントハードルの場合、インターバルは3歩で走ることが一般的で、距離と歩数が限定されるとスピードを高めるためにはピッチを速くするしか方法がありません。両脚のはさみ込み動作を意識する、接地後の足が後ろに流れないようにするなど、短距離走で重要なポイントを意識して高いピッチを刻みつつ、次のハードルへの踏み切りに備えます。

3) スタートからのアプローチ

スプリントハードルでは、スタートから第1ハードルまでのアプローチは8歩で行われることが一般的です。100mであれば20〜30m付近まで加速していくところを、ハードル走では第1ハードルまでのわずか13.72m（女子は13m）を8歩で加速しつつ、しかもハードルに向かって踏み切る準備もしなければなりません。また、第1ハードルへの踏み切り地点を安定させることも必要です。しっかり練習しておきたい局面です。

2 ハードルの技術トレーニング

1) 股関節の柔軟性を高める

疾走中にハードリングという独特の動作を行うた

図1●静止した状態でのストレッチ

図2●その場抜き脚

図3●リード脚のドリル　　図4●抜き脚のドリル　　図5●リード脚→抜き脚のドリル

めに、特に股関節周辺の柔軟性が求められます。以下に紹介する方法などで柔軟性を高めましょう。
①静止した状態でのストレッチ（図1）
②その場抜き脚（図2）

2）ハードルドリル

　ハードルドリルは分習法で段階を踏んで実施します。まずはリード脚のみ、あるいは抜き脚を片側だけで行い、その後にハードルの中央を用いてリード脚→抜き脚を歩行で行います。次に、それぞれをツースキップで行う、ハイニーで行う、1歩跳びで行う、の順で実際のハードリングに近づけていきます。
　このほか、正しい踏み切り感覚を養う、あるいは動きのチェックを行う方法として、5歩ハードルがあります。これは10〜12mと通常よりも長いインターバルを設定し、その間を5歩で走るものです。
①リード脚（図3）
②抜き脚（図4）
③リード脚→抜き脚（図5）
④1歩ハードル
⑤5歩ハードル

3）インターバル

　インターバルランニングの3歩のリズムをつかむために有効な練習もあります。ミニハードル走は、インターバルを正規よりも短めにし、高いピッチでリズミカルに走ります。これができたらインターバルの距離をやや短くしてのハードル走を行い、より実際のレースに近づけていくとよいでしょう。レース終盤を意識した練習法としては、ハードルを折り

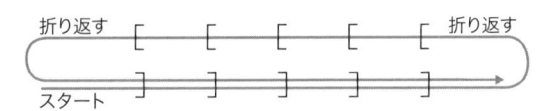

図6●シャトルハードル

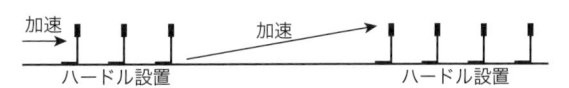

図7●中抜きハードル

返して行うシャトルハードル、中盤のハードルを外してスプリントでスピードを高めて終盤のハードルを越えていく中抜きハードルなどがあります。
①ミニハードル走
②インターバル距離を変えてのハードル走
③シャトルハードル（図6）
④中抜きハードル（図7）

4）アプローチ

　第1ハードルへのアプローチもしっかりと練習したいものです。スタンディング姿勢から加速をつけてのアプローチは、スピードを高めた状態で第1ハードルにアタックする感覚を身につけることができます。また、クラウチングスタートからのアプローチでは、1歩目から踏み切りとなる8歩目までの接地の感覚や上体の起こし方、加速の仕方などを何度も練習しましょう。
①スタンディング姿勢からのアプローチ
②クラウチングスタートからのアプローチ

（原田康弘）

5──リレー

■バトンパスの技術

1) オーバーハンドパスとアンダーハンドパス

リレーには4×100mRと、4×400mRの2種目があります。個々の選手の走力が高いことに越したことはありませんが、バトンのパスワークの出来不出来が競技成績に大きく影響するため、この技術を高めることで記録の向上を目指すことが可能です。ここでは特に高いスピードでバトンの受け渡しが要求される4×100mRのバトンパス技術について説明します。

4×100mRのバトンパスには、次走者が後ろへ伸ばして上げた手に向かって、前走者がバトンを上から渡すオーバーハンドパス（図1）と、次走者が下に向けて出した手へ、前走者がバトンを下から渡すアンダーハンドパス（図2）の2種類があります。

①オーバーハンドパスの特徴：両走者が離れた状態でバトンを受け渡しするために利得距離（バトンパスの際に、両走者の距離が離れていることによって得する距離）が大きいが、バトンが渡らない、バトンを落とすなどの失敗が起きやすい。次走者が手を後方へ大きく上げるため受け手が加速しにくい

②アンダーハンドパスの特徴：次走者の体勢が自然なので加速しやすいが、利得距離が少ない

どちらも一長一短があるので、自分のチームに合った方法を選択するようにしましょう。

2) バトンパスの方法

①オーバーハンドでの渡し方（図3）

両者が手を伸ばし合った状態で受け渡しができる位置で前走者が合図し、次走者は親指を下に向け、手を開いた状態で腕をやや外側へ伸ばし上げて固定する。前走者は、バトンを次走者の手のひらへ押し込むようにして渡す。

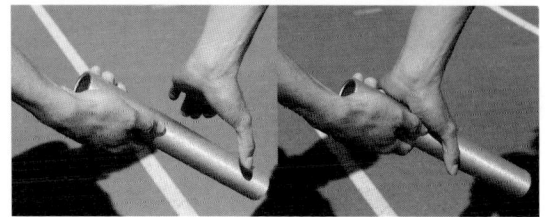

②アンダーハンドでの渡し方（図4）

次走者が臀部の後方あたりに手のひらを下に向けて伸ばした手へ、前走者はバトンを持つ手のひらを上に向けて、次走者の手のひらに合わせるようにして、バトンを下から押し上げるようにして渡す。

3) マークの見方、構え方

バトンを受ける次走者は、安定したスタートを切るために、前走者を待つ際、両足を走る方向に向けた状態で、膝を少し緩めて母指球に体重を乗せて構えます（図5）。また、構えたときは頭の位置を走るときと同じ高さに保つようにしましょう。両つま先の方向が進行方向と異なっていたり、頭を下げた状態で構えていたり（図6）すると、スムーズにスタートして加速することができません。

図1●オーバーハンドパス　図2●アンダーハンドパス

図3●オーバーハンドでの渡し方

図4●アンダーハンドでの渡し方

図5●構え方

図6●悪い構え方
左：両足のつま先が進行方向を向いていない。右：頭の位置を極端に低くしている

4) バトンは持ち替えない

受けたバトンは持ち替えないことを勧めます。また、コーナーを走る第1・第3走者がレーンの内側を走るようにするために、図7のような走り方をするとよいでしょう。第3走者については、レーンの外側で内向きで待ったほうがスタートしやすい場合は、レーンの外側から内側に向かって斜めにスタートするようにしてもかまいません。

2 リレーのトレーニング

1) ジョグしながらのバトンパス

ウォーミングアップの際に、ジョグをしながらバトンパスを行います。

2) 流しを行いながらのバトンパス

全力の6〜7割程度にスピードを上げた状態でバトンパスを行います。

3) 直線走のバトンパス

直走路を使って行うバトンパスです。前走者と次走者の走力から、スタートするダッシュマークの位置を決めます。このとき、次走者は、いつでも同じタイミングでスタートし、安定した加速ができるように練習しましょう（図8）。

4) コーナーを使った実戦的なバトンパス練習

図9のように、コーナーを利用してバトンパスを行います。より実戦に近くなってくるので集中して行うことが大切です。

5) 実戦形式

レースと同じようにして行います。バトンパスを

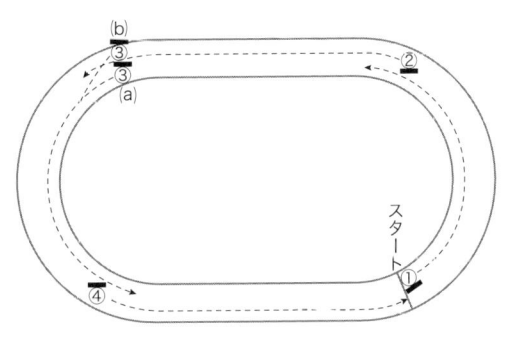

①第1走者：右手でバトンを持って、レーンの内側を走る
②第2走者：レーンの外側で待ってスタートし、左手でバトンを持って走る
③第3走者：(a)レーンの内側で待ち、レーン沿いに走って右手でバトンを受ける。(b)レーンの外側で待ち、スタート後レーンの内側に向かって斜めに走り、右手でバトンを受けて、レーンの内側を走る
④第4走者：レーンの外側で待ってスタートし、左手でバトンを持って走る

図7●バトンを持つ手とレーン内の走り方

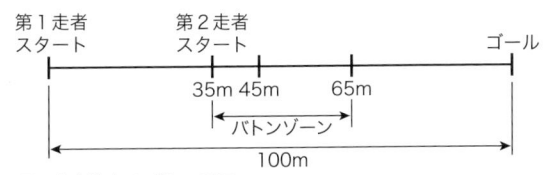

図8●直線走のバトンパス

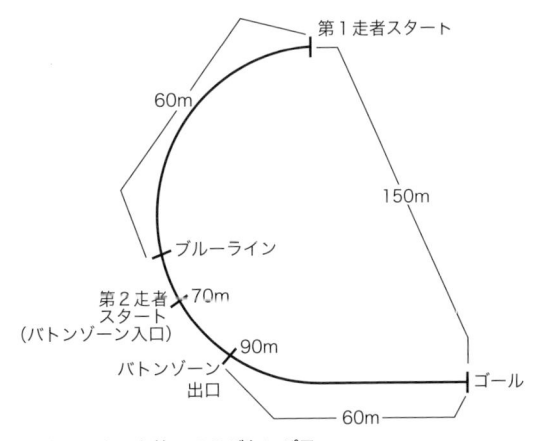

図9●コーナーを使ってのバトンパス

行う場合、実際に100mを走ってから行う場合とそうでない場合とでは、前走者のスピードは大きく異なりますから、ダッシュマークの位置を最終確認するうえでも必要です。

（原田康弘）

6 ── 走種目の練習計画

❶ トレーニング期分けに応じた計画を

陸上競技では、目標とする競技会に向けて、1年間を鍛錬期、仕上げ期、試合期、移行期の4つに分けて、トレーニング内容を変化させながら実施していくのが一般的です。

このようにしてトレーニングをいくつかの期間に分けることを期分けといいます。各期において留意したいのは次のような点です。

1) 鍛錬期

基礎体力を高める期間です。体力トレーニングの割合を増やして、総合的な体力を高めます。技術面ではフォームの修正や動きづくりなどを行います。トレーニングの質はやや低め、量は多めとなります。

2) 仕上げ期

目指す競技会に向けて、量を徐々に減らしていき、質を少しずつ高めていく時期です。トレーニング内容は、一般的体力から専門的体力へと内容を移行します。より実戦的な形での技術練習を行います。

3) 試合期

目標となる競技会に臨む期間です。トレーニングの量は減らし、高い質を求めていきます。より専門的な技術を、高い緊張感のなかで発揮できるようにすることを目指しましょう。

4) 移行期

心身の疲れをとり、リフレッシュを図る時期です。同時に、自分のパフォーマンスをチェックし、来る鍛錬期に向けての課題を見つけましょう。ほかのスポーツで身体を動かすなどして体力の低下を防ぐようにするとよいでしょう。

次のページからは、試合期、鍛錬期の練習計画のほか、試合期のなかでも、目標とする競技会に向けた調整例を紹介します。

❷ 短距離、リレー種目の練習計画

■鍛錬期の練習計画例

曜日	練習内容
月	・野外走20～30分　・動的ストレッチを使ったW-up　・股関節ドリル（ハードル8～10台） ・120m×5～7（80％で）　・C-down
火	・W-up　・直線走（100m走る－100m歩く）×6～8　・テンポ走200m×3×2～3セット（85～90％） ・バウンディング50～100m×4～6　・鉄棒または上体補強　・C-down
水	・W-up　・負荷走（坂上り）60m-80m-100m×3～4セット ・150～200m×1～2（フォームを意識して走る）　・メディシンボール補強　・C-down
木	・アクティブレスト（球技：サッカーやバスケットボールなど）
金	・動的ストレッチを取り入れたW-up　・マイクロハードルを使った動きづくり ・往復走60m×4～6×3～5セット　・ハードルジャンプ10台×5セット　・C-down
土	・サーキットを取り入れたW-up　・テンポ走200～300m×5～7　・もも上げ50m×3 ・バウンディング150～200m×1～2　・C-down
日	レスト

■試合期の練習計画例（試合のない週）

曜日	練習内容
月	レスト
火	・W-up　・股関節ドリル（ハードルを使用）　・スプリントドリル（ミニハードルを使用） ・マーク走10m加速＋10～12マーク×3～5本　・120m×3～4　・C-down
水	・W-up　・スプリントドリル　・マーク走（スタンディング～加速）40m×3～5 ・スタートダッシュ30～60m×各3　・バトンパスで2人100m走、または加速走60m×5～6 ・スピードバウンディング50m×3～5　・C-down
木	・W-up　・スプリントドリル　・ウインドスプリント120m×3 ・スタートダッシュ（コーナーから）×3～5　・レペティション200m-150m-100m×1～2セット　・C-down
金	・アクティブレスト（球技：サッカー、バスケットボールなど）
土	・W-up　・スプリントドリル（ミニハードルを使用）　・スティック＋マイクロハードル走60m×3 ・スタートダッシュ（コーナーから）60～80m×3～5　・150m＋150m×2～3セット（＋：1分30秒レスト） ・C-down
日	・W-up　・スプリントドリル　・ウインドスプリント120m×3　・加速走60m×3×2セット ・スタートダッシュ（各自で行う）　・リレー通し練習×2　・タイムトライアル300m×1～2 ・鉄棒または上体補強　・C-down

■試合直前の調整例（土日に試合がある週）

曜日	練習内容
月	・アクティブレスト（球技：サッカー、バスケットボールなど）
火	・W-up　・ストレッチング　・スプリントドリル
水	・W-up　・スプリントドリル　・流し100m×2（アップシューズ）、100m×2（スパイクシューズ） ・スタートダッシュ（30～60m）　・加速走60m×2～3　・リレー（部分練習）　・C-down
木	・W-up　・スプリントドリル　・スタートダッシュ（コーナー）×3 ・タイムトライアル150mまたは200m×1　※400mの選手は300mまたは350mで実施 ・C-down
金	レスト
土	・W-up　・スプリントドリル　・流し120m×2　・スタートダッシュ30m×1、60m×1 ・120m×1（95％）　・リレー（部分練習）　・C-down
日	競技会

❸ 中長距離種目の練習計画
■鍛錬期の練習計画例

曜日	練 習 内 容
月	・ジョグ40～50分 ・体幹補強（腹筋・背筋など）
火	・ペースランニング（4000～6000m） ・サーキットトレーニング
水	・インターバルトレーニング（300mまたは400m）×6～8（100mジョグでつなぐ）
木	・スロージョグ50～60分 ・ラダードリル（ジャンプ系、ランニング系、スキップ系など）
金	・インターバルトレーニング1000m×4～6（200mジョグでつなぐ） ・鉄棒
土	・ロングジョグ60～80分（野外やクロスカントリーコースを利用） ・サーキットトレーニング
日	レ ス ト

■試合期の練習計画例（試合のない週）

曜日	練 習 内 容
月	・ジョグ30～40分 ・動きづくり（ラダードリル） ・体幹補強（腹筋・背筋など）
火	・ペースランニング（4000～6000m） ・流し120m×5
水	・インターバル200mまたは400m×5～8（20分ジョグでつなぐ）
木	・ジョグ40分 ・動きづくり（ミニハードルドリル） ・体幹補強
金	・インターバル1000m×3～4（200mジョグでつなぐ）
土	・ビルドアップ走（男子6000m、女子4000m、ラスト1000mは自由にペースをあげる）
日	レ ス ト

■試合直前の調整例（土日に試合がある週）

曜日	練 習 内 容
月	・ジョグ40～50分 ・快調走100m×5
火	・ペースランニング（男子6000m、女子4000m）
水	・分割走×1：スタート300m-中間800m-ラスト300mをイメージ（200mジョグでつなぐ）
木	・スロージョグ40～50分
金	・タイムトライアル1000～2000m
土	・ジョグ30～40分、流し120m×3（軽めに行う）
日	競 技 会

4 ハードル種目の練習計画

■鍛錬期の練習計画例

曜日	練習内容
月	・動的柔軟性を高めるW-up　・ハードルドリル各種　・120m×3×2セット ・バウンディング60～100m×3×5　・体幹トレーニング　・C-down
火	・W-up　・直線走（100m走る-100m歩く）×6～8　・スプリントドリル各種 ・60m往復走×4×3～5セット　・メディシンボール補強　・C-down
水	・サーキットを取り入れたW-up　・坂ダッシュ60m×5×2セット ・坂ランニング120m×2～3　・上体補強　・C-down
木	・アクティブレスト（球技：サッカー、バスケットボールなど）
金	・W-up　・コーナー走（100m走る-100m歩く）　・ハードルドリル各種 ・シャトルハードル5台×1往復×5～6セット　・テンポ走200m×4～6　・ハードルジャンプ　・C-down
土	・W-up　・スプリントドリル　・マーク走60m×5～6　※リズムよく走る ・300m+200m+100m+200m+300m×1～2セット（+：走った距離を歩く） ・メディシンボール補強（パワー系）　・C-down
日	レスト

■試合期の練習計画例（試合のない週）

曜日	練習内容
月	・W-up　・股関節ハードルドリル　・ミニハードルスプリントドリル10～12台 ・快調走150m×3～5　・補強運動　・C-down
火	・W-up　・スプリントドリル　・マーク走(10m加速)40～50m×3～4　・スタートダッシュ30m×2、50m×2 ・ディセンディング走100m×3×2セット　・ジャンプトレーニング　・C-down
水	・W-up　・動きづくり　・ハードルドリル各種×2～3セット ・ハーフインターバル(インターバルを通常の半分の距離にする)5～6台×3×2セット　※インターバルでのピッチを高める ・ショートインターバル（1～2足長詰める）×6台×3～5　・120m×2　・C-down
木	・アクティブレスト（球技：サッカー、バスケットボールなど）
金	・W-up　・スプリントドリル　・スティック+マイクロハードル走60m×3～4　・スタートダッシュ30m×3 ・セット走200m+100m×2～3セットまたは150m+60m×2～3セット　・C-down
土	・W-up　・ハードルドリル各種×2～3セット　・加速走60m×3×2セット ・スタートダッシュから5台目までのアプローチ×3×2セット（インターバルを1～2足長詰める）　・C-down
日	レスト

■試合直前の調整例（土日に試合がある週）

曜日	練習内容
月	・アクティブレスト（動的柔軟性を高めるW-up、軽い流し120m×2～3）
火	・W-up　・ハードルドリル　・スタンディング～3台（インターバルは1足長詰める）×3～4 ・タイムトライアル（スタンディングから）6台×1～2（スタンディングスタートで実施、インターバルは1足長詰める） ・C-down
水	・W-up　・スタンディング～5台（インターバルは2足長詰める）×2～3　※インターバルのスピードを意識 ・スタートダッシュからのアプローチ　1台目まで×2～3、2台目まで×2～3（インターバルは1足長詰める）　・C-down
木	レスト
金	・W-up　・動きづくり　※股関節をしっかり動かすことを意識　・快調走120m×3　・C-down
土	・W-up　・ショートインターバル（クラウチングスタート、1足長詰める）5台×2～3 ・スタートからのアプローチ3台×2～3（スタンディングスタートで）、3台×2～3（クラウチングスタートで） ・C-down
日	競技会

（原田康弘）

第3章
跳躍種目

1──跳の基本

❶ 跳躍種目とは

　跳躍種目には走高跳、棒高跳、走幅跳、三段跳の4種目があります。これらは、高さの跳躍を競う走高跳と棒高跳（通称バー種目）と長さの跳躍を競う走幅跳と三段跳（通称砂場種目）に分けられます。

　それぞれ種目特性による違いはありますが、跳躍種目としての基本的な考え方は共通しています。

❷ 跳躍種目のルール

　高さを競うバー種目は、少しずつ高くなるように設定されたバーを越えていくことで、どれだけ高く跳べたかを競います。走高跳は助走をつけた片脚踏み切り、棒高跳は用具としてポールを使うといった違いがあります。試合では競技者はバーを3回続けて落とすと競技終了となり、それ以降の競技を続けることはできません。そして、最後に成功したときのバーの高さによって記録は決められます。

　順位の決定は以下の方法で行われます（2013年現在）。①成功した記録のよい順、同記録の競技者が複数人いるときは②最後に成功した高さを少ない回数で越えた競技者、この条件でも複数人いるときは③すべての試技のなかで無効試技数が最も少ない競技者、これでも勝敗がつかないときは④第1位のみジャンプオフで勝者を決めます（表1）。

　バー種目ではバーの上をいくら高く跳んでも設定されたバーをクリアしなければ記録は残りません。そして試合でよい順位になるには、なるべくバーを落とさないで試合を進めていく必要があります。

　一方、砂場種目は踏み切りラインからどれだけ遠くに跳ぶかを競う競技です。走幅跳は1回の踏み切りによる跳躍距離を競いますが、三段跳はホップ・ステップ・ジャンプと呼ばれる3回の連続跳躍での距離を競います。

　砂場種目のもう1つの特徴はファウルがあることです。踏み切りラインを踏み越えてしまうと無効試技となり、記録が残りません。したがって、これを踏み越さないように注意して踏み切る必要があります。しかし、ファウルを恐れて踏み切りラインのはるか手前から跳んでも損をします。それは跳躍距離の測定が踏み切りラインと砂場の踏み切りラインに近いこん跡との距離で行われるからです（図1）。記録を残し、試合を有利に進めるためにも、踏切板に乗り、ファウルをしない技術が必要です。

　また、砂場種目の試合では、最初に3回の試技を

表1●走高跳の順位決定方法

競技者	試技							無効試技	追加試技（決定戦）		順位
	1m75	1m80	1m84	1m88	1m91	1m94	1m97		1m94	1m92	
A	○	×○		○	○	×××		1	×	○	1
B	-	×○	-	○	○	-	×××	1	×	×	2
C	-	○	×○	×○	-	×××		2			3
D	-	×○	×○	×○	×××			3			4

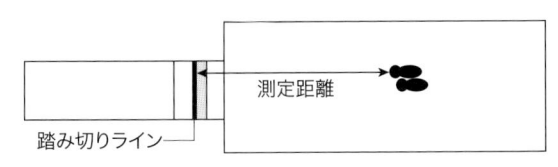

図1●砂場種目

行い、記録のよい上位8人に入れればベストエイトと呼ばれる3回の追加試技が行えます。つまりベストエイトに残れば合計6回の試技が許されるのです。したがって、最初の3回の試技でベストエイトに入る記録を残すことも戦術の1つといえます。

砂場種目の勝敗は測定された記録のよい順で決まります。同じ記録に複数の競技者が並んだときは2番目の記録で、それでも決まらないときは3番目の記録で勝敗を決めます。

3 跳躍種目の構造局面

跳躍種目の運動経過から、助走、踏み切り（踏み切り準備）、空中、着地と大きく4つの局面に分けて考えることができます。ここではそれぞれの局面で、跳躍種目に共通する基本的な内容について触れます。

1) 助走
①スピードの獲得

助走では、それぞれの種目の踏み切りに適したスピードの獲得が求められます。走幅跳、三段跳、棒高跳といった種目は、助走スピードが競技パフォーマンスに影響するので、助走でできるだけ速いスピードを獲得しておく必要があります。一方、走高跳は、助走スピードが速すぎると踏み切れない流れた跳躍となってしまうので踏み切りに適したスピードが獲得できれば十分です。

②適切な助走距離

走幅跳、三段跳、棒高跳の助走は、踏み切りにかけてできるだけ速いスピードの獲得が求められますが、助走距離が長すぎると助走の途中で最高のスピードに達してしまい、減速しながら踏み切りに入ってしまうことになります。したがって、踏み切りにかけてスピードを落とさない助走距離（歩数）を見つけることも大切です。

③助走の安定性

助走で速いスピードを獲得できても、踏み切り位置に足が合わなければ、バーを落としてしまったり、踏切板を踏み越えてしまったりします。これを防ぐにはいつも同じ歩幅（ストライド）で助走を行うことが重要です。安定したストライド運びは踏み切り位置のずれが少ない跳躍につながります。

スタートしてすぐはストライドが安定していないので誤差が大きくなる傾向があります。ここでのずれを防ぐには走高跳ではスタートして3歩目、それ以外の種目は6歩目あたりにマークを置き、これを踏んで助走するようにします。スタート局面にマークを置いても足が合わないときは、踏み切りの6歩前あたりにもマークを置き、これを踏んでから踏み切りに向かうようにすると足が合うようになります。ルールでは2個までマークを置くことが許されていますので、その範囲内でそれぞれに合ったマークを置き、助走の安定性を向上させましょう。

④スムーズなテンポアップ

助走では踏み切りにかけてリズミカルにテンポアップした走りが必要です。スタートから少しずつテンポアップしていき、踏み切りにかけて駆け上がるようなイメージで助走を走ります。

2) 踏み切り（踏み切り準備）

踏み切り局面は、跳躍種目にとって最も重要とされ、ここでのよし悪しによって跳躍が決まるといっても過言ではありません。

踏み切りでは、助走のスピードを生かしてそれぞれの種目に合った角度で踏み切りますが、高さを競う走高跳では距離を跳んでも記録には反映されませんし、遠くに跳ぶことを競う走幅跳では高く跳びすぎると損をします。それぞれの跳躍に適した跳躍角度で踏み切ることが大切です。この跳躍角度は走高跳が最も大きく、走幅跳、三段跳・棒高跳の順に小さくなります。

踏み切りのポイントには、次の点があげられます。

①力強い踏み切り

踏み切りでは体重の何倍もの大きな衝撃が身体に

かかるので、踏切脚はこれに負けないように力強く踏み切らなければいけません。ただし、踏み込みすぎて、ブレーキ動作にならないように注意する必要があります。

②振り上げ脚と腕の振り込み、振り上げ作用

振り上げ脚と腕を踏み切りに合わせてタイミングよく振ると、踏み切りでの衝撃を軽減するだけでなく、跳躍の上昇力を助けることにもつながります。

③「タン・タ・タン」（長－短）のリズム

効果的な踏み切りをするには、踏み切り2歩前から1歩前にかけてを大きく、踏み切り1歩前から踏み切りにかけてを小さくする、「タン・タ・タン」のリズムで素早く入ることが望まれます（図2）。

3）空中局面

空中局面の目的はバー種目と砂場種目とで異なります。バー種目ではバーに身体が触れないでクリアする技術が求められます。いくらバーよりも上に高く跳んでも、身体がバーに触れて落とすと記録が残らないからです。

空中局面の技術を高めるためには、自分が空中でどういう姿勢をしているか、どの位置にいるか、そしてバーとの位置関係はどうかといった空中感覚が必要です。これは何回もバーを越えることで養われ

ます。空中の身体感覚の優れた選手は、空中でタイミングよく腰を浮かせることにより、踏み切りで得られた重心高よりも高いバーをクリアすることができます。

一方、砂場種目では着地に向けた姿勢を取りやすくすることがこの局面の目的です。踏み切りの際には身体が前につんのめる回転運動が生じますが、両脚が前に放り出された有利な着地動作をするには、この回転運動を打ち消すことが必要になります。この回転は空中で脚を動かす、または上体を反ることで抑えることができます。

4）着地局面

着地局面の目的も、バー種目と砂場種目とで異なります。バー種目は高い位置から着地するので、ケガをしないように安全にマットに着地することがこの局面のねらいとなります。

一方、砂場種目は、足をなるべく踏み切りラインからできるだけ遠い位置に着地する技術が求められます。それは砂場種目の測定が、踏み切りラインから砂場のこん跡の踏み切りラインに近い側までで行われるからです。左右の足が揃わないで着地したり立った状態で着地したりすると、損をしてしまい、跳躍自体には差がないのに記録が違ってくることになります（図3）。

4 跳躍種目に共通するトレーニング

1）助走練習

助走では、種目に適した最大スピードを踏み切りにかけて獲得すること、踏み切り位置に足を合わせること、踏み切りやすい準備動作を獲得することなど、跳躍種目にとって要となるさまざまなことが求められます。そして、助走がうまく走れるようになると踏み切りや空中動作も安定してくるので記録も伸びていきます。トレーニングでは、助走練習を繰り返し行い、安定した助走を獲得することが望まれます。ただし、一度にたくさんのことを行おうとすると難しくなりますので、以下の手順で的を絞って練習するようにしましょう。

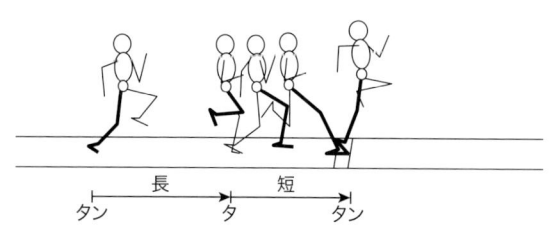

図2●踏み切り2歩前から踏み切りにかけてのストライド比

図3●着地動作の有効性 (Марков, Д. П.・Озолина, Н. Г. 1965) (大石・浅田編, 1982『陸上競技（フィールド）』(現代スポーツコーチ実践講座) 239, ぎょうせい, より引用)

①ジャンプなし助走練習

　踏み切ることを省き、安定した助走の走りに焦点を当てた練習です。踏み切りに入る助走後半にかけて徐々に助走スピードを上げていく「スピードの勾配」とそのスピードを最後まで落とさない「スピードの維持」が重要です。

(a)最大スピードの獲得を目指した助走練習

　助走の後半にかけて踏み切れる範囲での最大スピードを獲得できるようにします。それには助走の前半から急激に加速するのではなく、徐々に加速していく必要があります。ここでは助走の後半にスピードが落ちない歩数も確認しておくとよいでしょう。

(b)助走前半の安定性を強調した助走練習

　助走前半は歩幅とリズムが安定しにくいものです。ここでの歩幅のズレがそのまま踏み切りまで影響することも少なくありません。練習では6歩目（走高跳では3歩）あたりにマークを置き、助走前半の安定したストライド運びとリズムの獲得を目指します。

②ジャンプあり助走練習

　助走から踏み切りまでを行う助走練習です。ジャンプなし助走練習と比べると踏み切り動作をともなうので難しくなりますが、空中動作や着地動作をともなわないので跳躍練習よりは簡単です。

(a)踏み切り位置に足を合わせる練習

　踏み切り位置は踏み切るのと踏み切らないで走り抜けるのとでは変わります。それは踏み切り前の重心の落とし込みやリズム変化などが疾走中の動きと違うからです。この練習を通して、跳躍の準備をしながら安定して足が踏み切り位置に合うように練習します。

(b)踏み切り動作を強調した助走練習

　踏み切り位置に足を合わせることができたら、次はスピードを落とさないようにしながら踏み切る助走練習が必要です。助走の後半にスムーズに重心を下げて踏み切りがしやすい姿勢を作り出しましょう。

2）技術・補強運動

　跳躍種目全般に共通する技術・補強運動として、以下の2つの運動を紹介します。

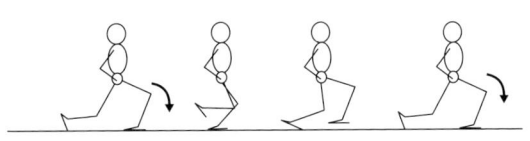

図4●膝曲げ歩行

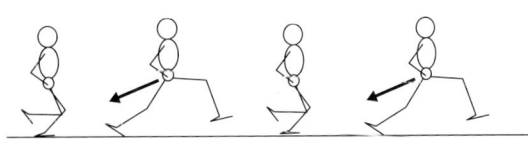

図5●プッシュ歩行

①膝曲げ歩行（図4）

　踏み切り1歩前のスムーズな重心移動とこの運動に必要な筋力を鍛える運動です。前脚の膝の角度を変えないように膝を落とし込みながら前に進んでいきます。上体を垂直にして手は腰にあて、重心が上下動しないように注意して20歩くらい進みます。

②プッシュ歩行（図5）

　踏み切り2歩前の前方への押し出しとこれに必要な筋力を強化します。膝曲げ歩行と同じく、上体を起こしたまま、膝を曲げた片脚支持の姿勢をとります。そして、支持している脚で地面を強く押し、腰を前に送り出しながら身体を進めます。このとき上に跳ぶのではなく、前に進むことがポイントです。膝曲げ歩行では支持している脚の膝を落としますが、プッシュ歩行は支持している脚で地面を押して（プッシュして）進みます。

3）ジャンプトレーニング

　跳躍種目において、片脚でしっかりと踏み切ること、空中でバランスをとることは、種目を問わず身につけておきたい基礎技能です。これらを高めるために、バウンディングやホッピング、リズムジャンプ（5―三段跳参照）を取り入れるようにするとよいでしょう。

（吉田孝久）

■参考文献

Марков, Д. П.・Озолина, Н. Г.（1965）Легкаяатлетика. Физкультура и Спорт Москва.

日本陸上競技連盟（2012）陸上競技ルールブック2012年度版，ベースボール・マガジン社．

村木征人（1982）陸上競技（フィールド），ぎょうせい．

2——走高跳

❶ 走高跳の技術

　走高跳はスピードに乗った助走から、片脚による踏み切りで、どれだけ高く跳べるかを競う種目です。はさみ跳び、ロールオーバー、ベリーロールとさまざまな跳び方が開発され、現在の主流は背面跳びです（図1）。背面跳びの特徴は、バーに背を向けたクリアランスと、直線を走ってから曲線を走る、いわゆる「J字助走」をするところです。踏み切る前に曲線を走ることは、バーに背を向ける姿勢をつくりやすくし、さらに内傾動作によって重心が下げられるので踏み切りやすくすることにも貢献しています。

〈助走：①〉
- 助走は5〜7歩の直線と4〜5歩の曲線による「J字助走」です。助走スピードは踏み切りに向けて余裕のもてるスピードが適切です。速すぎても遅すぎてもいけません。7〜8割程度の努力度で走ることになるでしょう。

〈踏み切り準備〜踏み切り：②〜④〉
- 内傾動作は曲線を走ることで自然にできます。内傾の姿勢をつくろうとして肩を内側に入れたり、頭を内側に傾けたりする必要はありません。
- 踏み切り準備（踏み切り2歩前）では重心を下げて、踏み切りでは高い位置で踏み切ると踏み切りやすくなります。ゆっくりとした助走のときは「タン・タ・タン」、速いスピードのときは「タ・タ・タン」のリズムで踏み切るようにしましょう。
- 踏み切りでは、腕と振り上げ脚を踏み切りのタイミングに合わせると上昇力が高まります。

〈空中：⑤〜⑨〉
- 踏み切ってすぐにクリアランス（バーをクリアする状態）に入るのではなく、まずはしっかりと踏み切り、そしてクリアランスに入るようにしましょう。
- バーの上で腰を浮かせる、つまり空中で反るには2通りの方法があります。1つは肩越しにバーを見る方法です（図2左）。頭を動かさないので自分が空中でどこにいるかわかりやすいのが特徴です。もう1つは、バーの上であごを上げる方法です（図2右）。この方法は肩越しにバーを見る方法よりも身体を大きく反らすことができますが、頭が動くので、慣れないと空中で自分がどの位置にいるかわからなくなります。まずは肩越しにバ

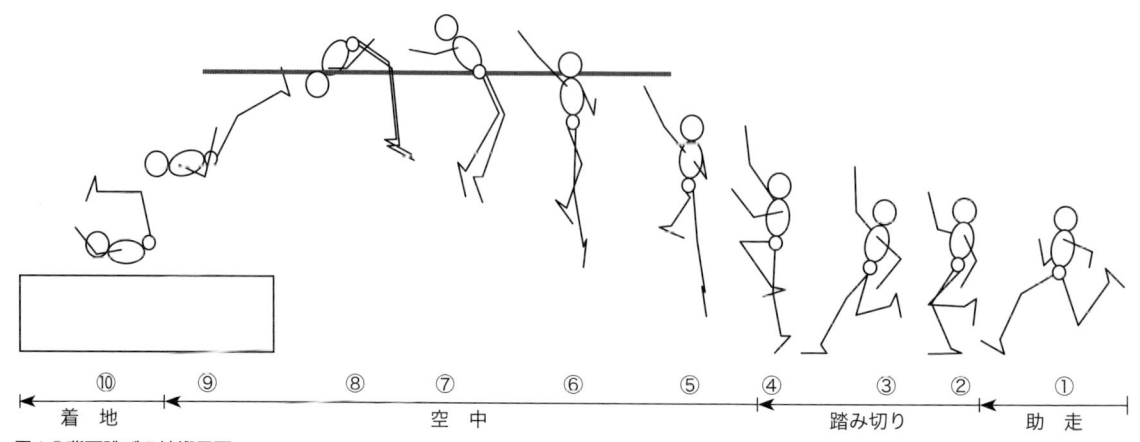

図1●背面跳びの技術局面

肩越しにバーを見る　　あごを上げる方法

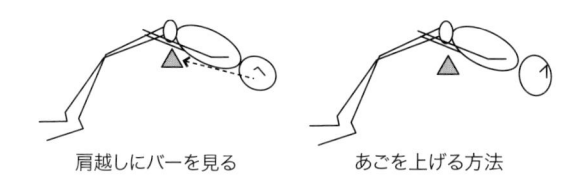

図2●クリアランスの方法

ーを見ることからはじめて、慣れてきたらあごを上げる方法に取り組むといいでしょう。
- 空中で身体が落ちはじめたら、あごを引くと同時におへそを見るようにします。そうすると脚が自然に上がるのでバーをクリアしやすくなります。

〈着地：⑩〉
- あごを引いたまま背中からマットに安全に着地します。着地の衝撃で膝が顔にあたらないように空中では膝を少し開いておくといいでしょう。

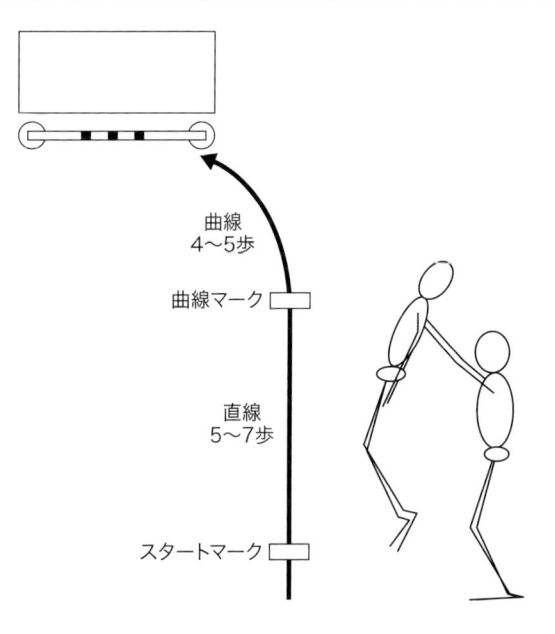

曲線 4〜5歩
曲線マーク
直線 5〜7歩
スタートマーク

図3●助走マークの設定方法　　図4●空中への伸び上がり

2 走高跳の練習方法

1) 助走の設定方法（図3）
　踏み切り位置から逆走してスタートマークと曲線に入るマークを決めます。このマークを基準にして、跳躍練習を通じてマークを前後左右に動かして踏み切りやすいマークを探します。のびのびとした動きで、気持ちよく踏み切りに入れるところが、自分に合ったマークです。

2) 空中への伸び上がりの練習（図4）
　クリアランスに入るときの伸び上がる感覚をつかむ練習です。2人1組になり、補助者は実施者の肩甲骨あたりに両手を置きます。実施者は補助者に少しだけもたれかかるような意識を持ちながら上に跳びます。跳躍の頂点に向かうにしたがって胸を開き、伸び上がるような姿勢をつくります。

3) 後方に跳ぶ練習（図5）
　安全な着地と、これに必要な後方回転の感覚を養う練習です。バーを実施者が立っている場所（ボックスの位置）から50〜70cmのところに置き、後方に跳ぶ意識で踏み切ります。着地ではしっかりとあごを引き、背中から着地します。

50〜70cm

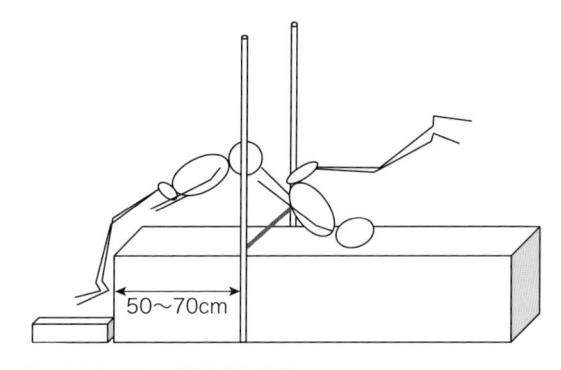

図5●後方回転の感覚を養う練習

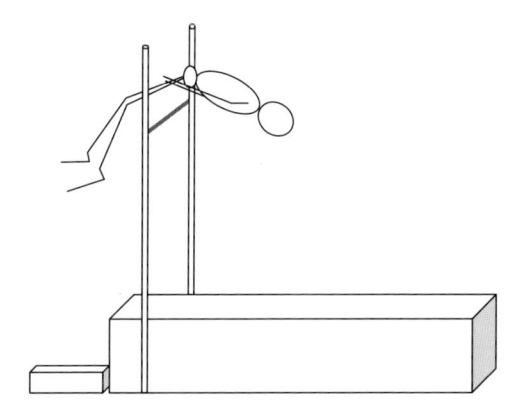

図6●立ち背面

4) 立ち背面（図6）

クリアランスに必要な空中感覚を養う練習です。やや後方に跳び上がり、タイミングよく腰を浮かせてバーをクリアします。バーは低い高さから少しずつ上げていきましょう。

5) スネーク走（図7）

連続した曲線を使って内傾動作の感覚をつかむ練習です。そして、曲線を走りながら踏み切ることをイメージして、曲線の深いところで加速しながら走るのがポイントです。

6) ボックスを使った跳躍練習（図8）

踏み切り2歩前に高さ5〜15cmのボックスを置き、ここから下りて2歩のリズム「タ・タン」で踏み切ります。踏み切りでタメをつくるため、1歩前は膝がやや曲がった状態でかかとから接地します。そして、かかとからつま先へ足底を転がすようなイメージで体重を移動させて踏み切りにつなげます。

7) はさみ跳び（図9）

クリアランスの技術に頼らず、踏み切りによって高く跳ぶ技術を身につける練習です。背面跳びのように曲線を走りながら踏み切ったり、バーに対して斜め直線から踏み切ったりします。

8) 短助走跳躍

助走の曲線部分を使った跳躍練習です。全助走と比べて助走スピードが遅いので、曲線助走からの踏み切り準備→踏み切り→空中動作といった一連の流れが習得しやすくなります。4〜5歩の曲線からの跳躍に慣れてきたら少しずつ歩数を増やしていき全助走跳躍につなげるといいでしょう。

（吉田孝久）

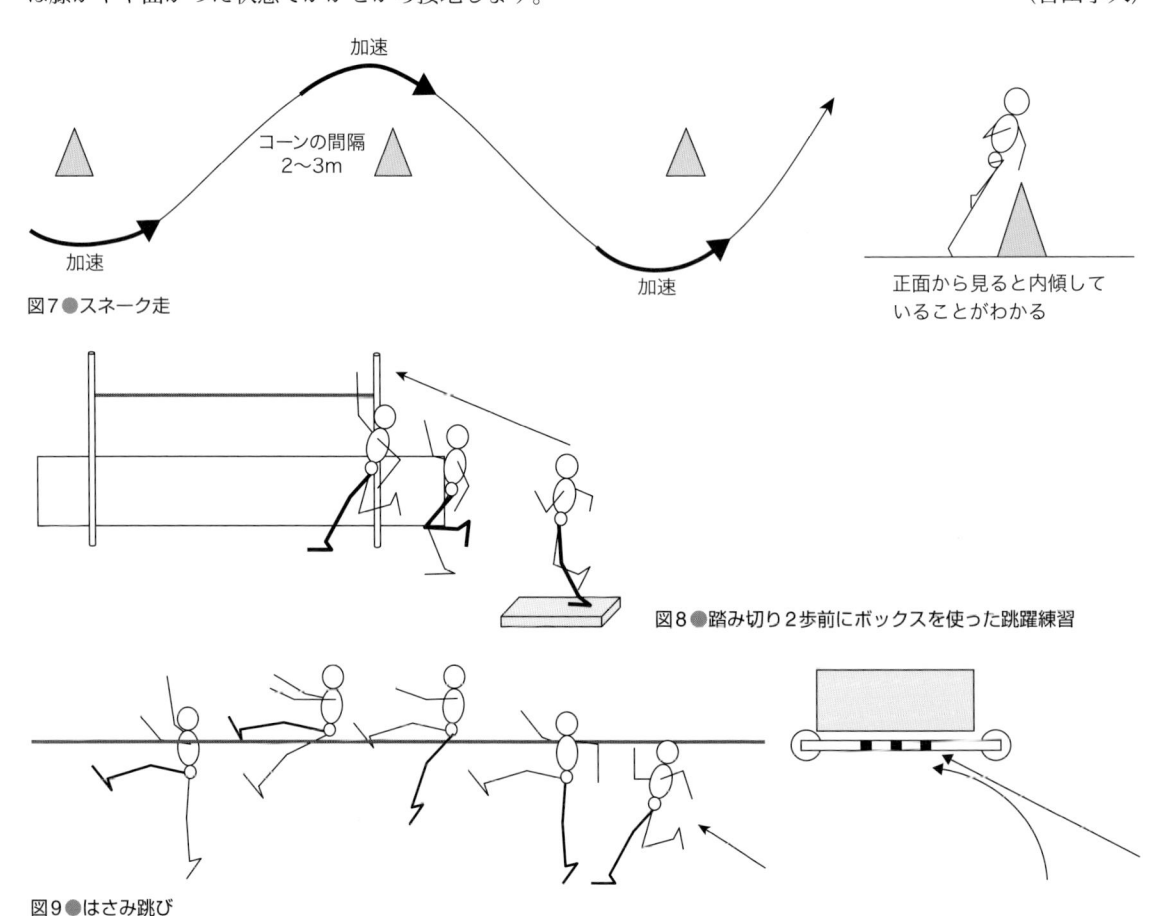

図7●スネーク走

正面から見ると内傾していることがわかる

図8●踏み切り2歩前にボックスを使った跳躍練習

図9●はさみ跳び

3 ── 棒高跳

1 棒高跳の技術

棒高跳は、スピードに乗った助走から、ポールを使って跳ぶ高さを競う種目です。助走から踏み切りまでは走幅跳に必要なスピードと跳躍力が求められ、踏み切ってからは体操選手のような身体を操る能力が必要となります（図1）。

〈助走：①〜③〉
- スタートではポールをほぼ垂直に上げ、踏み切りに向けてポールの先端を少しずつ下げていきます。

〈踏み切り〜ペネトレーション：④〜⑦〉
- 踏み切りはポールの先端がボックスに突っ込むのと同時に行います。踏み切り位置は上の手の真下になる位置が最適とされています。このとき両腕は伸びた状態でポールに力を伝え、踏み切ってからは、踏切脚が地面を押し、振り上げ脚の大腿部は地面と平行になる姿勢をつくります。

〈空中：スウィング〜ロックバック〜倒立〜クリアランス：⑧〜⑭〉
- 両腕は伸ばしたままの姿勢で両脚を曲げて胸に引きつけます。続いて、クリアランスに向けて身体をひねりながら伸び上がります。
- クリアランスでは身体がバーに触れないように注意します。

〈着地：⑮〜⑯〉
- 背中から安全にマットに着地します。

2 棒高跳の練習方法

棒高跳は高いところから着地するので、安全面を考慮してマットを確保しておく必要があります。ポールが立たない状態では脚を振り上げないことを注意してください。

1) ポールの持ち方（図2）

ポールを持つ両手の間隔は肩幅の広さにして、右手は右腰あたり、左手は胸の前でポールを保持します。

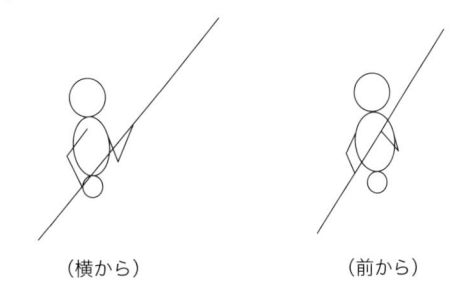

（横から）　（前から）

図2●ポールの持ち方

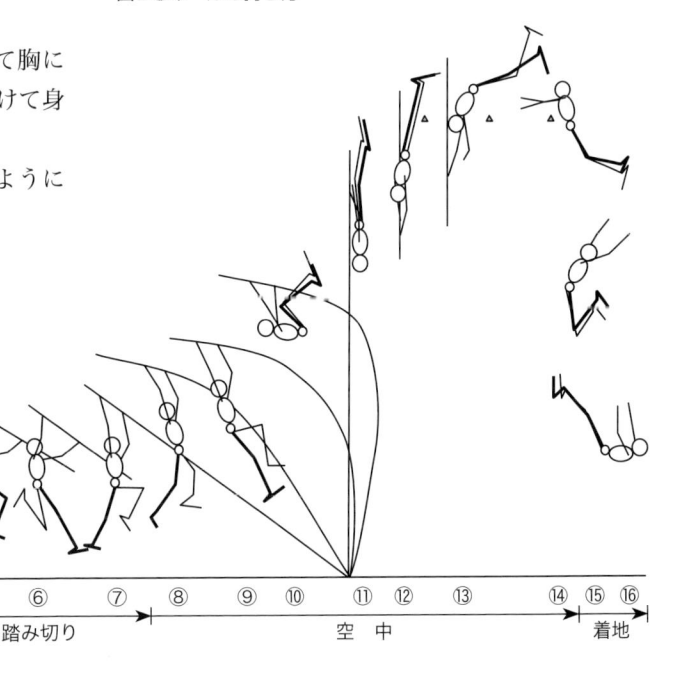

図1●棒高跳の技術局面

① ② ③ 助走　④ ⑤ ⑥ ⑦ 踏み切り　⑧ ⑨ ⑩ ⑪ ⑫ ⑬ ⑭ 空中　⑮ ⑯ 着地

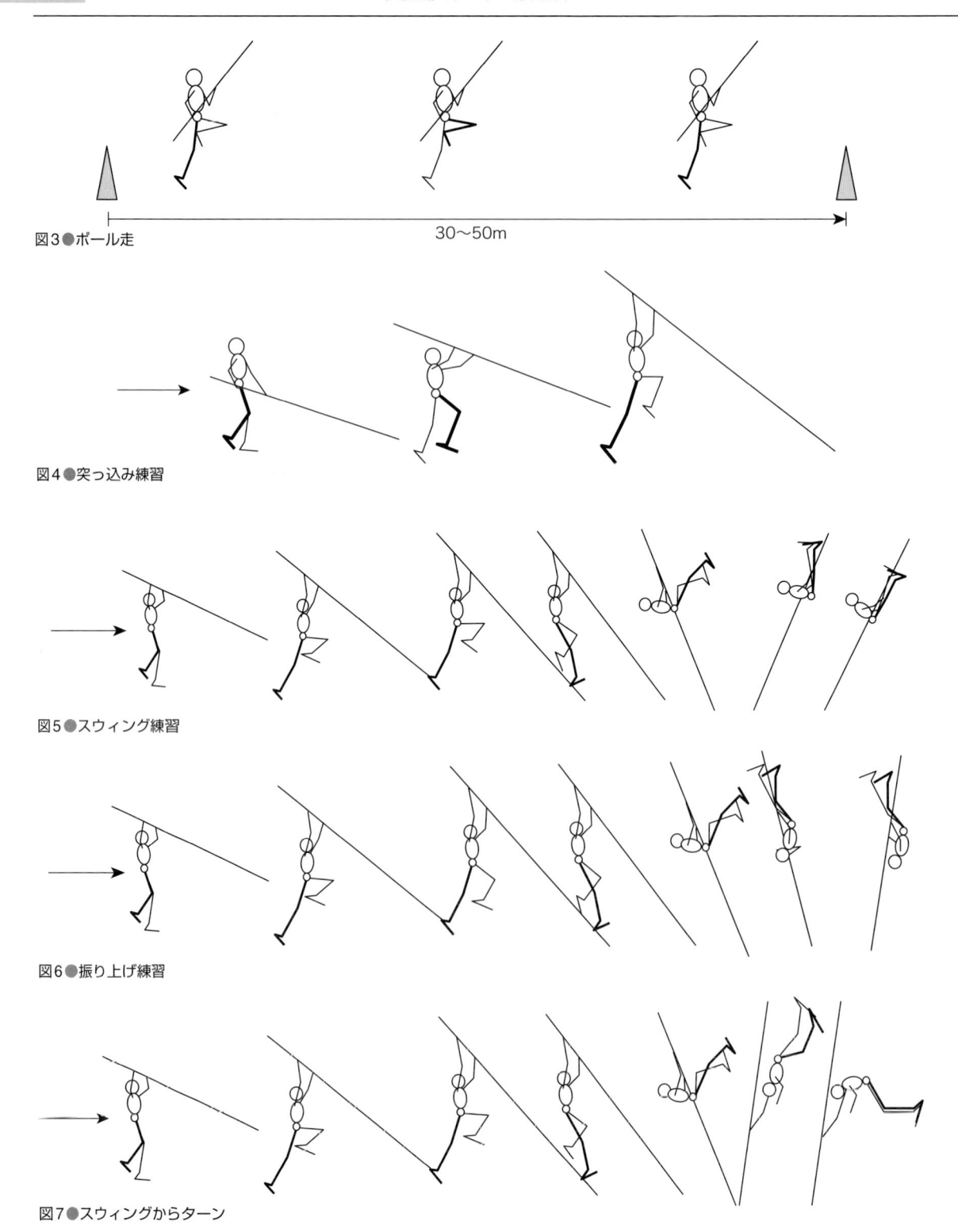

図3●ポール走　30〜50m

図4●突っ込み練習

図5●スウィング練習

図6●振り上げ練習

図7●スウィングからターン

2) ポール走（図3）

ポールを保持して走る感覚を身につけることを目的に、30〜50mの距離を走ります。上体を起こし、ポールをやや立てた状態で走ります。ポールを持って走ることに慣れてきたら、助走から踏み切りをイメージしてポールの先端を少しずつ下げて踏み切るところまで行います。

3) 突っ込み練習（図4）

はじめは3歩から行い、慣れてきたら5〜7歩の助走を使って突っ込みを行います。踏み切り1歩前で右手が額の位置にくるようにします。

4) スウィング練習（図5）

ポールの低い位置を握り、頭上にポールを保持した姿勢から3歩のリズムで踏み切ります。振り上げ脚の大腿部は地面と平行になるくらいまで引き上げます。両腕と踏切脚を伸ばした状態で身体を大きく使ってスウィングし、そのままマットに着地します。

5) 振り上げ練習（図6）

ポールの低い位置を握って行います。踏み切ってからスウィングを行い、倒立をするように脚を持ち上げます。このとき、脚だけでなく腰も引き上げるように意識します。

6) スウィングからターン（図7）

5〜8歩の助走を使って、踏み切り〜スウィング〜振り上げ〜ターンの一連の動作を行いマットに着地します。

3 棒高跳の初心者に対する安全指導

棒高跳は、適切なポールを選択しなかったり、ポール操作を誤ったりすると重大な事故につながる危険性があります。

事故防止の観点からも、体重やスキルに合ったポールを選択する。そして、ポールを曲げるのではなく、まずは助走スピードを生かした力強い踏み切りによってポールを立てることを目指します。同時に、ポール上のスウィングと翻転動作を習得し、安全で正しい技術を身につけていきましょう。

また、傷の入ったポールの使用は、ポール破損の原因となり、事故にもつながります。ポールの管理は指導者任せにするのではなく選手自身でも行い、跳ぶ前にはチェックする習慣を選手に身につけさせる必要があるでしょう。

以下は、指導者と選手自身がこの種目に安全に取り組むための指針が示されています（村木・阿江・繁田，1993）。これらを守って競技を行いましょう。

1) 適切な安全・技術指導の徹底

① 材質特性の知的理解、施設用器具の安全点検の徹底、および救命体制の整備確保

② ポールの使用マニュアルの尊守

- ポールの上部に記入されている最大体重表示を超えないこと
- 握りについては、ポールを握った両方の手の中間点がポールの上端から30〜45cmの間にくるようにすること（メーカー提示の使用方法に従うこと）

③ アップライトの適正配置（+40cm以上）

④ 握りの高さを跳べるようになるまで弾性ポールを曲げて跳ばない、跳ばせない

⑤ 翻転運動技術の段階的指導および習得と適性ポール選択条件見きわめの徹底

⑥ 適性助走距離の段階的・発展的選択と足合わせの徹底

2) 試合参加条件の設定

① 参加基本条件の設定：握り高以上を跳べること（参考標準記録3m60〜3m80）

② 使用ポールの申告点検義務：自己記録、ポールの長さ、強度、体重、握り位置等々

③ スポーツ傷害保険への加入（選手／指導者）

④ 試合中の自ら招いた事故に対する自己責任に関する参加承諾書およびスポーツ障害保険加入の義務付

⑤ 事故に対する緊急体制の整備確保

（吉田孝久）

■参考文献

村木征人・阿江通良・繁田進（1993）十種競技における棒高跳での重大事故事例検証による安全指導のためのガイドライン試案．陸上競技研究：13（2）：36-45.

4——走幅跳

❶走幅跳の技術

走幅跳は、スピードに乗った助走から1回の踏み切りでどれだけ遠くへ跳んだかを競う種目です（図1）。

〈助走：①〉

- 助走では、助走のスタートから踏み切りにかけてスピードが上がるようなイメージで走ることが大切です。トップ競技者は助走の歩数が20歩以上で距離は40m以上にもなります。しかし、初心者はこれほどの距離は必要ありません。自分のスプリント能力に合っていない長い助走距離は減速しながら踏み切ることになるからです。10歩程度からはじめて2歩ずつ歩数を増やし、踏み切りでスピードが落ちない自分の助走距離を見つけるようにしましょう。

〈踏み切り準備～踏み切り：②～⑤〉

- 遠くへ跳ぶ跳躍角度は高くても低くてもいけません。走幅跳の跳躍角度は20～24度が適切といわれています。運動に慣れるまでは上に高く跳ぶ意識でしっかりと踏み切り、慣れてきたら前に高く跳ぶといった意識をもつことが必要になるでしょう。
- 助走スピードが速い走幅跳は、踏み切り時間が短いのでタイミングに遅れないように一瞬で大きな力を発揮することが必要です。踏み切りで助走スピードを効率よく上昇力に変換させるためには、踏み切りで足を送り出すすり足の動きが求められます（③④）。そして、踏み切りでの衝撃に負けないように踏切脚を突っ張ることも大切です。
- 腕と振り上げ脚は踏み切りのタイミングに合わせて振り込むことで、踏み切りの衝撃を跳躍力に変換することができます。

〈空中動作：⑥～⑫〉

走幅跳の空中動作には主に図1に示した「はさみ跳び」と「反り跳び」(図2) があります。助走スピードが速く、空中の滞空時間が長い男性のトップ競技者ははさみ跳びで跳ぶ傾向が高く、女性競技者は反り跳びで跳ぶ傾向が高いようです。空中動作は着地動作に入りやすい姿勢が大切なので、どちらの跳び方でもかまわないでしょう。

また、着地姿勢がとりやすく、初心者に適しているのが「かがみ跳び」です（図3）。かがみ跳びは、踏み切ってから振り上げ脚を前方に保持したまま着地動作に入ります。

空中動作は、効率の高い着地動作をするために必要なことですが、走幅跳で記録を伸ばすのに最も大切なのは速い助走スピードとしっかりと踏み切ることです。はさみ跳びや反り跳びの空中動作に意識が向いて中途半端な踏み切りになるくらいなら、かがみ跳びでしっかりと踏み切ったほうがよいでしょう。

〈着地：⑬～⑭〉

- 両脚を前に放り出すようなイメージで着地します。このとき、前後に足が開いた状態で着地しても跳躍距離を損してしまいます。両足は揃えて着地するように心がけましょう。

❷走幅跳の練習方法

1) 助走の設定方法（図4）

踏切板から逆走して踏み切りまで行います。ここで踏み切った位置をパートナーに見てもらい、助走のスタート地点を決めます。

2) 連続リズムジャンプ（図5）

ハードル等の障害物を6～8m間隔に置き、これを3歩のリズムで、階段を駆け上がるようなイメージで踏み切ることで跳躍のリズムを習得します。「タン・タ・タン」のリズムと、踏切脚の跳躍力だけでなく、踏み切りで腕と振り上げ脚とを振り込むタイミングを合わせると、効果的な踏み切り動作にもつ

① ② ③ ④ ⑤ ⑥ ⑦ ⑧ ⑨ ⑩ ⑪ ⑫ ⑬ ⑭
助走　踏み切り　空中　着地

図1●走幅跳（はさみ跳び）の技術局面

図2●反り跳び

図3●かがみ跳び

20〜30m（10〜16歩）

パートナーが踏み切り位置をチェック

図4●助走の設定方法（スタート位置の見つけ方）

R(L)　L(R)　R(L)　L(R)　R(L)　L(R)
6〜8m

図5●連続リズムジャンプ（R＝右足、L＝左足）

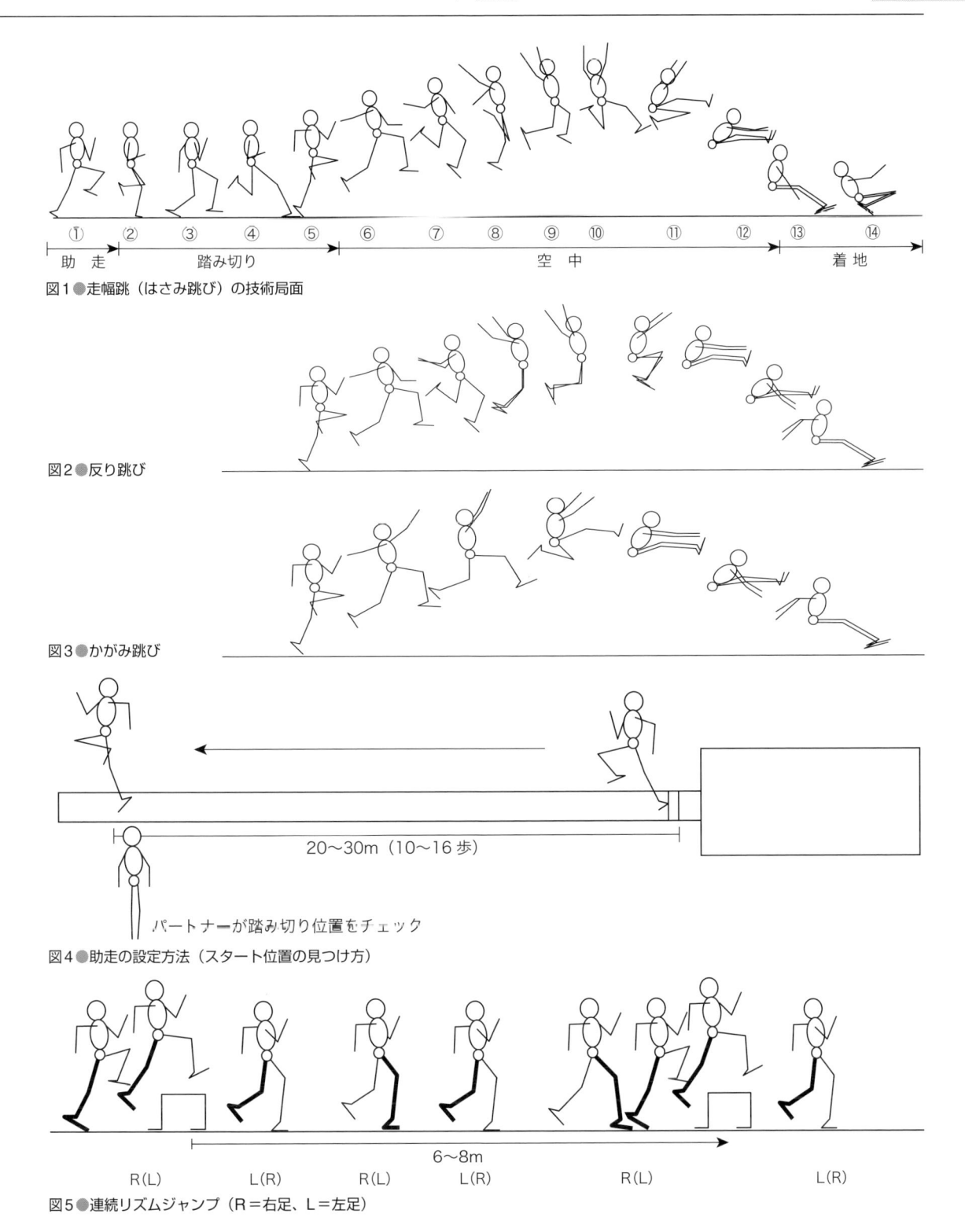

ながります。

3) 踏切板を使った踏み切り練習（図6）

　踏み切りにアクセントを置いた跳躍練習です。高さが5〜15cmのボックスを使い、5〜6歩の助走から力強く踏み切ります。空中では腰が引けないように注意しながら、振り上げ脚の大腿部が地面と平行になるくらい高く引き上げます。そして、この姿勢を維持したまま着地します。

4) 踏切板を使った着地練習（図7）

　効果的な着地とそれに必要な空中動作を習得する練習です。はさみ跳び、反り跳び、かがみ跳びとそれぞれの空中動作を意識しながら、振り上げ脚を高く保持し、両足を揃えて着地します。砂場に向かった着地が怖いときは、走高跳のマットで練習してから砂場での練習に移行するのもいいでしょう。

5) 踏切板を使った踏み切りリズム（図8）

　踏み切り2歩前にボックスを置き、ここから跳び下りた後に素早く踏み切りに入ります。踏み切りのリズム、踏み切り1歩前のタメ、踏切脚の送り出しの習得などが練習の目的です。「タン・タ・タン」のリズムを意識して踏み切り1歩前で膝が曲がった低い重心から踏み切りに入ると、運動がスムーズに行えます。

（吉田孝久）

図6●踏切板を使った踏み切り練習

図7●踏切板を使った着地練習

図8●踏切板を使った踏み切りリズム（タン・タ・タン）

5 ── 三段跳

◼ 三段跳の技術

三段跳はホップ、ステップ、ジャンプと呼ばれる3つの跳躍距離の合計を競う種目です。ホップとステップが同じ脚、ジャンプは反対の脚で踏み切らなければならないルールになっています。記録を伸ばすカギは3つの跳躍をバランスよく跳ぶことです。それぞれの跳躍の比率はホップが35％、ステップが30％、ジャンプが35％で行うのが一般的といわれています。ジャンプまで遠くに跳ぶには水面に向かって平らな石を投げたときに水面を石が跳ねるような、いわゆる「水切り跳躍」のような動きを行い、スピードを維持することが必要です（図1）。

〈助走：①まで〉

- 三段跳の助走は走幅跳に準じます。リズミカルに、できる限り速いスピードの獲得が求められます。

〈ホップ：②～⑥〉

- ホップで踏み切ってからは走幅跳のはさみ跳びのように脚を入れ替えてステップの準備をします。この跳躍角度は、走幅跳よりも低い16～18度といわれています。低く跳ぶのはステップでの着地の衝撃を抑え、跳躍のスピードを落とさないようにするためです。

〈ステップ：⑦～⑩〉

- ステップの着地は身体に大きな衝撃がかかります。これを跳躍力に変えるには脚を棒のように伸展させてかかとから足の裏全体で着地することです。このとき、身体の前で脚を大きく動かし、動きの先どりをしながら重心の真下に着地するイメージをもつことが大切です。怖がって足を置くだけの消極的な着地はブレーキ動作となるため、脚への衝撃が大きくなります。積極的に地面を捉える積極着地の意識が、よい跳躍につながります。
- 腕と振り上げ脚を踏切脚が接地するタイミングに合わせて振り込むと、着地の緩衝作用となるだけでなく跳躍力が増します。

〈ジャンプ：⑪～⑮〉

- ホップとステップの跳躍によってスピードは低下するので、ここで遠くへ跳ぶには踏み切りのタイミングに合わせて腕と振り上げ脚をさらに大きく使う必要があります。そして、着地では、尻もちをついて損をしないように身体をひねってでも着地のこん跡よりも身体を前に運ぶことが求められます。

◇2種類のアームアクション（図2）

三段跳のアームアクションには大きくダブルアームとランニングアームの2つがあります。両腕を揃えて前後に振るダブルアームは、振り込み・振り上げ動作によって着地緩衝の緩和と推進力を大きくす

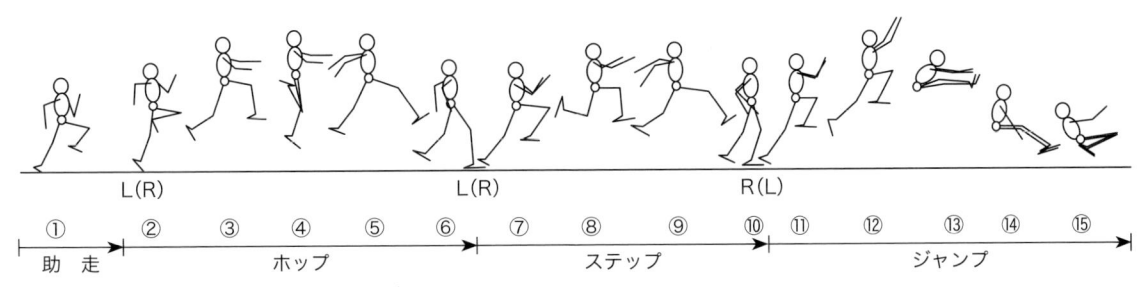

図1●三段跳の技術局面（R＝右足、L＝左足）

ダブルアーム

ランニングアーム

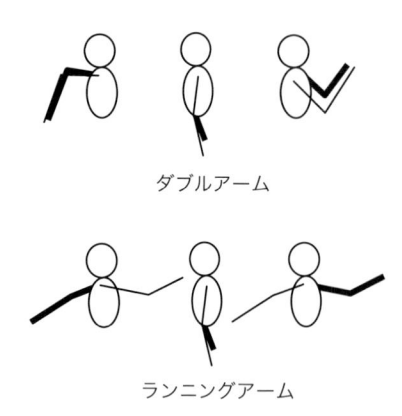

図2●三段跳のアームアクション

ることに貢献しますが、技術習得に時間がかかることやスピードに対応させるのが難しいという欠点もあります。腕を左右前後に振るランニングアームは、スピードに対応しやすいので初心者に適した動きです。しかし、腕振りの影響で上体が左右にぶれやすくなるという欠点もあります。

❷ 三段跳の練習方法

　三段跳は着地の衝撃が大きいので、運動に慣れるまでは土か芝生など地面が柔らかいところで行い、慣れてきてから全天候トラックなどで行いましょう。

1) バウンディング（図3）

　三段跳の基本になるステップとジャンプのときの動きです。4～5歩の助走をつけて左右交互に踏み切ります。振り上げ脚の大腿部を地面と平行になるようにしっかり引き上げて真下に振り下ろす積極着地をします。このときの動きはすね（下腿）を振り出しているように見えますが、下腿がリラックスしているためにこう見えるだけです。脚（下腿）は振り出さないで引き上げた大腿部を単に振り下げる意識で着地することが大切です。

2) その場でのハイニーホッピング（図4）

　芝生または土のグラウンドで行うその場でのホッピングです。踏み切ったら踏み切った脚の膝が胸につくくらいまで引き上げます。そして積極的に地面に着地してすぐにまた跳び上がることを繰り返します。脚だけで跳ぼうとせず、踏切脚が着地するタイミングに合わせて両腕を振り込むのもポイントです。

3) ローイングスキップ（図5、6）

　ボートを漕ぐときに使うオールのように、両腕を大きく動かし、踏切脚が接地するタイミングに合わせてスキップします。三段跳の踏み切りをイメージして、脚は身体の前で大きく動かし、両腕も使って踏切脚に乗り込んでいきます（図5）。

　これ以外のバリエーションとして、上体を前傾させたスタート姿勢から脚の前さばきを意識したものもあります（図6）。いずれも腕と脚の連動性を高め、基本動作の洗練を目指します。

4) ホッピング（図7）

　三段跳のホップの動きを取り出した練習です。4～5歩の助走から同じ脚で続けて踏み切ります。

5) リズムジャンプ（図8）

　左右交互にホッピングを繰り返します。

6) 短助走跳躍（図9）

　短助走と呼ばれる6～8歩の助走をつけた三段跳です。この跳躍を利用して3つの連続跳躍に慣れていきます。動きに慣れてきたら助走の歩数を増やして中助走と呼ばれる10～14歩の跳躍に移行し、最終的に全助走跳躍へとつなげていきましょう。

（吉田孝久）

図3●バウンディング

5　三段跳

図4●その場でのハイニーホッピング

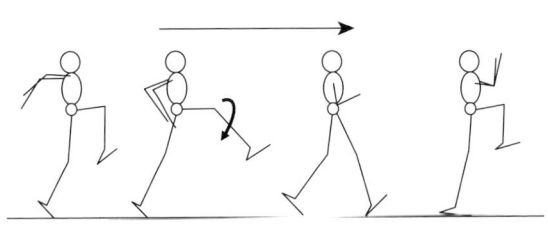

図5●ローイングスキップ1

図6●ローイングスキップ2

図7●ホッピング

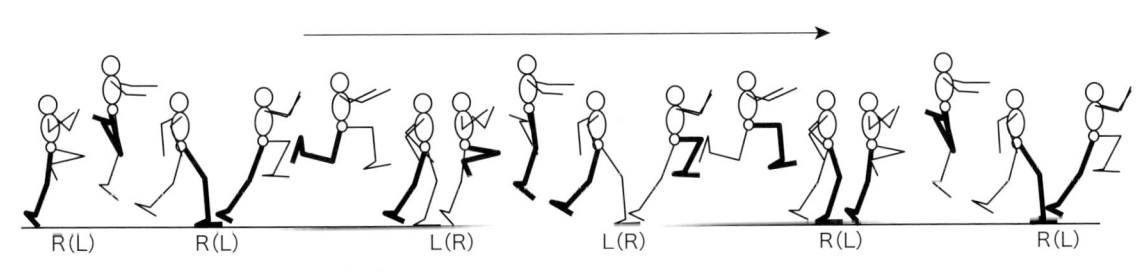

R(L)　　R(L)　　　　L(R)　　　L(R)　　　　R(L)　　　R(L)

図8●リズムジャンプ（R＝右足、L＝左足）

助走
(6～8歩)

図9●短助走跳躍

6 ── 跳躍種目の練習計画

跳躍練習はなるべく身体がフレッシュなときに行います。跳躍練習の前は休養や軽めの刺激を入れておくとよいでしょう。

鍛錬期では、基礎体力を高めることに重点が置か

1 走高跳の練習計画

■鍛錬期

月		技術、スプリントスピード、調整力	ハードル走(5台×6〜8)、サークル走、メディシンボール投げ×60投
火		ジャンプ筋力、スプリントスピード、ジャンプ持久力	短・中助走跳躍(×10〜15)、バウンディング(50m×3)、ホッピング(30m左右各3)、上体補強(×3〜6種)
水		ジャンプ筋力、スプリントパワー、スピード持久力	テンポ走(120m×4〜5)、両脚ハードルジャンプ(5台×6〜8)、ハードル走(5台×6〜8)
木		一般筋力、調整力、スピード持久力	関連跳躍(はさみ跳び、立ち背面など)、坂上り走(80〜120m×8)、メディシンボール投げ×50投、全身補強(×4〜6種)
金		一般運動、一般持久力	サーキットトレーニング(8〜12種)×3
土		積極回復	テンポ走(200m×4〜5)、全身補強(×4〜6種)、肩車スクワット(10回×2)
日		休養	休養

■移行期

月		技術、スプリントスピード、調整力	加速走(20m+30m×5)、サークル走、両脚ハードルジャンプ(5台×6〜10)
火		ジャンプ筋力、スプリントスピード、ジャンプ持久力	スタートダッシュ(30m×3、50m×3)、中・全助走跳躍(×8〜12)、バウンディング(50m×4〜6)、ホッピング(30m×左右各3)、上体補強(×2〜3種)
水		調整力、一般パワー、スピード持久力	テンポ走(120m×4〜5)、メディシンボール投げ×20投
木		積極回復	スネーク走(×6〜8)、全身補強(×4〜6種)
金		ジャンプ筋力、調整力、スプリントスピード	短・中助走跳躍(×8〜12)、立ち背面など、ハードル走(5台×6〜8)
土		一般パワー、調整力、スピード持久力	バウンディング(30m×4〜5)、ホッピング(30m×左右各2〜3)
日		一般持久、積極回復	テンポ走(120m×4)

■試合期

月		積極回復、調整運動、ジャンプ筋力	ウインドスプリント、メディシンボール投げ×20投
火		ジャンプ筋力、スプリントスピード	スタートダッシュ(30m×2、50m×1)、全助走跳躍(×5)、肩車スクワット(10回×2)
水		回復、技術	助走練習(×5)、上体補強(×2〜3種)
木		ジャンプ筋力、ジャンプ筋力、スプリントパワー	加速走(直線20m+カーブ30m×5)、バウンディング(30m×3〜4)、ホッピング(30m×左右各2〜3)、フライングスプリット(10回×3)
金		回復	休養
土		技術点検、ジャンプ筋力、調整力	スタートダッシュ(30m×3)、軽めのホッピング(20m×左右各1〜2)
日		試合	試合／試合形式の全助走跳躍(×10)

※アミかけ部分は負荷総量を示す

れます。跳躍種目だけでなく、ハードルや投てきなどの他種目に取り組むのも効果的です。

試合期では、技術的な練習が中心となるため体力が低下しがちになります。技術と体力、両方のバランスがよいトレーニングとなるように心がけましょう。

跳躍種目における特徴的な練習は、やはりそれぞれの専門跳躍です。助走が長くなるにしたがい、練習の強度も高くなります。最初は短い助走を用いてそれぞれの運動に必要な技術と体力を獲得し、少しずつ助走距離を伸ばして全助走の動きに対応できるようにしていきましょう。

2 棒高跳の練習計画

■鍛錬期

月		技術、スプリントスピード、調整力	ハードル走(5台×6〜8)、ポール走(50m×8〜12)、上体補強(×2〜3種)
火		ジャンプ筋力、スプリントスピード、ジャンプ持久力	基本〜短助走跳躍練習(×8〜12)、バウンディング(50m×3)、ホッピング(30m×左右各2)、全身補強(×6〜8種)
水		ジャンプ筋力、スプリントパワー、スピード持久力	テンポ走(120m×5)、両脚ハードルジャンプ(5台×6〜8)、メディシンボール投げ(×60投)、専門筋力(鉄棒、クライミングロープなど)
木		一般筋力、調整力、スピード持久力	坂上り走(80〜120m×8)、基本ドリル(突っ込み〜スウィング〜振り上げ)、全身補強(×3〜5種)
金		一般運動、一般持久力	サーキットトレーニング(8〜12種×3周)、ポール走(50m×8〜12)、上体補強(×3〜5種)
土		積極回復運動	テンポ走(150m×5)、専門筋力(鉄棒、クライミングロープなど)
日		休養	休養

■移行期

月		技術、スプリントスピード、調整力	加速走(20m+30m×2、20m+50m×2)、上体補強(×2〜3種)、スピードバウンディング(50m×4〜6)
火		ジャンプ筋力、スプリントスピード、ジャンプ持久力	スピード(30m×2、50m×2)、基本動作:突っ込み〜振り上げ→短助走跳躍(×8〜12)、専門筋力(鉄棒、クライミングロープなど)
水		調整力、一般パワー、スピード持久力	バウンディング(50m×3)、ホッピング(30m×左右各2)、テンポ走(120m×3)、メディシンボール投げ(×50投)
木		積極回復	ポール走(50m×6〜8)、助走練習
金		ジャンプ筋力、調整力、スプリントスピード	スタートダッシュ(30m×2、50m×2)、中・全助走跳躍(×8〜12)、上体補強(×3〜5種)
土		一般パワー、調整力、スピード持久力	テンポ走(120m×4)、専門筋力(鉄棒、クライミングロープなど)
日		一般持久、積極回復	休養

■試合期

月		積極回復、調整運動、ジャンプ筋力	テンポ走(120m×3〜5)
火		ジャンプ筋力、スプリントスピード	スタートダッシュ(30m×3、50m×2)、跳躍練習(×5本以内)、専門筋力(鉄棒、クライミングロープなど)
水		回復、技術	ポール走(50m×3〜5)、助走練習
木		ジャンプ筋力、ジャンプ筋力、スプリントパワー	バウンディング(30m×3〜5)、メディシンボール投げ(×20投)、フライングスプリット(10回×3)、上体補強(×2〜3種)
金		回復	休養
土		技術点検、ジャンプ筋力、調整力	スタートダッシュ(30m×3)、ポールワーク
日		試合	試合/試合形式の全助走跳躍(×10)

※アミかけ部分は負荷総量を示す

❸ 走幅跳の練習計画

■鍛錬期

曜日		目的	内容
月		技術、スプリントスピード、調整力	ハードル走(5台×6～8)、踏み切りドリル(×6～10)、テンポ走(150m×3)
火		ジャンプ筋力、スプリントスピード、ジャンプ持久力	ミニハードル走(20m加速→10台→20m×6～10)、ハードルジャンプ(5台×6～10)
水		ジャンプ筋力、スプリントパワー、スピード持久力	ペース走(200m×4)、バウンディング(50m×5)、ホッピング(30m×左右各2)、メディシンボール投げ(×60投)
木		一般筋力、調整力、スピード持久力	サーキットトレーニング(8～12種×3周)、坂上り走(80～120m×8)、メディシンボール投げ(×50投)、全身補強(×6～8種)
金		一般運動、一般持久力	バウンディング走(100m×2)、テンポ走(120m×5)、上体補強(×3～5種)
土		積極回復	クロスカントリー、水泳など
日		休養	休養

■移行期

曜日		目的	内容
月		技術、スプリントスピード、調整力	スタートダッシュ(30m×2、50m×2)、助走練習(×6～10)、着地練習
火		ジャンプ筋力、スプリントスピード、ジャンプ持久力	中助走跳躍(×8～12)、バウンディング(50m×4～6)、上体補強(×2～3種)
水		調整力、一般パワー、スピード持久力	テンポ走(120m×3～4)、バウンディング(50m×3)、ホッピング(30m×左右各2)、メディシンボール投げ(×50投)
木		積極回復	ウェーブ走(120m×4)、全身補強(×4～6種)
金		ジャンプ筋力、調整力、スプリントスピード	加速走(20m+30m×2、20m+50m×3)、中・全助走跳躍(×5～6)、上体補強(×3～5種)
土		一般パワー、調整力、スピード持久力	坂上り走(80m×6～8)、坂上りバウンディング(30～50m×5～8)、上体補強(×4～6種)
日		一般持久、積極回復	休養

■試合期

曜日		目的	内容
月		積極回復、調整運動、ジャンプ筋力	イミテーションドリル(動きの確認)
火		ジャンプ筋力、スプリントスピード	スタートダッシュ(30m×2、50m×2)、中・全助走跳躍(×5本以内)、上体補強(×2～3種)
水		回復、技術	テンポ走(120m×3～5)
木		ジャンプ筋力、ジャンプ筋力、スプリントパワー	助走練習(×5～8)、バウンディング(30m×3～5)、メディシンボール投げ(×20投)
金		回復	休養
土		技術点検、ジャンプ筋力、調整力	スタートダッシュ(30m×3)、軽めのジャンプ運動(×1～2)
日		試合	試合／試合形式の全助走跳躍(×10)

※アミかけ部分は負荷総量を示す

4 三段跳の練習計画

■鍛錬期

月	技術、スプリントスピード、調整力	ハードル走(5台×6〜8)、踏み切りドリル(×6〜10)、ハイニーホッピング(×4〜5)、テンポ走(150m×3)
火	ジャンプ筋力、スプリントスピード、ジャンプ持久力	ミニハードル走(20m加速→10台→20m×6〜10)、ハードルジャンプ(5台×6〜10)、ホッピング(30m×左右各2)、リズムジャンプ(×5〜6)
水	ジャンプ筋力、スプリントパワー、スピード持久力	ペース走(200m×4)、バウンディング(50m×5)、メディシンボール投げ(×60投)
木	一般筋力、調整力、スピード持久力	サーキットトレーニング(8〜12種×3周)、坂上り走(80〜120m×8)、メディシンボール投げ(×50投)、全身補強(×6〜8種)
金	一般運動、一般持久力	バウンディング走(100m×2)、テンポ走(120m×5)、上体補強(×3〜5種)
土	積極回復	クロスカントリー、水泳など
日	休養	休養

■移行期

月	技術、スプリントスピード、調整力	スタートダッシュ(30m×2、50m×2)、助走練習(×6〜10)、着地練習
火	ジャンプ筋力、スプリントスピード、ジャンプ持久力	中助走跳躍(×8〜12)、バウンディング(50m×4〜6)、上体補強(×2〜3種)
水	調整力、一般パワー、スピード持久力	テンポ走(120m×3〜4)、バウンディング(50m×3)、ホッピング(30m×左右各2)、メディシンボール投げ(×50投)
木	積極回復	ウェーブ走(120m×4)、全身補強(×4〜6種)
金	ジャンプ筋力、調整力、スプリントスピード	加速走(20m+30m×2、20m+50m×3)、中・全助走跳躍(×5〜6)、上体補強(×3〜5種)
土	一般パワー、調整力、スピード持久力	坂上り走(80m×6〜8)、坂上りバウンディング(30〜50m×5〜8)、上体補強(×4〜6種)
日	一般持久、積極回復	休養

■試合期（負荷の総量/量/強度　課業の数）

月	積極回復、調整運動、ジャンプ筋力	イミテーションドリル(動きの確認)
火	ジャンプ筋力、スプリントスピード	スタートダッシュ(30m×2、50m×2)、中・全助走跳躍(×5本以内)、上体補強(×2〜3種)
水	回復、技術	テンポ走(120m×3〜5)
木	ジャンプ筋力、ジャンプ筋力、スプリントパワー	助走練習(×5〜8)、バウンディング(30m×3〜5)、メディシンボール投げ(×20投)
金	回復	休養
土	技術点検、ジャンプ筋力、調整力	スタートダッシュ(30m×3)、軽めのジャンプ運動(×1〜2)
日	試合	試合／試合形式の全助走跳躍(×10)

※アミかけ部分は負荷総量を示す

（吉田孝久）

第4章 投てき種目

1 —— 投の基本

❶ 投てき種目の種類

陸上競技の投てき種目では、砲丸投、円盤投、ハンマー投、やり投が実施されていますが、アンダー16、アンダー19年代では表1のような種目が行われていて、それぞれ年代別・男女別に重さが異なります。

表1●アンダー16・19の投てき種目一覧

	男子		女子	
	高 校	中 学	高 校	中 学
砲 丸 投	6kg	5kg	4kg	2.72kg
円 盤 投	1.75kg	1.5kg	1kg	1kg
ハンマー投	6kg	—	4kg	—
や り 投	800g	ジャベリック	600g	ジャベリック

❷ 投てき種目に共通するポイント

ここでは、すべての投てき種目に共通するポイントを解説していくことにしましょう。

投てき種目は、投てき物の飛距離を競う競技種目です。投てきの飛距離は、投てき物が手から離れるときの「高さ」と「速さ」、そして「角度」で決まります。そのなかで最も飛距離に影響をおよぼすのは「速さ」です。

投てきの際の「速さ」を増すために、共通するポイントは以下の通りです。

1)正しい持ち方を覚えよう

意外と見過ごされるのが投てき物の正しい持ち方です。見よう見まねで持っていてもなかなか飛距離が出ないことがあります。正しい持ち方に変えるだけで、大幅に飛距離がアップすることがよくあります。投てき練習をはじめる前にそれぞれの投てき物の正しい持ち方をマスターしましょう。

2)軽い投てき物による正確な投げの技術を習得してから正規の重さへ

初心者は、正規の重さでいきなり投げの練習をす

村川洋平選手（スズキ浜松AC）　　　　　　　　　　　　小林志郎選手（アルビレックス新潟RC）

るのではなく、軽い投てき物やほかの軽い投てき物（メディシンボールやソフトボールなど）を使用して正しい投げの技術を習得してから、正規の重さへと移行するようにしましょう。はじめから正規の重さを使用するとフォームが崩れてしまう恐れがあります。

3) 投てき物を常に加速させて投げよう

局面動作を意識するあまり、投てき物の加速が止まってしまうことがあります。投てき時の速さを増すためには、投てき物を常に加速させながら投げることが大切です。

特に、パワーポジション（投てき準備動作から投げに移ったときの局面。準備動作で得たエネルギーが身体にため込まれた状態になっている）から投げの局面にかけてはスピードアップを心がけましょう。投てき物が加速しているかどうかを確認しながら投げる練習をしましょう。

4) とにかく多く投げよう

全力で投げる運動は、日常生活ではありません。投能力をつけるためには、とにかく数多くものを投げることです。投てき物はあまり重くないものであれば正規の投てき物でなくてもかまいません。

例えば、メディシンボールやバスケットボール、バレーボール、ソフトボール、自転車のタイヤなどでもかまいません。多種多様な道具による投てき運動を実施することにより、遠くに投げる力が身につきます。

5) 安全に配慮し、声をかけてから投げよう

投てき運動は、必ず複数の人数で行うようにします。投てきをする競技者は、投げる前に声を出して周囲に対して注意を促すようにします。また、事前に投てき物やサークルなどの安全確認を行うことも大切です。投てき物が破損していたり、サークルが濡れて滑ってしまったりすると思いがけない事故が起きる危険があります。十分に安全確認をしながら練習するようにしましょう。

❸ 投てき種目の動作局面

図1に投てき種目の動作局面を示しました。大きく分けると、準備動作と主動作の2つの局面に分けることができ、これをさらに細かくすると、準備動作（助走・スウィング→クロス、ターン、グライド）、パワーポジション、投げ、リカバリーの4つの局面に分けることができます。

初心者は、まず、主動作の習得から練習することを勧めます。特に、パワーポジションから投げの正しい動作を習得することが大切です。正しい主動作を習得した後で、準備動作の習得に入っていくとよいでしょう。正しい主動作を習得しないで準備動作の習得をすると主動作局面で動きが崩れてしまい、飛距離が伸びない原因になります。これによって、準備動作を入れたほうが、主動作だけの投てき距離よりも投てき距離が伸びないといった現象も起こります。

村上幸史選手（スズキ浜松AC）　　　　室伏広治選手（ミズノ）

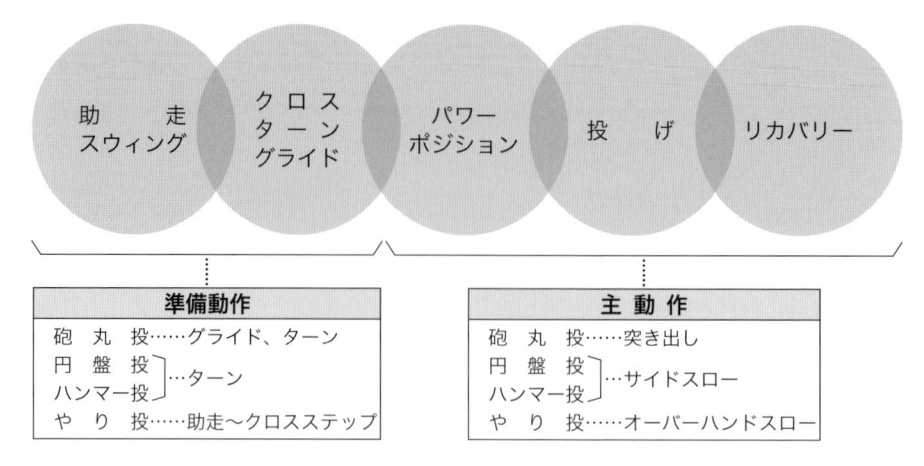

```
助走        クロス      パワー
スウィング   ターン      ポジション   投げ    リカバリー
            グライド
```

```
         準備動作                          主動作
砲 丸 投……グライド、ターン       砲 丸 投……突き出し
円 盤 投 ┐                       円 盤 投 ┐
ハンマー投 ┘…ターン              ハンマー投 ┘…サイドスロー
や り 投……助走～クロスステップ   や り 投……オーバーハンドスロー
```

図1●投てき種目の動作局面

4 投てき種目の基本練習

投てき種目に共通して行いたい基本練習として、メディシンボールなどを用いた基本練習があります（図2～9参照）。これらは、各投てき種目の主動作習得のための基本練習として有効ですが、ジュニア世代の皆さんは、専門種目にとらわれることなく、すべてをトレーニングに取り入れるとよいでしょう。

使用するメディシンボールは、体力レベルに応じて1～3kgを使用し、5～10回を1～2セット行いましょう。片手で投げるもの、横から投げるものは、必ず反対側も行うようにします。

1)砲丸投の主動作習得に効果のある基本練習
①前投げ（図2）

全身を使って、メディシンボールを前方に投げます。開始時に背中を伸ばすことがポイントです。投てき種目すべてに共通するパワー養成に最適です。

②後ろ投げ（図3）

全身を使って、メディシンボールを後方に投げます。前投げ同様に投てき種目すべてに共通するパワー養成に最適です。

③立ち投げ（図4）

砲丸を投げる要領でメディシンボールの中心をしっかり前方にプッシュします。右脚から左脚へ体重を移動させる（右投げの場合）ことがポイントです。

2)円盤投の主動作習得に効果のある基本練習

①リング横手投げ（図5）

リングやタイヤを使用して横手投げを実施します。右脚から左脚への体重移動（右投げの場合）と地面と水平に投げ切ることがポイントです。

②ボール横手投げ（図6）

ボールを使用して横手投げを実施します。右脚から左脚への体重移動（右投げの場合）と目的方向にまっすぐ投げることがポイントです。

3)ハンマー投の主動作習得に効果のある基本練習
①ボール後方投げ（図7）

投てき方向に背を向けた姿勢から腰を回転させて後方にメディシンボールを投げます。タイミングよく投げることがポイントです。

4)やり投の主動作習得に効果のある基本練習
①上手投げ（両手、図8）

サッカーのスローイングの要領で身体の後方から前方に向かって投げます。後ろ脚から前脚へしっかり体重を移動しながら、身体をムチのようにしならせて投げるのがポイントです。

②上手投げ（片手、図9）

片手で上手投げを行います。右腕（右利きの場合）の肘を下げないようにして投げるのがポイントです。両手投げ同様、体重移動をしながら身体をムチのようにしならせて投げるのがポイントです。

(繁田進)

1 投の基本

図2●前投げ

図3●後ろ投げ

図4●立ち投げ

図5●リング横手投げ

図6●ボール横手投げ

図7●ボール後方投げ

図8●上手投げ（両手）

図9●上手投げ（片手）

2 ── 砲丸投

1 砲丸投の技術局面

砲丸投における投てきは、準備、グライド、パワーポジション、投げ、リカバリーの技術局面に分けられます（図1①～⑦）。それぞれの局面における注意点は次の通りです（右投げの場合）。

1) 準備局面（①～②）
- 投てき方向に背を向け、上体を前屈させる

2) グライド局面（③）
- 左脚を足留材の方向に低く、速く移動させる

3) パワーポジション局面（④）
- 右脚の上に体重を乗せる。右肘は胴体に対して90度

4) 投げ局面（⑤～⑥）
- 体重を右脚から左脚へ移動。砲丸を加速させる

5) リカバリー局面（⑦）
- リリース後（投てき物が手から離れた後）、脚を入れ替える

2 砲丸の持ち方・構え方

1) 持ち方

砲丸を中指・人差し指・薬指の上に載せ、親指と小指ではさむようにして持ちます（図2ⓐ）。

2) 構え方

砲丸は、あごの下に保持し、右肘を身体に対して45度に保つようにして構えます（図2ⓑ）。

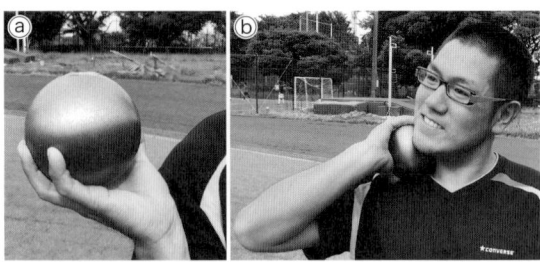

図2●砲丸の持ち方（ⓐ）と構え方（ⓑ）

3 砲丸投の技術練習

1) 砲丸ドリル

①砲丸の上下（図3）

砲丸を投げるほうの手で持って、肩付近から上げ下げします。正しい持ち方の習得と砲丸の重さを確認することがポイントです。

②前方投げ（図4）

砲丸投練習のウォーミングアップとして、砲丸を両手で保持して、前方に投げます。全身を使って砲丸に力を加えることがポイントです。

③後方投げ（図5）

砲丸投練習のウォーミングアップとして、砲丸を両手で保持して、後方へ投げます。全身を使って砲丸に力を伝えることがポイントです。

2) 突き出し（図6）

両足を肩幅に開いて立ち、膝を曲げた姿勢から前方に突き出します。砲丸を目標物に向かって、まっ

図1●砲丸投の技術局面

図3●砲丸の上下　図4●前方投げ　図5●後方投げ　図6●突き出し

図7●立ち投げ　図8●サイドステップ投げ

図9●2人組グライド　図10●連続グライド練習

図11●グライド投げ

すぐに突き出すことがポイントです。

3）立ち投げ（図7）

　パワーポジションの姿勢から脚、臀部、胴体を連動させて投げます。右脚から左脚へスムーズに体重移動させることがポイントです。

4）サイドステップ投げ（図8）

　体力テストのサイドステップの要領で移動する投てき方法です。初心者に適しています。上体を前傾したまま素早く移動し、パワーポジションの姿勢をとることがポイントです。

5）グライド練習

①2人組グライド（図9）

　パートナーが投てき者の左手を持ってグライドの練習をします。投てき者は右脚をしっかり引いて体重を乗せることがポイントです。

②連続グライド練習（図10）

　準備の姿勢からパワーポジションの姿勢までを連続的に繰り返します。最初はゆっくりと正確な動きで行い、慣れてきたらスピードを上げていきます。

6）グライド投げ（図11）

　準備局面からリカバリー局面までの一連の動作をスムーズに行います。最初は軽めの投てき物を使用し、慣れてきたら正規の重さで投げます。常に砲丸を加速させながら投てきすることがポイントです。

（繁田進）

■参考文献

IAAF (2009) RUN! JUMP! THROW! The Official IAAF Guide to Teaching Athletics. Warners Midlands plc.

3 ── 円盤投

◼︎ 円盤投の技術局面

円盤投における投てきは、スウィング、ターン、パワーポジション、投げ、リカバリーの技術局面に分けられます（図1①〜⑧）。それぞれの局面における注意点は次の通りです（右投げの場合）。

1) スウィング局面（①）
- 投てき方向に背を向け、脚は肩幅に開き、膝を少し曲げる

2) ターン局面（②〜④）
- 下半身が上半身を追い抜く際に身体にねじれをつくる。円盤は身体の後ろに保持する

3) パワーポジション局面（⑤）
- 右脚の上に体重を乗せる。右足のかかとと左足のつま先を結ぶ線が投てき方向を向くようにする

4) 投げ局面（⑥〜⑦）
- 身体の左側をブロックし、体重を右脚から左脚に移動させて円盤を加速させる

5) リカバリー局面（⑧）
- リリース後、脚を素早く入れ替えてファウルを避ける

◼︎ 円盤の持ち方

1) 持ち方（図2）

人差し指から小指までの第1関節で持ち、親指を円盤に載せます（図2ⓐ）。手首はリラックスさせ、手のひらを円盤につけるように持ちます（図2ⓑ）。

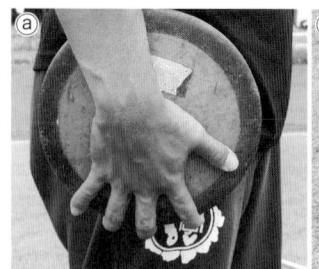

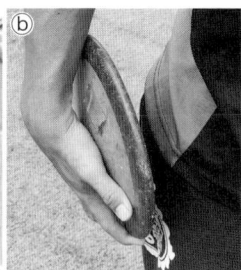

図2●円盤投の持ち方

◼︎ 円盤投の技術練習

1) 円盤ドリル

①8の字スウィング（図3）

身体の前で、円盤を横に8の字を描くようにスウィングさせます。正しい持ち方の習得と円盤の重さを確認することがポイントです。

②円盤転がし（図4）

円盤を縦にしてまっすぐ転がします。円盤が人差し指から離れるように転がすことがポイントです。

③平行投げ（図5）

両脚を平行に開いて膝を少し曲げ、円盤を目標に向かって投げます。円盤のほか、リングやメディシンボールを使用してもよいでしょう。地面と平行に投げることがポイントです。

図1●円盤投の技術局面

2）立ち投げ（図6）

右脚を軸に回転して後方に円盤を振った後、右脚から左脚に体重を移動させながら円盤を加速させていきます。腰をしっかりと回転させて投げることがポイントです。

3）ハーフターン投げ（図7）

左脚を前方に向けた姿勢からターンを開始して、下半身が上半身を追い抜いて右脚に体重を乗せ、パワーポジションの姿勢に移ります。フルターンへの導入練習として適しています。

4）フルターン投げ（図8）

準備局面からリカバリー局面までの一連の動作をスムーズに行います。最初は軽めの投てき物を使用し、慣れてきたら正規の重さで投げます。リングや軽いメディシンボールなどいろいろな投てき物を使ってもよいでしょう。たくさんターンの練習をすることがポイントです。

（繁田進）

■参考文献
IAAF (2009) RUN! JUMP! THROW! The Official IAAF Guide to Teaching Athletics. Warners Midlands plc.

図3●8の字スウィング

図4●円盤転がし

図5●平行投げ

図6●立ち投げ

図7●ハーフターン投げ

図8●フルターン投げ

4 ── ハンマー投

❶ ハンマー投の技術局面

ハンマー投における投てきは、スウィング、ターン、投げの技術局面に分けられます（図1①～⑫）。それぞれの局面における注意点は次の通りです（右投げ、3回転での投てきの場合）。

1) スウィング局面（①）
- 2～3回ハンマーをスウィングし、徐々に加速させる

2) ターン局面（②～⑨）
- かかとから母指球を使ってターンを行う。左足の母指球で素早い回旋を続け、左足の周りに右足を低く、近くに持っていく。このとき肩のラインと両腕とで三角形をつくり、1回転、2回転、3回転とターンを進めるごとに回転の速度を上げる

3) 投げ局面（⑩～⑫）
- 肩のラインが投方向を向いたらハンマーを離す

❷ ハンマーの持ち方

1) 持ち方（図2）
右利きの選手はハンマーの持ち手（ハンドル）を左手で持ちます。左手の指の第2関節をかけ、右手で覆います。その後、親指を交差させて握ります。

図2●ハンマーの持ち方

❸ ハンマー投の技術練習

1) 導入練習（図3）
背中を投てき方向に向けて立った姿勢から身体をひねりながら投てき物を投げます。両膝は少し曲げておき、投げるときに伸ばします。また、背中と腕は伸ばしておきます。用具は軽いメディシンボールなど安全なものを使用しましょう。

2) スウィング練習（図4）
脚を肩幅よりもわずかに開いて立ち、ハンマーを右から左へスウィングします。両膝を軽く曲げ、背中を伸ばしながらハンマーを止めることなく数回回します。上半身はリラックスさせ、ハンマーが身体の前方に来たときに両肘を伸ばすことがポイントです。

図1●ハンマー投の技術局面
（スウィング／1回転／2回転／3回転／投げ）

3）立ち投げ練習（図5）

　数回のスウィングの後、左の肩のほうへハンマーを投げます。ハンマーを離したらそのままの形を維持し、飛ばしたハンマーを目で追いましょう。バランスを崩すことなく、投てき方向に向かって正確にハンマーを投げることがポイントです。

4）ターン練習（図6）

　右足の母指球に軸を置きながら左足のかかとで180度ターンし、左足の母指球でもう180度ターンして右足を運びます。360度回転が終わったら右足を着きます。最初は何も持たないでターンの練習を開始し、慣れてきたら少しずつ重いものを持って練習することがポイントです。

5）フルターン投げ（3回転、図7）

　数回のスウィングの後、ターンを3回行いハンマーを投げます。最初は1回転から行い、慣れてきたら2回転、3回転と回転を増やしていくようにします。ハンマー以外のいろいろなものも投げて、ターンの練習をたくさん行い、感覚を身につけましょう。

（繁田進）

■参考文献
IAAF (2009) RUN! JUMP! THROW! The Official IAAF Guide to Teaching Athletics. Warners Midlands plc.

図3●導入練習

図4●スウィング練習

図5●立ち投げ練習

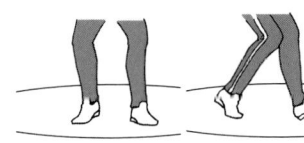

図6●ターン練習

図7●フルターン投げ

5 ── やり投

❶ やり投の技術局面

やり投における投てきは、助走、クロス、投げ、リカバリーの技術局面に分けられます（図1①〜⑨）。それぞれの局面における注意点は次の通りです（右投げの場合）。

1) 助走局面（①）
- やりは肩の上で水平に保つ。リズミカルな助走を心がける

2) クロス局面（②〜⑤）
- 左肩を投てき方向に向け、左腕を前方に保つ。右腕を後方に引き、やりの穂先を頭の近くに保持しながら、身体を横向きにして両脚を交差させながら投げる体勢に入る

3) 投げ局面（⑥〜⑧）
- 右肘を高く保ち、脚・胴・肩・腕を連動させてムチのようにしならせるイメージで、やりが加速するように投げる

4) リカバリー局面（⑨）
- 脚はリリースの後、素早く後ろに戻す

❷ やりの持ち方

1) 持ち方
やりの持ち方には、次の2通りがあります。両方を試してたうえで握りやすく投げやすいほうを選びましょう。

①親指と人差し指でグリップの端を握り、ほかの指はグリップの中央を握ります。手のひらは上に向け、握っている手はリラックスさせます（図2）。

②親指と中指でグリップの端を握り、人差し指はやりに添えます。手のひらは上に向け、握っている手はリラックスさせます（図3）。

図2●やりの持ち方①　　図3●やりの持ち方②

❸ やり投の技術練習

1) やり投ドリル

①突き刺し（図4）

突き刺しでは、やりをまっすぐ投げるようにします。うまく力がやりに加わると、やりが地面に突き刺さります。

②目標投げ（図5）

目標投げは、数m先の目標物に向かって、正確に投げるようにします。慣れてきたら少しずつ目標物までの距離を伸ばすようにしましょう。

図1●やり投の技術局面

図4●突き刺し

図5●目標投げ

図6●立ち投げ

図7●3歩クロス投げ

図8●全助走投げ

2) 立ち投げ（図6）

両足を投てき方向に向け、両肩の延長線よりも上でやりを保持しながら投げます。右脚から左脚へ体重を移動させ、身体をムチのようにしならせてまっすぐ投げることがポイントです。

3) 3歩クロス投げ（図7）

1～2・3（ターン・タ・ターン）とリズムを刻み、クロスして投げます。右脚を前方にしてスタートし、やりを後方に引きつけておきます。左足の裏全体で接地し、右・左と順番に素早く接地して投げます。クロスを行うとやりの方向が左右にぶれてしまいがちです。やりの穂先は頭の近くで常に投てき方向に向けておくことがポイントです。

4) 全助走投げ（図8）

助走局面からリカバリー局面までの一連の動作をスムーズに行います。適度な助走スピードを身につけるようにします。助走スピードが速すぎると投げの局面でつぶれてしまう原因になります。上体は常にリラックスを心がけ、やりの穂先は常に投てき方向を向いているように注意しましょう。

（繁田進）

■参考文献

IAAF (2009) RUN! JUMP! THROW! The Official IAAF Guide to Teaching Athletics. Warners Midlands plc.

6 ── 投てき種目の練習計画

投てき種目は、どういうトレーニングを行ったらよいのでしょうか。ここでは、シーズン中、試合に向けての調整、鍛錬期の3つの期間について、具体例を紹介します。

1 シーズン中のトレーニング

【ポイント】
- 投げの練習は、100％に近い全力投てきを行う
- 技術練習は専門技術練習を行う
- 体力練習としてダッシュやジャンプ系を入れる

シーズン中の練習計画例

■砲丸投（中学）

月	動きづくり　投げ　バウンディング
火	ウエイトトレーニング　投げ
水	ダッシュ　グライド練習
木	動きづくり　投げ
金	動きづくり　投げ　バウンディング
土	投げ　技術練習　ダッシュ
日	休み

■砲丸投（高校）

月	休み
火	投げ　ハードルジャンプ　グライド練習
水	投げ　ダッシュ
木	投げ　ウエイトトレーニング
金	休み
土	投げ　バウンディング
日	投げ　ウエイトトレーニング　ダッシュ

■円盤投

月	ダッシュ　投げ(全力)　補強(体幹)
火	サーキット　投げ(技術)　補強(体幹)
水	ウエイトトレーニング　補強(ジャンプ系)
木	ダッシュ　投げ(全力)　補強(体幹)
金	サーキット　投げ(技術)　補強(体幹)
土	ダッシュ　投げ(修正)　ウエイトトレーニング
日	休み

■ハンマー投

月	基本ドリル　メディシンボール投げ　投げ　他種目
火	ハードル　ウエイトトレーニング　バウンディング
水	基本ドリル　メディシンボール投げ　投げ　他種目
木	基本ドリル　メディシンボール投げ　ウエイトトレーニング
金	ハードル　ウエイトトレーニング　バウンディング
土	基本ドリル　メディシンボール投げ　投げ　他種目
日	休み

■やり投

月	投げ　ハードル走　補強(体幹)
火	ウエイトトレーニング　補強(ジャンプ系)
水	ダッシュ　クロスステップ　投げ
木	フリー
金	ウエイトトレーニング　補強(体幹)
土	投げ　補強(ジャンプ系)　サーキット
日	休み

■共通　パターンA

月	休み
火	ダッシュ　投げ
水	加速走　投げ　ウエイトトレーニング
木	ジャンプトレーニング　投げ
金	休み
土	ダッシュ　投げ　ウエイトトレーニング
日	投げ

■共通　パターンB

月	休み
火	ウエイトトレーニング　補強（ジャンプ系）
水	ダッシュ　投げ
木	フリー練習
金	ウエイトトレーニング　投げ
土	補強（体幹）　動きづくり　投げ
日	トライアル　投げ　補強（ジャンプ系）

村上幸史選手（スズキ浜松AC）

2 試合に向けての調整トレーニング

【ポイント】
- 投げの練習は、実戦形式のトライアルを中心に行う
- 投げの本数は、試合が近づくにつれて徐々に減らしていく
- 疲労をとる

試合に向けての調整

■砲丸投（中学）

月	休み
火	ウエイトトレーニング　投げ(基本)
水	ダッシュ　グライド練習
木	動きづくり　投げ
金	動きづくり　投げ(試合形式)　バウンディング
土	投げ（数本）　技術練習　ダッシュ
日	試合

■砲丸投（高校）

月	投げ　ウエイトトレーニング（最大筋力）
火	投げ　ダッシュ
水	投げ　ダッシュ　グライド練習
木	投げ　ウエイトトレーニング（スピード）
金	休み
土	投げ（数本）　ダッシュ
日	試合

■円盤投

月	休み
火	投げ（30投）　補強（ジャンプ系）
水	技術練習　球技
木	投げ（15投）ウエイトトレーニング
金	休み
土	軽い練習
日	試合

■ハンマー投

月	ウエイトトレーニング　球技
火	投げ（20投）　球技
水	技術練習　補強（ジャンプ系）
木	ウエイトトレーニング 投げ（10投）
金	休み
土	軽い練習
日	試合

■やり投

月	加速　投げ
火	ジョグ　体操
水	加速　投げ
木	スプリント　投げ
金	休み
土	ダッシュ　軽い投げ
日	試合

■共通

月	休み
火	ドリル　コントロール投げ メディシンボール投げ
水	ドリル　ダッシュ　投げ
木	ウエイトトレーニング（最大筋力）
金	コントロール投げ メディシンボール投げ
土	ダッシュ　メディシンボール投げ 投げ（数本）
日	試合

❸ 鍛錬期のトレーニング
【ポイント】
- 投げの練習は、軽い投てき物を用いるか全力の60〜80％で行い、正しいフォームを習得する
- 基礎体力（筋力）の向上を図る
- 基本技術の習得に重点を置く

冬期練習の練習計画

■砲丸投（中学）

月	休み
火	投げ　グライド練習
水	投げ　メディシンボール投げ
木	ハードルジャンプ　ウエイトトレーニング
金	休み
土	サーキット　ジャンプ　グライド練習
日	投げ　変形ダッシュ　ウエイトトレーニング

■砲丸投（高校）

月	動きづくり　補強（体幹）
火	サーキット　ウエイトトレーニング　投げ（基本）
水	補強（ジャンプ系）　スプリント
木	多種目および積極的休養
金	ウエイトトレーニング　ダッシュ　補強（体幹）
土	投げ
日	休み

■円盤投

月	坂ダッシュ　砲丸補強　投げ　補強（体幹）
火	ハードルトレーニング　ウエイトトレーニング　補強（体幹）
水	坂ダッシュ　砲丸補強　投げ　補強（体幹）
木	サーキット　ウエイトトレーニング　補強（体幹）
金	坂ダッシュ　砲丸補強　技術練習　補強（体幹）
土	坂ダッシュ　砲丸補強　投げ　ウエイトトレーニング　補強（体幹）
日	休み

6 投てき種目の練習計画

■ハンマー投

月	基本ドリル　メディシンボール投げ　投げ　他種目
火	ハードル補強　ウエイトトレーニング　バウンディング
水	基本ドリル　メディシンボール投げ　投げ　他種目
木	基本ドリル　メディシンボール投げ　ウエイトトレーニング
金	基本ドリル　メディシンボール投げ　投げ　他種目
土	ハードル補強　ウエイトトレーニング　バウンディング
日	休み

■やり投

月	ダッシュ　投げ　補強（体幹）
火	ウエイトトレーニング　補強（ジャンプ系）
水	ダッシュ　投げ　補強
木	フリー
金	ウエイトトレーニング　補強（ジャンプ系）
土	ハードルジャンプ　変形ダッシュ　補強（体幹）
日	休み

■共通　パターンＡ

月	休み
火	ドリル　コントロール投げ　メディシンボール投げ
水	ウエイトトレーニング
木	投げ　ダッシュ
金	ウエイトトレーニング
土	ドリル　コントロール投げ　ダッシュ
日	投げ　ウエイトトレーニング

■共通　パターンＢ

月	休み
火	変形ダッシュ　投げ　ウエイトトレーニング
水	ハードルジャンプ　投げ　補強
木	変形ダッシュ　投げ　ウエイトトレーニング
金	休み
土	ハードルジャンプ　投げ　ウエイトトレーニング
日	変形ダッシュ　投げ　補強

（繁田進）

室伏広治選手（ミズノ）

第5章 混成競技

1 ── 混成競技の基本

1 混成競技とは？

混成競技は、高校では男子が八種競技、女子は七種競技、中学では男女とも四種競技が正式種目として実施されます。混成競技がほかの単独種目と大きく違うところは2つあります。

1) 決められた順序で競技が行われる

高校混成競技は2日間にわたって、中学混成競技は1日あるいは2日で、それぞれ決められた順序（表1・表2参照）に沿って競技が実施されます。種目間の時間については、競技会によって多少の違いはみられますが、順序を変更することはできません。

2) 記録を得点換算し、その合計得点で勝敗を競う

公益財団法人日本陸上競技連盟監修の「混成競技採点表」を用いて記録を得点換算します。中学・高校・一般と共通の採点表を使用することになります。混成競技会では採点表と電卓が必需品になります。

2 混成競技は楽しい

混成競技では、ほかの単独種目にはない面白さを味わうことができます。以下にその具体例をあげてみましょう。

1) 友達がたくさんできる

競技が行われている間、ほとんど一緒に行動することになりますので、自然と仲よくなれます。

2) どんどん記録が伸びる

ほとんどの人がはじめて混成競技に取り組むことになるため、試合で自己記録を更新できる可能性が高いといえます。

表1 ●高校混成競技の種目と順序

		八種競技（男子）	七種競技（女子）
1日目	第1種目	100m	100mH
	第2種目	走幅跳	走高跳
	第3種目	砲丸投	砲丸投
	第4種目	400m	200m
2日目	第1種目	110mH	走幅跳
	第2種目	やり投	やり投
	第3種目	走高跳	800m
	第4種目	1500m	―

表2 ●中学混成競技の種目と順序

	四種競技（男子）	四種競技（女子）
第1種目	110mH	100mH
第2種目	砲丸投	走高跳
第3種目	走高跳	砲丸投
第4種目	400m	200m

3) 必ず順位がつく

どの大会でも、いわゆる「予選落ち」はなく、最終種目まで競技を続ければ必ず順位がつきます。

3 混成競技のねらい

混成競技のねらい（図1参照）は、バランスのとれた基礎体力をつけることと、陸上競技のいろいろな種目を経験できることにあります。陸上競技の初心者にとっては、混成競技からはじめると陸上競技のいろいろな種目を経験できて基礎体力もつく一石二鳥の効果が期待できる種目なのです。

4 初心者がトレーニングするときは

単独種目の競技者は、1つの種目のために1日2

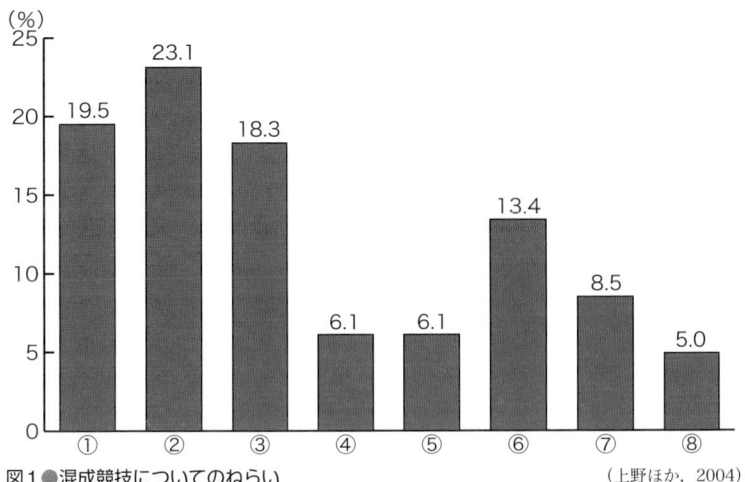

図1●混成競技についてのねらい　　　　　　　　　　　　　　　　　　（上野ほか，2004）

①混成競技はバランスのとれた筋肉をつくることができる
②混成競技は基礎体力をつくるために大いに役立つ
③混成競技はのちの単独種目の競技力向上に役立つ
④混成競技はのちの七種競技あるいは八種競技、十種競技の基盤となる
⑤混成競技はほかのスポーツの競技力向上に役立つ
⑥混成競技を通して陸上競技のいろいろな種目を知ってもらうため
⑦専門種目を見つけるため
⑧その他

（グラフ値：① 19.5, ② 23.1, ③ 18.3, ④ 6.1, ⑤ 6.1, ⑥ 13.4, ⑦ 8.5, ⑧ 5.0）

〜3時間のトレーニングを行います。しかしながら混成競技者の場合、その8倍あるいは7倍のトレーニングを毎日行うことは不可能です。そこで、限られたトレーニング時間内で最大の効果を挙げるために、極力無駄を省き、常に合理的なトレーニングを心がけることが大切になってきます。

混成競技の記録向上にオールラウンドなトレーニングが必要であることはいうまでもありませんが、はじめてチャレンジする競技者には、過去に一度も経験したことのない種目をなくしたり、弱点種目を強化したりすることからはじめることを勧めます。特に、男女共通してハードル種目と走高跳（高校生の場合はやり投）は、それなりにトレーニングを積んでおきたい種目です。

5 大会で成功するために

1）1回目の試技で必ず記録を残す

これは、「混成競技のいろは」の「い」といっても過言ではないほど大切なことです。跳躍種目、投てき種目にはそれぞれ3回の試技が与えられているのですが、1回目に記録を残すことでそれ以降の試技の展開がとても楽になります。

もし、1回目にファウルをしてしまうと、「2回目もファウルをしてしまったらどうしよう」といった追い詰められた心理状態になり、思い切った試技ができなくなるからです。1回目は不本意な低記録になってもかまわないので、必ず記録を残すことがとても重要です。

2）冒険は避けて確実に

ハードルの1台目は、ゆとりをもって入るとよいでしょう。全速で入ったがために、ハードルに足をぶつけてバランスを崩してしまうと、大きなダメージにもなりかねません。ハードルは男女とも、その日の最初の種目ですので、以降の種目にも少なからず影響をおよぼしてしまいます。

また、走高跳では、ベスト記録の20cm程度低い高さから跳びはじめることを勧めます。確実に越えられる高さから跳びはじめ、徐々に高さを上げるようにするとよいでしょう。4〜6回目の跳躍で、その日の最高記録に挑戦するくらいを目指すのが効率的です。

砲丸投においても、その場投げ、サイドステップ投げ、グライド投げと、さまざまな投げ方がありますが、日頃の練習で実施している投げ方で臨むようにしましょう。大会だからといって周りに惑わされることなく、確実な方法で投げることが大切です。

（繁田進）

■参考文献
上野祐紀子ほか（2004）中学混成競技の指導者に関する調査研究．東京学芸大学紀要．

2 ── 苦手種目の練習ポイント

　初心者は、まずは最後の種目まで安全に、確実に点数がとれるようにしなければなりません。そのため、特に専門的な技術が必要とされる種目では、簡易なテクニックからのスタートがよいでしょう（表1）。

❶ 初心者のための練習例1（ハードル）
1）自分に合った高さ、インターバルからはじめよう
　ハードルの練習で大切なのは、自分に合った高さやインターバルからはじめることです。いきなり正規の高さやインターバルで練習すると、リズムが乱れたり、思わぬ故障をしたりする原因になります。自分に合った低い高さからはじめて、自信がついてきたら徐々に高さを上げていきます。インターバルも最初は3歩で余裕をもっていける距離から行うようにし、慣れてきたら徐々に距離を伸ばすようにしましょう（表2）。

2）インターバルは、無理のない歩数で
　試合が近づくと、正規のインターバルでの練習に近づいていきますが、インターバルの歩数は3歩にこだわる必要はありません。3歩のインターバルで走れるに越したことはありませんが、三段跳をするようなスローテンポのインターバルになるようなら、4歩のインターバルのほうが効率的だからです。
　全国大会に出場している選手のなかにも、4歩や5歩でインターバルを走っている競技者も見られます。要は自分に合ったインターバルで走ることが大切なのです。ですから、日頃の練習からいろいろな条件（向かい風、雨など）を想定して、さまざまなインターバルでのハードル練習をやっておくことも必要になってきます（表3）。そうすることで、自信をもって試合に臨むことが可能になります。

❷ 初心者のための練習例2（砲丸投）
1）メディシンボールを利用して基本技術習得を
　砲丸投の基本技術習得のための練習手段としてメディシンボール投げがお勧めです。1～3kgのメディシンボールを用いて、さまざまな姿勢から投動作を実施し、砲丸投の基本技術を習得していきます。さまざまな重さのメディシンボールのなかから自分に適した重量のボールを用いて投げることにより、自分の体力レベルに合った効率のよい練習が可能になります。
　また、ボールに弾力性があるので室内や硬い地面の上でも練習が可能で、天候などに左右されること

表1●各競技のテクニック難易度表

難易度 種目	易	→	難
ハードル	5歩	4歩	3歩
砲丸投	その場投げ	サイドステップ投げ	グライド投げ
走高跳	はさみ跳び		背面跳び

表2●高校女子100mH練習時の設定例

段階	インターバル	ハードルの高さ	難易度
1	7.75m	70cm	易 ↑
2	8.0 m	70cm	
3	8.0 m	76cm	
4	8.25m	76cm	
5	8.25m	84cm	
6	8.5 m	84cm	↓ 難

表3●ハードル間のインターバル歩数の具体例

1～2台目	2～3台目	3～4台目	4～5台目	5～6台目	6～7台目	7～8台目	8～9台目	9～10台目
5歩	5歩	5歩	5歩	5歩	5歩	5歩	5歩	5歩
4歩	4歩	4歩	4歩	5歩	5歩	5歩	5歩	5歩
3歩	3歩	4歩	4歩	4歩	5歩	5歩	5歩	5歩
3歩	3歩	3歩	3歩	5歩	5歩	5歩	5歩	5歩
3歩	3歩	3歩	3歩	3歩	3歩	3歩	3歩	3歩

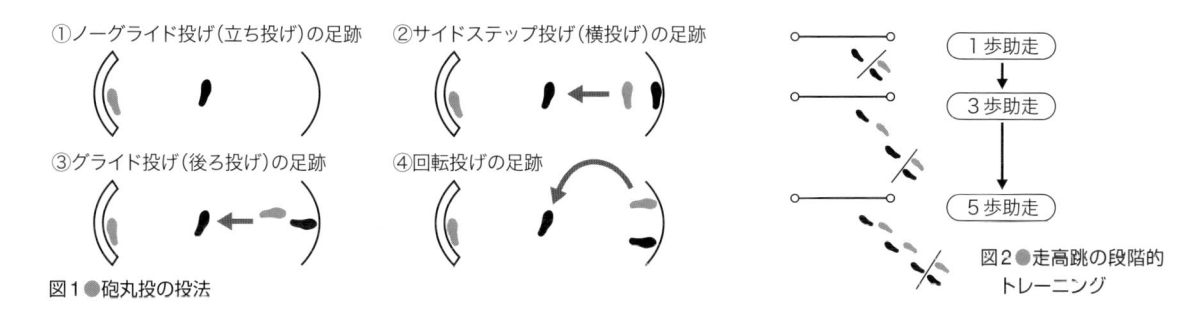

図1●砲丸投の投法
①ノーグライド投げ（立ち投げ）の足跡
②サイドステップ投げ（横投げ）の足跡
③グライド投げ（後ろ投げ）の足跡
④回転投げの足跡

図2●走高跳の段階的トレーニング
1歩助走
3歩助走
5歩助走

なく継続した練習を実施できます。さらに、2人組で取り組むことなどにより、より効率よく練習できるなど数多くの利点があります（第4章参照）。

トレーニングに際しては、数回に1回は逆の手でも利き手と同様に実施することが大切です。総合的な体力を高め、身体のバランスをとるうえでも、両手を利用して投げる練習を行うことが重要です。

2）自分に合った無理のない投法で

砲丸投の投法の種類は、大きく分けて4種類あります（図1）。①ノーグライド投げ（立ち投げ）、②サイドステップ投げ（横投げ）、③グライド投げ（後ろ投げ）、④回転投げの4つです。大切なのは、自分の技術と体力に合った投法で投げることです。砲丸投の個人種目ではグライド投げか回転投げが一般的ですが、だからといってグライド投げに固執する必要はありません。むしろ技術が身についていない初心者にとっては、ノーグライド投げが一番適している投げ方であるといっても過言ではないのです。

グライド投げの場合は、ファウルすることがよくあります。1回目にファウルをしてしまい、結局3回目まで失敗に終わってしまうことがあります。それに対してノーグライド投げはファウルの心配がほとんどありません。1回目から思い切って投げることができるのです。安全で確実な投げ方で安心して投げることにより、ファウルなどのリスクを少なくすることにもつながるのです。

全国大会出場者のなかにもノーグライド投げやサイドステップ投げの選手を見かけます。ましてや砲丸投の初心者にとってはノーグライド投げやサイドステップ投げはむしろ「自然なこと」なのです。

❸ 初心者のための練習例3（走高跳）

1）初心者は「はさみ跳び」からはじめよう

走高跳だからといってすべての人が背面跳びをする必要はありません。初心者や走高跳を苦手にしている人は、「はさみ跳び」で十分です。特に、混成競技の場合、技術的に不安定な方法で跳躍するよりも、安全で確実にクリアできる方法で跳躍することを勧めます。比較的低い高さの場合はなおさらです。

はさみ跳びは、背面跳びに比べ、「いつでも、どこでも、誰でもできる」跳び方です。このため、十分な施設や用具がなくても、指導者がいなくても、初心者でも、安全に走高跳をすることが可能です。

2）段階的にトレーニングを

特に初心者には、段階的トレーニングをお勧めします。いきなり7歩や9歩の全助走跳躍をしても、足が合わなかったり踏み切り位置がずれたりすることが多いからです。そういう場合は、基本に戻ることが大切です。つまり、助走を短くしてトレーニングをするのです。まず、1歩助走でしっかりと基本を身につけるようにします。1歩助走で安定してきたら、3歩助走、5歩助走と徐々に歩数を伸ばしていきます（図3参照）。このトレーニングの利点は、足が合わなくなったり助走がおかしくなったりすると、すぐに1段階前のトレーニングに戻れることです。特に初心者の段階では、正確に助走できる歩数でのトレーニングを多くすることが大切です。自信がついてきて助走も安定するようになってきたら、歩数を伸ばしていきましょう。決して焦らず、初心者は特にしっかりと基礎づくりをしましょう。

（繁田進）

3 ── 混成競技の練習計画

❶ シーズン中のトレーニング

【ポイント】
- スプリント練習は、100%に近いスピードで実施する
- 技術練習は専門技術練習として行う
- 弱点種目を強化する

■ 中学男子

月	50m加速走、ハードル、補強
火	砲丸投、走高跳
水	スタートダッシュ、200m～300m、補強
木	休み
金	50m加速走、ハードル、砲丸投
土	スタートダッシュ、走高跳、150m、補強
日	休み

※ウォーミングアップにハードルの柔軟体操を入れる

■ 中学女子

月	50m加速走、ハードル、補強
火	走高跳、砲丸投
水	スタートダッシュ、150m～200m、補強
木	休み
金	50m加速走、ハードル、走高跳
土	スタートダッシュ、100m、砲丸投、補強
日	休み

※ウォーミングアップにハードルの柔軟体操を入れる

■ 高校男子

月	加速走（50m）、走幅跳、砲丸投
火	スタートダッシュ（30m）、ハードル、走高跳、ショートスプリント（150m）
水	ペース走（600m～1000m）、弱点種目、ウエイトトレーニング
木	積極的休養（マッサージ、プール等）
金	加速走（50m）、ハードル、やり投
土	スタートダッシュ（30m）、跳躍1種目、投てき1種目、ロングスプリント（200m～300m）、ウエイトトレーニング
日	休み

※ウエイトトレーニングはBIG3（クリーン、ベンチプレス、スクワット）中心

■ 高校女子

月	加速走またはスタートダッシュ、跳躍1種目、補強
火	ハードル、投てき1種目、150m×3～5
水	跳躍または投てき1種目、持久走、ウエイトトレーニングまたはサーキット
木	積極的休養（マッサージ、プール等）
金	加速走またはスタートダッシュ、ハードル、投てき1種目、補強
土	跳躍1種目、200m～300m×2～3、ウエイトトレーニングまたはサーキット
日	休み

※ウエイトトレーニングはBIG3（クリーン、ベンチプレス、スクワット）中心

右代啓祐選手（スズキ浜松AC）ほか

❷ 試合に向けての調整トレーニング
【ポイント】
- 技術練習は実戦形式のトライアル中心で行う
- できるだけ競技の順番で行い、1種目30分以内にする
- 疲労をとる

■中学男子

月	休み
火	スタートダッシュ30m×2、ハードル3台×2、砲丸投6投
水	走高跳助走練習、300m×1
木	休み
金	1日目の第1種目のウォーミングアップ〈大会の準備〉
土	大会1日目
日	大会2日目

■中学女子

月	休み
火	スタートダッシュ30m×2、ハードル3台×2、走高跳助走練習
水	加速走30m×2、砲丸投6投、150m×1
木	休み
金	1日目の第1種目のウォーミングアップ〈大会の準備〉
土	大会1日目
日	大会2日目

■高校男子

月	休み
火	スタートダッシュ30m×2、走幅跳助走練習、砲丸投3投
水	加速走50m×1、ハードル3台×2、やり投助走練習、走高跳助走練習、150m×2
木	休み
金	1日目の第1種目のウォーミングアップ〈大会の準備〉
土	大会1日目
日	大会2日目

■高校女子

月	休み
火	スタートダッシュ30m×2、ハードル3台×2、走高跳助走練習、砲丸投3投
水	走幅跳助走練習、やり投助走練習、150m×1
木	休み
金	1日目の第1種目のウォーミングアップ〈大会の準備〉
土	大会1日目
日	大会2日目

❸ 鍛錬期のトレーニング
【ポイント】
- スプリント練習は80～90％のスピードでフォームを習得する
- 基礎体力の向上を目指す（柔軟性含む）
- 技術練習は基本技術習得に重点を置く

■中学男子

月	50m加速走、ハードル、サーキット
火	砲丸投、走高跳
水	150m～200m、サーキット
木	休み
金	スタートダッシュ30m、ハードル、砲丸投
土	走高跳、300m、サーキット
日	休み

※ウォーミングアップにハードルの柔軟体操を入れる

■中学女子

月	50m加速走、ハードル、サーキット
火	走高跳、砲丸投
水	100m～150m、サーキット
木	休み
金	スタートダッシュ30m、ハードル、走高跳
土	200m、砲丸投、サーキット
日	休み

※ウォーミングアップにハードルの柔軟体操を入れる

■高校男子

月	ショートスプリント(150m～200m)、走幅跳、サーキットトレーニング
火	ハードル、やり投、メディシンボール
水	クロスカントリー、弱点種目、ウエイトトレーニング
木	積極的休養（球技）
金	変形スタート、砲丸投、サーキットトレーニング
土	ハードル、ロングスプリント(300m～500m)、ウエイトトレーニング
日	休み

※一練習手段30～40分をめやすに実施する

■高校女子

月	ショートスプリント(100m)、走高跳、サーキットトレーニング
火	ハードル、砲丸投、メディシンボール
水	クロスカントリー、弱点種目、ウエイトトレーニング
木	積極的休養（球技）
金	変形スタート、ハードル、砲丸投、サーキットトレーニング
土	走幅跳、やり投、ロングスプリント(150m～200m)、ウエイトトレーニング
日	休み

※一練習手段30～40分をめやすに実施する

（繁田進）

第6章
各種トレーニング

❶ スピードトレーニング

　トレーニングの効果とは、身体の外的環境への適応であるといえ、トレーニングの効果は外的環境の種類によって異なるといえます。したがって、高いスピード発揮ができるようになるためには、高いスピードが出る環境において最大速度を出そうとすることが必要となります。

　スピードと力との間には相反する関係が認められ、高いスピードでは力発揮が低下し、大きな力発揮ではスピードが低下します。したがって、高いスピードを出すためには、大きな力発揮が要求されないようにしてやることが必要です。これは、投てき種目においては、通常の重量よりも軽い重量で投てき練習を行うことで可能になります。重い投てき物で投てきを行ってその重量に身体を慣らすことによって、通常の重量の投てき物が軽く感じて高いスピードが出せそうに感じることがありますが、これは誤解です。野球などのバットスウィングでは、重いバットで素振りを繰り返した結果、通常の重量のバットでのスウィング速度が低下することが認められています。また、スプリントでのスピードを高めるためのトレーニングとしては、スプリントレジステッドトレーニングのように負荷をかけた疾走では走速度が低下しますので、スプリントアシステッドトレーニングなどの負荷軽減法が有効です。したがって、下り坂走を取り入れるとよいでしょう。

　また、高いスピードが出る環境にあっても、高いスピードを出そうとしなければ高いスピードは出ませんので、最大速度を出そうと努力することも重要です。

　スプリント種目においてスピードを高めるためにはジャンプトレーニングを行うことも重要です。これは、ジャンプトレーニングによって接地時間が短くなることでピッチが高まる可能性があるためです。ピッチとは、1歩に要する時間の逆数で示されますので（図1）、滞空時間が同じなら接地時間が短くなることでピッチは高まります。

　また、接地時間が短くなる理由として腱が伸び縮みをしていることがあげられます。接地時間とは、連続ジャンプなどでは0.15秒以内で、スプリントでは0.1秒を切ることさえあります。このようなきわめて短い時間での運動遂行を可能にするためには、筋が力発揮していては間に合わず、腱が長さを変えることによって可能になります。したがって、ジャンプトレーニングによって腱の使い方を学ぶことで、スプリントにおける腱の使い方も上達する可能性が考えられます。以下にジャンプトレーニングをいくつか紹介しますので、ぜひ実践してみてください（図2〜5）。なお、留意点としては、可能な限り短い接地時間で可能な限り高く跳ぶ意識で行うことです。さらに、ホッピングでは、よい例のように大腿部を引き上げながら膝関節を曲げるようにすべきで、悪

滞空時間　　接地時間
0.15秒　　　0.1秒

1歩に要する時間
0.25秒

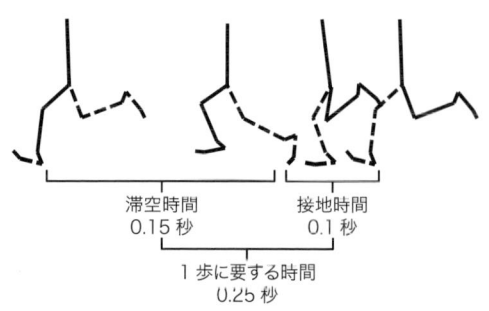

1歩に要する時間の逆数がピッチ
0.25秒の逆数＝100/25＝4（歩/秒）

図1●ピッチの算出方法の例

図2●連続ジャンプ

図3●縄跳び（2重跳び）

図4●その場ホッピング（よい例）

図5●その場ホッピング（悪い例）

い例のように大腿部を引き上げずに膝関節だけ曲げてしまっては、疾走動作から遠ざかってしまいますので、注意すべきです。

❷ クロストレーニング

　クロストレーニングとは、専門種目のパフォーマンス向上を目的として他種目のトレーニングを行うことといえます。しかし、今のところ明確な定義はないようです。一般的には、長距離ランナーやスピードスケーターが自転車のトレーニングを取り入れていることをクロストレーニングと呼んでいます。早期専門化を避ける意味でも、アンダー16・19世代において専門種目以外の種目に挑戦することは有効であると考えられますので、ぜひ挑戦させてみてください。しかし、まったく関係のない種目に挑戦したのでは時間も労力も効率的ではないので、相互にプラスの影響が得られるようにしなければなりません。

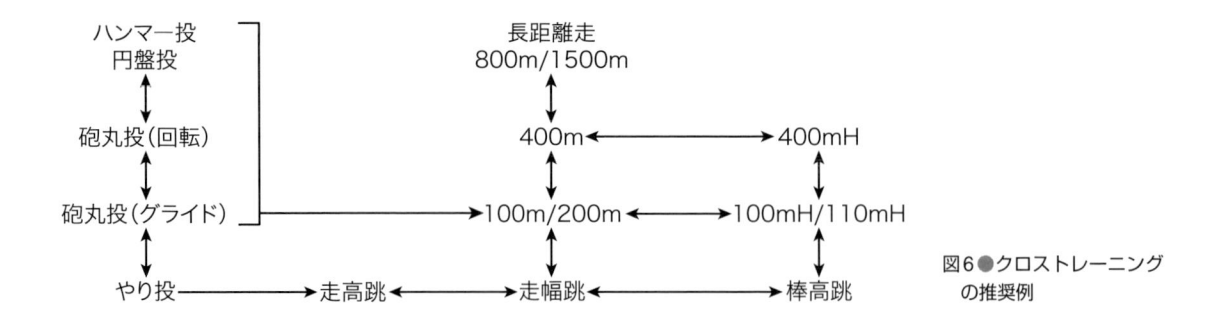

```
ハンマー投
円盤投  ────┐                長距離走
              │              800m/1500m
  ↕           │                  ↕
砲丸投(回転)  │                 400m ←──────→ 400mH
  ↕           │                  ↕
砲丸投(グライド)├──────→ 100m/200m ←──→ 100mH/110mH
  ↕           │
やり投 ───────→ 走高跳 ←──→ 走幅跳 ←──────→ 棒高跳
```

図6●クロストレーニングの推奨例

100mや200mを専門とする選手が走幅跳に挑戦すること、またはその逆は一般的でしょう。また100mHや110mHを専門とする選手が100mや200mに挑戦することも一般的といえます。しかし、案外見落とされがちなのは、800m以上の距離の選手に100m、200mまたは400mに挑戦させることです。ジュニア期ではペースを守って走り切ることでよいタイムが出ることがありますが、シニアになるとペースの揺さぶりに対応したり、スピードのあるラストスパートが必要だったりします。

また、やり投と走高跳との関係も特徴的です。やり投においてラスト1歩で身体にブレーキをかけるブロック脚には、助走で得た水平方向のスピードを止めて鉛直方向に変換する走高跳の踏切脚と同様の作用があります。このことから、やり投を専門とする選手に走高跳を挑戦させること、またはその逆は非常に有効であるといえます。

これらのことをまとめて、図6にクロストレーニングを行う際に、互いに有益な関係にあると考えられる種目を図示しました。

3 サーキットトレーニング

サーキットトレーニングとは、全身持久力の向上を目的としたトレーニングで、身体の各部位を使った運動を持久的な能力が必要とされる回数を行い、それぞれを不完全回復でつなぐものです（図7）。10種目程度の運動で構成するとよいでしょう。また、運動の順序ですが、ある部位を使った運動を続けて行うのではなく、下肢→上肢→体幹→全身→下肢→上肢→体幹→……といったように、身体各部位をまんべんなく使うように配置するとよいでしょう。

さらに、1種目の繰り返し回数ですが、これはその時点での体力レベルに応じて設定すべきです。このようにすることによって、1周にかかる時間を全

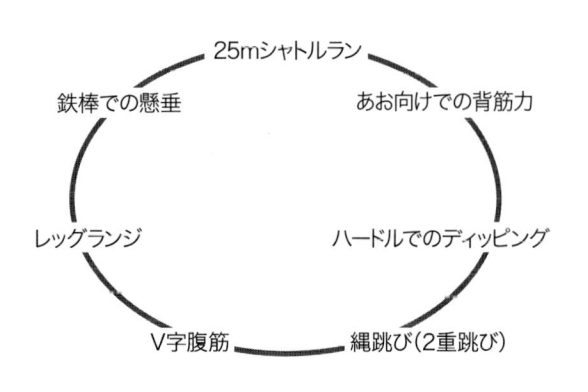

図7●一般的なサーキットトレーニング
（25mシャトルラン／あお向けでの背筋力／ハードルでのディッピング／縄跳び（2重跳び）／V字腹筋／レッグランジ／鉄棒での懸垂）

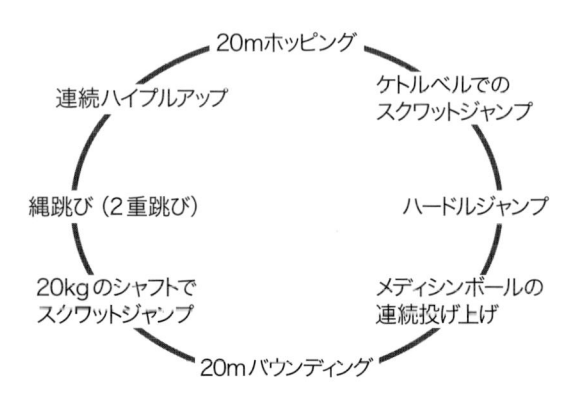

図8●ジャンプ・サーキットトレーニング
（20mホッピング／ケトルベルでのスクワットジャンプ／ハードルジャンプ／メディシンボールの連続投げ上げ／20mバウンディング／20kgのシャフトでスクワットジャンプ／縄跳び（2重跳び）／連続ハイプルアップ）

員で一定にすることができますし、毎回同じ回数を行うことによって、自分自身の成長を確認することもできます。具体的には、1分以上にわたって多くの回数を繰り返すことのできる種目では1分間の最大繰り返し回数を測定し、その半分の回数を行います。また、1分間続ける前に疲労困憊（オールアウト）を迎えてしまう運動では、単に疲労困憊までの繰り返し回数を測定し、その半分の回数を行います。前者のような特徴を持った運動はバービージャンプなどで、後者のような特徴を持った運動は懸垂などです。

　また、全身持久力の向上を目的としたトレーニングとしては、ジャンプサーキットなどのジャンプ運動を集めたサーキットトレーニングも有効でしょう（図8）。サーキットトレーニングにあまり多くの要素を盛り込むと、それぞれの要素の繰り返し回数、つまりトレーニングの量が減ってしまいます。こうなると、それぞれの要素の向上が認められない可能性も出てきますので、ジャンプサーキットのように焦点を絞って運動を選択すると効率的です。

4 ウエイトトレーニング

　ウエイトリフティングの選手にあまり長身の選手がみられないことから、ジュニア期からウエイトトレーニングを積極的に取り入れると、身体の成長を阻害すると思われがちですが、これは誤解であるといえます。実際に、ウエイトリフティングを専門とする中学生と一般の中学生との身長を比較したところ、両者の間には目立った差は認められていません。ただ、過度な高重量でのウエイトトレーニングを行わせることは、関節等の障害を引き起こすことも考えられますので注意が必要でしょうし、このようなトレーニングの導入は身長の伸びが止まってからにすべきでしょう。一般的には、第二次性徴を終えるあたりから、ウエイトトレーニングの効果が認められやすくなることが知られています。これは、男子で13歳、女子で12歳あたりです。したがって、ウエイトトレーニングは、第二次性徴期あたりから取

図9●ケトルベルを用いたスクワットジャンプ

り入れることとし、この時期はごく軽い重量で行わせます。そして、身長の伸びが止まった頃から高重量でのトレーニングを取り入れていくとよいでしょう。

　ウエイトトレーニングの種目についても考慮が必要です。単一の関節のみを使うような、まさに補強的な種目はあまり多く取り入れず、多くの関節を複合的に用いる種目を取り入れるべきでしょう。ウエイトトレーニングという筋力向上を目的としたトレーニングであっても、本質的には、重たいものを効率的に持ち上げるための身体の使い方を覚える種目であると考えるべきです。特に、アンダー16世代の日々のトレーニングにウエイトトレーニングを取り入れる場合には、この考え方を無視するべきではありません。そもそも、陸上競技者にとってウエイトトレーニングは手段であって、最大拳上重量を高めることのみに主眼を置くべきではありません。シニア競技者であっても身体の使い方を重視しながらトレーニングを行っています。このような理由から、単一関節のみを使うような種目よりも、多くの関節を複合的に用いる種目を取り入れるべきなのです。ケトルベルを用いたスクワットジャンプ（図9）、シャフトを担いだ状態から反動を用いたジャークおよび身体全体を使ったキャッチ、ハイプルアップ（図10）などが推奨されます。

■メディシンボールを用いたウエイトトレーニング

　ウエイトトレーニングの一環として、メディシンボールを用いたトレーニングを行うことも非常に効

〈正面から〉

〈横から〉

図10●ハイプルアップ

図11●両手での連続上方スロー

図12●その場オーバーヘッドスロー

図13●片脚立ちオーバーヘッドスロー

図14●体幹捻転スロー（横向きから）

図15●体幹捻転スロー（後ろ向きから）

図16●その場サイドスロー

図17●連続の壁あて

図19●体幹屈曲スロー

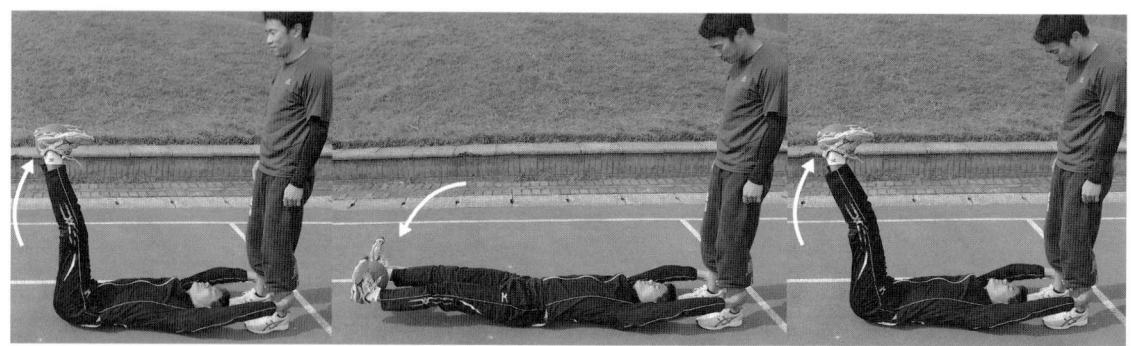

図18●体幹屈曲トレーニング

果的です。アンダー16・19世代におけるウエイトトレーニングとして、単一関節のみを使う補強的な種目よりも、多くの関節を複合的に用いる種目を積極的に取り入れるべきであることは前述の通りです。このような全身を使った運動、しかも反動を用いたバネ的な運動は、メディシンボールを用いることで多くのレパートリーがこれまでに紹介されてきました（図11～19）。

なお、アンダー16・19世代の初級者を対象として、メディシンボールを用いたトレーニングを含めたウエイトトレーニングを行わせる際には、以下の点に留意するとよいでしょう。
①多くの関節、つまり全身を使った運動であること
②反動を用いた運動であること
③重量物を効率的に持ち上げるための技術について考えることのできる重量で行うこと

あくまでアンダー16・19世代の初級者を対象とした場合、効率的な力発揮の能力を高めるための動きのトレーニングとして用いることをお勧めします。

5 体力テスト

すべてのトレーニングに共通することですが、トレーニングに用いる最適な負荷は、トレーニングの目的、個人の特性等に応じて変化しますので、日々変化するといえます。また、その負荷は最大努力に対して相対的に設定されます。すなわち、最大拳上重量の30％や80％といった設定です。したがって、その時点での最大値を知っておくことは最適な負荷を考えるうえで非常に重要です。また、その選手の長所や短所を把握しておくことも、トレーニングの立案に重要なことですし、さらに継続しているトレーニングの効果を把握することも、トレーニングの

表1 ●体力テストの例

種目		瞬発力		下肢の筋持久力	全身持久力	柔軟性
		筋力	ジャンプ力			
短距離種目	100mおよび200m	30m上り坂ダッシュ	縄跳びで何重跳びまでできるか		300m	長座体前屈
	400mおよび400mH	100m・200m	縄跳びで何重跳びまでできるか		600m	
	110mHおよび100mH	100m・200m	5段ホッピング・走幅跳		300m	
中距離種目	800m、1500m	100m・200m	立ち5段跳び	200mバウンディング	6分間走 60秒間走	長座体前屈
長距離種目	3000m以上		立ち5段跳び	200mバウンディング	12分間走	長座体前屈
跳躍種目	走幅跳 走高跳 三段跳 棒高跳	30mダッシュ 加速走	立ち5段跳び 助走つき5段跳び		300m	長座体前屈
投てき種目	砲丸投 円盤投 やり投 ハンマー投	各種遠投	垂直跳び 立ち幅跳び			肩関節の柔軟性※

※肩関節の柔軟性：棒を身体の前に両手で持って、頭を通過して身体の後ろに回す。このときの両手の幅が狭いほど肩関節の柔軟性が高いといえる

立案に際して非常に重要です。もし、行っているトレーニングに効果が認められなければ、ほかの方法を検討しなければなりません。このように、その時点での選手の体力的および技術的レベルを客観的に把握しておくことは、非常に重要であるため、1年間に数回の体力テストを実施する必要があります。なお、ほぼ同意語であるといってよいと思いますが、体力テストは、競技者を対象として、体力および技術レベルの把握を目的とする場合「コントロールテスト」という名称で呼ばれることが多いようです。

現在、学校の保健体育授業において用いられる体力テストは、文部科学省が実施しているものです。以下に12歳から19歳を対象とした体力テストを示しました。

①握力
②上体起こし
③長座体前屈
④反復横跳び
⑤持久走（男子1500m、女子1000m）
⑥20mシャトルラン（往復持久走）
⑦50m走
⑧立ち幅跳び
⑨ハンドボール投げ
※20mシャトルランと持久走はどちらか一方を選択

これらの体力テストは一般人を対象としていますので、このテストに競技者を対象とすること、およびそれぞれの専門種目の特性を考慮することで、それぞれの種目独自の体力テストを用いるとよいでしょう。

独自のテストを作成するにあたり、その作成手順について整理しておきます。まず、競技力を構成する体力的な要因をあげる必要があります。これは、筋力および筋パワーの発揮能力（瞬発力）、筋力および筋パワーの持久力、柔軟性などです。そして、次に、これらを評価・把握するための種目をあげていきます。例えば、跳躍選手に必要な瞬発力を評価するための種目として立ち5段跳び、投てき選手に必要な上肢の瞬発力として遠投などがこれにあたります。具体的に専門種目に応じた体力テストを表1にまとめましたので参考にしてください。

（木越清信）

第7章
簡単なルール

■ルールの意義
　陸上競技のルールは、競争を公平・平等に行うこと、記録の信頼性を確保するために存在しています。したがって、決められたルールが守られていなければ、公平な競争はできませんし、日々努力して達成された記録も意味をもたなくなってしまいます。

1 招集
1)決められた時刻に点呼を受けないと「棄権」扱いになる
　競技場に着いたら、まず、プログラムを見て確認しなければいけないことがあります。それは、競技開始時刻と招集開始・完了時刻および招集場所、そしてその競技会独自の取り決めなどです。特に招集の方法は競技会で異なることが多いので注意が必要です。スタート地点や競技場所で行われることもあれば、招集所が競技場外やウォーミングアップ場に設けられることもあります。また、事前に出席表にチェックを入れておかなければならない競技会もあ

ります。遅れてしまうと「棄権」扱いとなり競技に出場できなくなってしまいます。
2)招集所では衣類や靴など、持ち物の点検を受ける
　招集所で最低限行われるのは、点呼を受けてナンバーカードの装着を確認することです。競技会の規模が大きくなると、場内に持ち込むバッグ・衣類・スパイクシューズ等の点検があります。

2 服装・持ち物・靴・ナンバーカード
1)ナンバーカードの規定
　ナンバーカードには規定があります。
- 布の大きさ：横24cm以内、縦20cm以内
- 文字の大きさ：縦最低6cm～最高10cmで、はっきり見やすく書かれていなければならない

　ナンバーカードを自分で用意しなければならない場合は、上記を参考にしましょう。主催者が用意したものを使用する場合は、そのままの大きさで衣類につけます。折ったり切ったりしてはいけません。
2)競技場内に持ち込んではいけないもの
　音楽プレーヤー・ビデオカメラ・デジタルカメラ・トランシーバー・携帯電話等の通信機器、練習用具は、競技場内に持ち込んではいけません（図1）。

3 トラック競技
1)スタートの規則（マナー違反・不正スタート）
　スタートはスターターの信号器が発する号砲で行います。400mまでの競走ではクラウチングスタートを用います。まず、「On Your Marks（位置について）」の合図でスターティング・ブロックに足をつけ、しゃがみます。このとき、スタートラインには手や足が触れてはいけません。次に「Set（用意）」の合図で腰を上げ静止します。また、400mを超え

（世界陸上2007大阪大会招集所の掲示物より）
図1●競技会場に持ち込んではいけないもの

る距離の競走ではスタンディングスタートを行いますが、この場合は、「On Your Marks（位置について）」の合図でスタートライン手前に立ち、いつでもスタートできるように準備して身体を静止させます。いずれも全員が静止したのを確認してスターターは信号を発射します。この合図よりも早くスタート動作をした場合が不正スタートです。詳しく述べると、「Set」の後、①静止することなく、動いたままスタートした場合、②手が地面から、あるいは足がスターティング・ブロックのフットプレートから離れた場合は不正スタートとなります。

　また、スタート時のマナーとして、速やかにスタート準備をしない、大声でほかの競技者を妨害したり威圧したりするなどの行為があった場合は、スタート時の不適切行為として審判長から警告が発せられます。これが繰り返された場合は失格となり、競技を続けることはできません。

　混成競技を除き、不正スタートをした競技者は失格となります。混成競技については、1回目は誰が不正スタートであっても許されますが、2回目以降に不正スタートをした競技者は誰でも失格となります。また、日本陸上競技連盟主催・共催の競技会では、基本的にスターターの指示（コマンド）は英語で行われます。それ以外の競技会では日本語で行ってもよいことになっています。

4 フィールド競技

1) 無効試技（ファウル）となる場合

　フィールド競技の無効試技（ファウル）は記録の計測の仕方に起因します。つまり記録が不正確（有利）になるような試技は無効試技となります。フィールド競技の計測には基準となる線（ライン）が存在します。その基準となる線から最短距離を測ることになるので、距離を伸ばすような試技の形態は無効となるわけです。列挙すると以下のようになります。

- 跳躍しないで走り抜けたり、踏み切りのとき、踏切線の先の地面に身体が触れること
- 踏切板の完全に外側から踏み切った場合
- 踏切線と砂場の間の地面に触れた場合
- 跳躍動作中に宙返りのようなフォームを使った場合
- 着地跡の踏切線に近いものが砂場の外にある場合
- 着地後、砂場のなかを戻るようにして退出した場合
- 跳躍後、バーが跳躍動作によってバー止めに留まらなかった場合
- バーを越える前に身体のいずれかの部分がバーの助走路側の垂直面あるいはそれを延長した面から先の地面あるいは着地場所に触れたとき
- 砲丸あるいはやりを規則通りに投げなかった場合
- 投てき動作中にサークル上部（足留め材上部も含む）あるいはその外側（助走路も含む）の地面に身体が触れた場合
- 試技に許される時間以内に試技を開始しなかった場合
- 投てき物が着地エリア外に落下した場合
- 投てき物が落下する前にサークルや助走路を離れた場合
- 投てき後、正しくサークルや助走路を離れなかった場合。サークルの中心を見通して両側に引かれている白線の完全に後方に踏み出すこと。やり投ではスターティングラインの後方から助走路を離れるか助走路上にいてもスターティングラインから4m以上離れた場合に試技が成立する

2) 順位の決め方

①高さを競うフィールド競技

- 最も高くを跳躍できた者を上位とする
- 最高記録が同じであった場合．
  a) その高さで最も無効試技数が少なかった者を上位とする
  b) その高さで無効試技数が同じであった場合、その高さまでの無効試技数が少なかった者を上位とする
- 上記の方法で順位が同じ場合は同順位とする
- ただし、第1位については追加試技を行って優勝者を決めなければならない。同成績が決まった次の高さで、それまでの試技順で1回ずつ試技を行

い、それで決定しなければ走高跳では2cm、棒高跳では5cmを上げ下げして決定するまで行う

②距離を競うフィールド競技
- 最も遠くまで跳躍・投てきができた者を上位とする
- 最高記録が同じ場合は2番目によい記録を比較してそれがよい者を上位とする
- 2番目の記録が同じ場合は3番目の記録を比較する。3番目も同じ場合は4番目というように以下、同様に比較して順位をつける
- 上記のようにしても差がつかない場合は同順位とする

3) 予選通過者やトップ8の決定

①予選通過者の決定

出場人数が多い場合は予選を行います。予選を行う場合はあらかじめ通過標準記録を設定し、それを超えた競技者は決勝に進出できます。決勝進出者は12名となっており、条件がよい場合は12名を超える場合があります。12名に満たない場合は、記録の上位の者から12名になるまで追加補充していきます。12番目に同記録者がいた場合は、前述の順位の決め方にしたがって12名に近づくように絞り込んでいきます。同成績の内容がまったく同じ場合は対象競技者すべてが決勝進出となります。

②トップ8の決定

決勝競技で前半3回の試技終了後、上位成績者8名が後半3回の試技を許されます。このトップ8の8番目に同記録者がいた場合も、前述の順位の決め方にしたがって決定されます。したがって、試技内容が同じ場合は、9名以上で後半3回を行うこともあります。

4) かけもち（同時）出場とパスの扱い

①かけもち（同時）出場

フィールド競技とトラック競技、フィールド競技とほかのフィールド競技というようにかけもちして出場する場合があります。複数種目が同一時間帯に重複するような場合には、あらかじめ招集のときに申し出て競技進行に支障がないようにしましょう。競技会によっては同時出場届けを提出する場合もあ

るほか、後の種目の招集を不要にしてもらえることもあります。

②パスの扱い

フィールド競技における「パス」とは、その回の試技をしないことを意味しますが、高さを競う跳躍競技では、「その高さを跳躍しないこと」となります。このため、高さを競う跳躍競技では、パスを、ある高さの1回目を跳ばない、2回目を跳ばないと勘違いしないよう注意が必要です。

③試技順の変更

かけもち（同時）出場で、ほかの種目に行っている間に試技順が来た場合、通常は不在であれば「パス」扱いとなります。しかし、事前に申請すれば、審判長の権限で1ラウンドに1回だけ試技順を変えてもらうことができます。

④パスの特例

前述の場合、特に高さを競う跳躍競技では、パス扱いでは不利になる場合があります。つまり競技者にとって限界に近い高さの場合などです。その場合には事前に申請すれば「無効試技扱い」にすることが可能です。この場合は戻ってきて、そのラウンドに間に合えばその高さで2回目あるいは3回目の跳躍を行うことが可能となります。ただし、これは日本独自のルールです。

（鈴木一弘）

MEMO

[著者紹介]

尾縣　貢
日本陸上競技連盟専務理事、筑波大学教授、理論編 第1章－1、2

繁田　進
日本陸上競技連盟評議員・指導者養成委員会 特別委員、東京学芸大学教授、
理論編 第1章－3、第3章－2、実技編 第4章、第5章

伊藤　静夫
日本陸上競技連盟評議員、理論編 第1章－4

榎本　靖士
日本陸上競技連盟科学委員会委員、筑波大学准教授、理論編 第2章－1、2

山崎　史恵
新潟医療福祉大学教授、理論編 第2章－3

河野　裕二
広島陸上競技協会専務理事、CHASKI代表指導者・事務局長、理論編 第2章－4、第3章－1

鳥居　俊
日本陸上競技連盟医事委員会委員、早稲田大学准教授、理論編 第2章－5

田口　素子
日本陸上競技連盟医事委員会スポーツ栄養部長、早稲田大学教授、理論編 第2章－6

森　泰夫
東京オリンピック・パラリンピック競技大会組織委員会大会運営局次長・ゲームズ・デリバリー室次長・スポーツ局次長、オリンピックスタジアムVGM、日本陸上競技連盟事務局次長、理論編 第3章－3、4

瀧澤　一騎
一社）身体開発研究機構代表理事、実技編 第1章

杉田　正明
日本陸上競技連盟科学委員長、日本体育大学教授、実技編 第1章

原田　康弘
元日本陸上競技連盟理事・強化委員長、日本パラ陸上競技連盟テクニカルディレクター、実技編 第2章

吉田　孝久
日本陸上競技連盟強化委員会オリンピック強化コーチ走高跳担当、日本女子体育大学教授、実技編 第3章

木越　清信
日本陸上競技連盟強化委員会コーディネーター、筑波大学助教、実技編 第6章

鈴木　一弘
日本陸上競技連盟理事・競技運営委員会委員長、東京オリンピック・パラリンピック競技大会組織委員会スポーツマネージャー、実技編 第7章

(執筆順)

陸上競技指導教本アンダー16・19［初級編］　基礎から身につく陸上競技
©Japan Association of Athletics Federations, 2013　　　NDC 782 / 149p / 24cm

初版第1刷――――2013年4月15日
　第6刷――――2019年9月1日

編　者	公益財団法人　日本陸上競技連盟
発行者	鈴木一行
発行所	株式会社　大修館書店
	〒113-8541　東京都文京区湯島2-1-1
	電話 03-3868-2651(販売部)　03-3868-2298(編集部)
	振替 00190 7 40504
	［出版情報］https://www.taishukan.co.jp
装丁者	中村友和(ROVARIS)
本文レイアウト	加藤　智
イラスト	イラストレーターズモコ
写真提供	SHOT、フォート・キシモト、アフロ
印　刷	横山印刷
製　本	ブロケード

ISBN 978-4-469-26747-1　　　Printed in Japan　☆

Ⓡ本書のコピー、スキャン、デジタル化等の無断複製は著作権法上での例外を除き禁じられています。本書を代行業者等の第三者に依頼してスキャンやデジタル化することは、たとえ個人や家庭内での利用であっても著作権法上認められておりません。